MICHAEL VERHOEVEN
Paul, ich und wir

MICHAEL VERHOEVEN
Paul, ich und wir
Die Zeit und die Verhoevens

Ullstein

ISBN-13: 978-3-330-07860-6
ISBN-10: 3-330-07860-9

© Ullstein Buchverlage GmbH, Berlin 2005
Alle Rechte vorbehalten
Gesetzt aus der Sabon
Satz: LVD GmbH, Berlin
Druck und Bindearbeiten: Bercker Graph. Betrieb, Kevelaer
Printed in Germany

Vorwort

Dieses Buch entsteht neben meiner Arbeit am Schneidetisch für den Dokumentarfilm »Der unbekannte Soldat«. Oder anders herum, mein Film entsteht neben der Schreibarbeit an diesem Buch.

Wenn meine Cutterin mich nicht brauchen kann, setze ich mich in ein Café oder zu Hause in alle Zimmer und hinterlasse ein Chaos von halb durchgestrichenen und wieder aufgemachten Seiten. Ich schreibe mit der Hand, nicht weil ich die Computertechnik ablehne, sondern weil ich das Schreiben auf dem weißen Bogen, das Geräusch des Stifts auf dem Papier schätze.

Senta, meine Frau, lächelt darüber. So ähnlich hat meine Mutter über die immer wieder durchgestrichenen und neu angefangenen Sätze meines Vaters Paul gelächelt, während sie sie abgetippt hat.

Wenn sie etwas nicht lesen konnte, hat sie geschummelt und manchmal ganz bewusst etwas anderes getippt.

Sie wusste, er liest es nicht noch einmal. Er hatte nie *Zeit*, war immer in eine Inszenierung, in ein Drehbuch vertieft.

Wir drei Kinder haben zu unserem Vater »Paul« gesagt, das klingt nach moderner aufgeklärter Pädagogik eines Vaters, der der Freund seiner Kinder sein will. Nichts davon. Dahinter verbirgt sich kein Konzept. Meine ältere Schwester Lis hörte immer den Namen »Paul«, wenn meine Mutter über ihn, der meistens abwesend war, sprach. Es ist »passiert«, wie vieles im Leben meiner Familie. Als ich klein war, dachte ich, *alle* Väter heißen Paul.

Auch für mein Buch gibt es kein ausgedachtes Konzept. Ich habe viele Jahre Tagebuch geschrieben, aber für die Arbeit an diesem Buch habe ich in keinem einzigen nachgeblättert. Ich will schreiben, woran ich mich erinnere, nicht, was ich irgendwann *notiert* habe.

Vielleicht ist meine Erinnerung an manches anders, als es in Wirklichkeit war. Egal, ich beschreibe, was mir davon geblieben ist.

An einzelnen Stellen füge ich Erinnerungen von Paul ein, die er uns »Kindern« 1972 auf Band gesprochen hat. Das ist das einzige *Konzept,* das ich habe. Bei Daten und Namen muss ich gelegentlich meine Schwestern fragen oder in Büchern über Theater und Film nachschauen.

Wenn ich mit meinen Schwestern und Freunden über bestimmte Erinnerungen spreche, merke ich, dass sie sich an das Gleiche ganz anders erinnern. Von mir aus. Mein Buch hat keine Mission, es ist keine Abrechnung, ich will nichts zurechtrücken.

Von bleibender und immer größer werdender Bedeutung für mich – wie für jeden Menschen – ist die Kindheit. Ich gebe ihr in diesem Buch viel Raum, einen Raum, in dem ich mich gern aufhalte.

Paul war in unserer Familie sehr dominant, vor allem durch seine Abwesenheit. Meine Mutter machte ihn für uns Kinder zur übergroßen Instanz.

Ihr Leben war ganz und gar auf ihn ausgerichtet. Was ihr nicht vertraut war, wehrte sie erst einmal ab. Wenn wir ihr von jemandem berichten wollten, der ihr nichts zu bedeuten schien, sagte sie in schneller Abwehrhaltung: »Wer ist das? Den kenne ich nicht.« Das sollte heißen: »Ich habe genug Last zu tragen. Bürdet mir nichts mehr auf!« Einmal sagte sie sogar: »Paul? Wer ist das, den kenne ich nicht!« So absurd dieser vorschnelle, hingeworfene Satz war, so viel Wahres steckt doch darin!

Meine Mutter hat sich ihren Paul, ihren Mann, ihren Geliebten, zu großen Teilen selbst erschaffen. Er war das Kunstwerk ihres Lebens. Wir Kinder haben unser halbes Leben lang gebraucht, Pauls Größe auf ein erträgliches Maß zu bringen. Das war ein gutes Stück Arbeit, an dem wir selber gewachsen sind.

Ende und Anfang

Paul spricht auf der schwarz ausgeschlagenen Bühne der Münchner Kammerspiele über Therese Giehse. Es ist auch ein Gespräch mit ihr. Und ein Abschied. Paul ist der letzte Redner zum Tod von Therese Giehse an diesem Vormittag. Und es ist auch seine letzte Rede. Es ist der 22. März 1975. Der Intendant, Hans Reinhard Müller, hat Paul, den Nestor des Hauses, als letzten Redner der Gedenkmatinee auf die Bühne gebeten. Paul sitzt an einem kleinen Tisch, auf dem sein handgeschriebenes Manuskript mit Strichen und Umstellungen liegt.

Ich bin es gestern abend mit ihm durchgegangen, kenne jedes Wort, weiß, wie Paul zumute sein muss. Elend, denn es ist von den Vorrednern alles gesagt.

Paul improvisiert, aber ich sehe seine Anstrengung.

Ich sitze mit meiner Schwester Lis in der zweiten Reihe. Monika ist zu spät gekommen, sitzt irgendwo allein. Lis ergreift meine Hand. Sie sieht, sie weiß, Paul ist am Ende seiner Kräfte. Er hat diese Totenrede nicht halten wollen. Es war zu früh. Er war über den Tod unserer Mutter vor einem Jahr noch nicht hinweggekommen.

Ein hilfloser Blick in den Zuschauerraum, der ihm seit seinen ersten Auftritten in den zwanziger Jahren vertraut ist.

Der Mund steht eine Weile offen, dann fällt Pauls Körper nach vorn auf das Manuskript.

Das letzte Wort seines Lebens ist »Menschlichkeit«. Es galt

der verehrten Schauspielkünstlerin. Und jetzt gilt es ihm selbst.

Ich springe über die erste Reihe hinweg auf die Bühne. Er muss liegen, schreie ich. Schauspieler und Bühnenleute helfen mir, Paul, meinen Vater, auf den Bühnenboden zu legen. Ich drücke die verbrauchte Atemluft aus Pauls Lungen, wie ich das im Medizinstudium gelernt habe. Der Intendant lässt den Vorhang fallen.

Paul, mein Vater, ist tot. Ein Elektroschock mit einem Defibrillationsgerät hätte das leblose Herz noch einmal zum Schlagen bringen können. Vielleicht. Ich weiß, es ist aus. Natürlich reanimiere ich ihn weiter. Er antwortet nicht. Er ist tot. Das stille Ende eines stürmischen, liebessüchtigen Lebens.

Meine Schwestern kommen auf die Bühne.

Lis und Monika sehen den großen alten Mann, ihren Vater, vor sich auf dem Boden der Kammerspiele liegen.

Die Theaterkollegen um uns sind erschrocken, erschüttert. Auch wir drei Kinder von Paul Verhoeven stehen erschrocken auf der Kammerspielbühne. Zu einer anderen Empfindung als Schrecken bin ich nicht fähig. Ich fühle nichts, bin ganz leer.

Die Erschütterung stellte sich erst viel später ein. Zu Hause, als ich mit Senta telefonierte und ihr erzählte, was geschehen war. Die Erschütterung hielt danach über Wochen an, Tag und Nacht, eine Krankheit, vielleicht die einzig angemessene Reaktion. Im Augenblick spürte ich nur die Nähe meiner Schwestern, die bleich neben mir standen und neben sich selbst, so wie ich.

Therese Giehse war tot. Paul Verhoeven war tot. Ich, sein Sohn, war in den Endproben zu Bertolt Brechts »Die Gewehre der Frau Carrar«. Meine Koregisseurin war Therese Giehse. Sie wollte »nur mal kurz« in die Augenklinik, um sich den grauen Star operieren zu lassen. Sie wachte nicht mehr auf.

Bei einer Probe stürzte Gert Pfafferodt in den Zuschauerraum. »Die Giehse ist tot!«, schrie er immer wieder in den Raum, als hätten wir es nicht schon beim ersten Mal gehört. Stille, Ratlosigkeit. Einige setzten sich auf den Bühnenboden.

Die Hauptdarstellerin, Hanne Hiob, Brechts Tochter, nahm die Nachricht vom Tod ihrer Freundin scheinbar ruhig auf, ohne sichtbare Reaktion, die Tage später mit Verzweiflung und Zusammenbruch kam.

Intendant Müller, Dramaturg Pavel kamen, auch Paul. Machen wir das Stück zu Ende? Natürlich. Aber nicht sofort. Ein paar Tage Pause. Hanne Hiob brauchte einen Arzt. Ich brachte sie mit meinem früheren Oberarzt der Stadtklinik in der Ziemssenstraße zusammen. Er konnte vielleicht helfen, falls ein Dritter das überhaupt kann, wenn jemand seine Lebensfreundin verloren hat.

Mein erstes Gespräch mit der Giehse fand in Hanne Hiobs Dachwohnung am Viktualienmarkt statt. Gemütlich und ohne Anspannung bei Tee, Kaffee und Plätzchen.

»Also, wie wollen Sie 's denn machen?« fragte die Giehse. Ich hatte mich auf das Gespräch vorbereitet und machte ein paar grundsätzliche Anmerkungen. Sie sagte immer nur »Aha ... aha ... soso« und ließ mich reden. Ich wollte, dass die Schauspieler nach guter alter Brechtmanier zwischen ihren Spielszenen auf der Bühne sitzen.

»Na ja«, gab sie zu bedenken, »da wird denen beim Warten aber sehr fad, und vielleicht muss ja der eine oder andere mal bieseln ...«

Also, das war geklärt, die Koregisseurin wollte die Brecht'sche Schauspielerbank nicht. »Der Brecht ...«, sagte Hanne Hiob, »der Brecht hat sich nie an seine eigenen Theaterregeln gehalten.« Sie sagte immer »der Brecht«. Sie sagte nie »mein Vater«. Genauso wie ich nie »mein Vater« sagte. Ich erklärte meinen Gedanken. Die Schauspieler sollten an bestimmten Stellen vortreten und Stationen des Spanischen Bürgerkriegs erläutern.

»Aus der Rolle aussteigen und an die Rampe treten?«, fragte Hanne Hiob empört. Und die Giehse: »Und wer ist das, der da nach vorn geht an die Rampe und uns was erzählt? Der Schauspieler, die Rolle, der Brecht oder Sie oder ich?«

Beim nächsten Treffen, in der Kantine der Kammerspiele, sagte die Giehse: »Also ich finde, Sie haben recht. Die Schauspieler sollen auf der Bühne sitzen. Aber vielleicht nur am Anfang.«

Das Bühnenbild hatte ich schon beim ersten Kaffee über dem Viktualienmarkt skizziert. Ein einziger Raum, keine Nebenräume, Requisiten nur, soweit sie von Brecht beschrieben sind. Die Gewehre unter den Holzbohlen. Die Mutter sollte wirklichen Teig zubereiten und in den Ofen schieben. Es sollte echtes Brot gebacken werden. Das Backen musste der Zuschauer riechen können. Eine der wichtigsten Verabredungen war das Licht. Wir einigten uns auf kaltes Licht, das die Bühne gleichmäßig taghell ausleuchtet, auch in den Nachtszenen.

Während Paul an der Totenrede, die seine eigene wurde, schrieb, besuchte ich ihn öfter. Er erzählte mir von seinen Begegnungen mit der Giehse, ihren Dickschädeleien, ihrer kraftstrotzenden Zartheit. Paul wohnte jetzt allein in der Wohnung in der Pfarrstraße, über der »Kleinen Komödie« am Max-II-Denkmal, wo wir vor 20 Jahren zusammen »Die erste Mrs. Selby« gemacht hatten. Die Wohnung war leer. Meine Mutter fehlte. Was er über die Giehse schrieb, war manchmal auch an meine Mutter gerichtet. Die Wohnung war schrecklich aufgeräumt, wirkte unbewohnt. Im Kühlschrank war so gut wie nichts. Paul hatte noch immer Hemmungen, in einen Laden zu gehen und die einfachsten Dinge einzukaufen.

Am Abend vor der Gedenkfeier für Therese Giehse war ich allein mit ihm. Er las mir seine Entwürfe vor, brach dann ab, schlug die Hände vors Gesicht. Ich las leise für mich weiter. Einiges änderten wir noch.

Es war spät, als ich den einsamen Mann in seiner Wohnung zurückließ. Als ich die kalten Steintreppen des ungeliebten Hauses am Max-II-Denkmal hinunterging, dachte ich bei jeder Stufe, ich sollte umkehren und bei Paul bleiben. Und ich dachte daran, wie viele Gelegenheiten ich versäumt hatte, zu ihm zu gehen und mit ihm zu sprechen oder nur still bei ihm zu sitzen.

Wie es der schnell geänderte Spielplan haben wollte, sollte die »Carrar«-Premiere am Abend vor Pauls Begräbnis stattfinden, oder am Tag darauf. Eine Planung, an der ich schwer trug. Stabübergabe und ähnliche Bilder wurden kolportiert. Aber es kam anders. Hanne Hiob, die schon halbwegs stabil schien, war wieder zusammengebrochen. Die Premiere musste nochmal verschoben werden.

Von Pauls Begräbnis habe ich wenig in Erinnerung. Senta hat mir, als wir ins Auto stiegen, eine Beruhigungstablette gegeben. Ich habe sie zerbissen. Der bittere Geschmack war angenehm. Senta musste fahren. Ich hätte es nicht geschafft. Wir hielten uns an den heißen Händen und blickten auf die vielen Menschen, die gekommen waren, um von Paul *Abschied* zu nehmen. Ich habe dafür kein anderes Wort.

Wenn wir uns am Bahnhof durch das verriegelte Fenster nachwinkten, dann war das auch ein Abschied. In meiner Kindheit, wenn Paul wegfuhr, bin ich neben dem Abteilfenster mitgelaufen, bis der Bahnsteig zu Ende war. Und Paul stand am Fenster, das damals ganz heruntergeschoben werden konnte. Seine Haare flogen, weil der Zug schon Tempo hatte. Paul lächelte etwas verlegen, die schwere Hand zu einem kleinen Winken erhoben.

Ich rannte dann atemlos zu meiner Mutter zurück, die ihr weißes Tüchlein in die Handtasche zurücksteckte. Der kleine Verschluss klickte beim Zumachen. Meine Mutter sah sich immer noch einmal um, obwohl der Zug schon weit weg war, nur noch zwei kleine rote Lichter am letzten Waggon.

Solche Abschiede hat es viele gegeben.

Wir wohnten ein paar Steinwürfe vom Bavaria-Filmgelände entfernt, zu Dreharbeiten fuhr Paul aber in andere Ateliers, andere Städte.

Wenn dann später *ich* hinter dem Abteilfenster war, legte Senta draußen ihre Hand an das kühle Glas. Der Zug fuhr nach einem ersten Anrucken, das meist ein kleines Lachen im Abteil auslöste, meist von einer weiblichen Stimme, und Senta lief mit dem Zug mit, solange sie meine Hand hinter dem Fenster erreichen konnte. Aber sie rannte weiter, bis der Zug zu schnell war und wir uns aus den Augen verloren.

Jetzt standen wir vor dem Grabstein, den Paul selbst ausgesucht hatte, nicht für sich, sondern für meine Mutter. Ein Lorbeerkranz aus grünem Marmor steht vor der großen Steinfläche, in die der Name meiner Mutter eingeschrieben ist.

Als der Sarg hinabgelassen wurde, krallten sich die Finger meiner Schwestern in meine Hände.

Ich versuchte diesem Augenblick zu entgehen, sah nach oben auf die Vignette des Steins, auf die Maske, die dort eingelassen ist. Ich versuchte mich an dem vertrauten Bild von Pauls Maske, die ihn selbst darstellt, festzuhalten. Meine Mutter hatte ihm in jungen Jahren diese Maske als Ring machen lassen. Jetzt, vor Pauls Grab, trugen alle drei Kinder diesen Ring, der zum Familiensymbol geworden ist. Senta trug die Verhoeven-Maske als Amulett.

Die Carrar-Premiere fand eine Woche nach Pauls Beerdigung statt. Und sie fand halbwegs geglückt statt. Bei jeder Vorstellung saß ich in der Tonregie und hörte die Schauspieler ganz nah an meinem Ohr.

Die unvergleichliche Stimme des Peter Lühr, der den Padre spielte. Schon als Kind hatte ich ihn gern im Radio gehört, wenn er, meist am Sonntagvormittag, Literatur las. Unter Pauls Regie war er ein leiser, anklagender Zweifler in Kipphardts »In Sachen J. R. Oppenheimer«, der das eigene Werk, die Atombombe, ungeschehen machen wollte. Wie viele gute Male hatte ich Peter Lühr in schwierigen Rollen gesehen. Ich ließ meine Inszenierung nicht aus den Augen. Jeden Abend war ich im Theater. Jeden Abend war ausverkauft. Das Ensemble wollte nicht vergessen, dass der Diktator Franco noch lebte. Wir sammelten für die Familien seiner Häftlinge. Im Theater durften wir das nicht. Wir standen unten auf der Straße, mit großen Filmbüchsen. Die Zuschauer warfen Scheine und Münzen hinein. Es war klar, wir werden mit dem Geld die Gefangenen nicht befreien und Franco nicht beseitigen. Es war nur ein Zeichen, das uns selbst gut tat. Das Geld wurde an Amnesty International überwiesen. Die leiteten es weiter an die Familien der Franco-Opfer, die in spanischen Gefängnissen einsaßen. Brecht hätte seine Freude daran gehabt.

Franco ist kurz nach unserer letzten Vorstellung gestorben. Am 20. November 1975. Die Gefangenen waren frei. Das hatten die Gewehre der Frau Carrar gemacht. Nein, so war es nicht, aber der Gedanke gefiel mir.

Lis, Monika und ich saßen in der tristen Wohnung unserer Eltern. Wir saßen an dem Tisch, an dem Paul über Therese Giehse nachgedacht und mir seine *letzten Worte* vorgelesen hatte.

Wir hatten Berge von freundlichen Briefen mit feinen schwarzen Rändern vor uns, bemühten uns, Antworten zu finden, die ehrlich und einfach waren.

Ganz nebenbei verteilten wir drei »Kinder«, was in dieser Wohnung stand. Zuerst die Bücher, die vielen Bücher. »Willst du das haben?« – »Nein, aber das, das hätte ich gern!« Wir machten Listen, wer welches Buch, welche Bücher nach Hause tragen wollte. Jeder von uns hing an einem der alten Bücher und an bestimmten Möbeln, die wir seit Kindheit kannten. Oft wollten wir alle dasselbe Buch, dieselbe Porzellanvase, dasselbe Bild. Dann losten wir. In jedem Serviettenring, jeder Lampe hing ein Stück Familiengeschichte.

Wir lachten viel in diesen Tagen und Nächten. Ich war dankbar für die vollkommene Harmonie mit meinen Schwestern, die immer da war, aber vielleicht nie so bewusst.

So schön und harmonisch die drei Verhoeven-Kinder das materielle Erbe verteilt haben, so ungut haben wir uns von dem Bauernhaus in Dammersbach getrennt. Es ist traurig, aber wahr: Nach dem Tod meiner Eltern bedeutete mir das idyllische Haus nichts mehr. Im Gegenteil, dort in Dammersbach spürte ich den Verlust meiner Eltern besonders schmerzlich. Ich setzte alles daran, das Haus abzustoßen.

Lis und Stella hingen anders als Monika und ich an diesem Haus, das ihr Refugium war. Sie machten den schon erfolgten Verkauf rückgängig.

Heute bin ich froh, das das Haus, in dem alle Möbel aus unserer Kindheit und die gemeinsamen Erinnerungen geblieben sind, nicht von fremden Menschen bewohnt wird. Aber das Dammersbach, das es einmal war, kann es für mich nie mehr sein.

Paul erzählt

Als Paul und meine Mutter 1972 in Wien waren, hat Paul drei große Tonbänder aufgenommen. Vielleicht hat er dabei an den Tod gedacht, obwohl beide, er und meine Mutter, damals noch sehr lebensstark waren.

Erst jetzt, 30 Jahre danach, habe ich die Bänder aus Schubladen herausgesucht, die voll sind mit Briefen, Fotos und Dokumenten, und das Gesprochene abschreiben lassen. Ich kann es lesen, das ist auszuhalten, hören möchte ich es nicht.

Paul erzählt I

Ins Unreine gesprochen
Paul an euch!
Heute ist Donnerstag, der 27. April 1972, aber nicht mehr lange, es ist 11 Uhr abends. Also ich sitze hier in Wien in der Annagasse, Numero 18, Tür 17, 5. Stock.
Die Annagasse ist mitten im Zentrum und führt geradeaus auf die berühmte und berüchtigte Kärntner Straße. Ich bin zur Zeit am Burgtheater engagiert. Wir spielen das Stück von Hildesheimer »Mary Stuart«, mit Hilde Krahl als Mary, ich spiele den Henker.
Meine gemeinsame Fernseharbeit mit Mami bei Peter Beauvais ist beendet. Der Fernsehfilm heißt »Finito l'amor«. Wir haben ein älteres Paar gespielt, das sich auf einer Reise nach Mallorca kennenlernt und Gefallen aneinander findet. Das zu spielen hat uns natürlich Spaß gemacht.
Nun hat man mich überredet, meinen Vertrag mit dem Burgtheater zu verlängern. Direktor Klingenberg meinte, ich sollte doch noch eine Rolle dazu spielen, den David Eden in »Haben« von Hey. Das ist unter den Männerrollen, denke ich, eine recht gute Rolle.
Ich bleibe also hier in Wien bis Mitte Juli, habe viel Zeit, so dass ich mich nun hinsetze und erzähle.
Mein Vater erzählte gelegentlich Geschichten, die damit zusammenhängen, dass er glaubte, dass die Stammfamilie aus Flandern, also aus Belgien kommt. Als ich in Frankfurt am Main engagiert war, etwa 1930, fiel mir ein Zeitungsartikel in die Hand über einen Abraham Verhoeven, den Gründer der ersten Zeitung in Belgien. Es ist möglich, dass wir mit ihm verwandt sind. Er war laut Lexikon Journalist.
Mein Vater selber sprach von Leuten, von denen wir angeblich abstammen, die er »Ruttmannen« nannte, man ver-

sucht ja seine Vergangenheit möglichst hoch anzusiedeln. Ich habe nie nachgeforscht, was sich hinter dem Begriff verbirgt, ich weiß nicht, aber es hört sich penetrant germanisch an. Mein Vater hat die »Ruttmannen« als Senatoren bezeichnet. Für ihn persönlich waren Senatoren natürlich etwas Fremdes, denn er war ein Bauernkind. Mein Großvater lebte an der holländisch-deutschen Grenze, nicht weit von Kleve, in einem Ort mit dem schönen Namen Vinekendonk.

Mein Großvater, was weiß ich von ihm? Man nannte ihn am Rhein den »Starken Henn«. Henn, weil er Heinrich hieß, wie später mein Vater, der den Titel des starken Henn dann auch geerbt hat. Früher waren Bauernfäuste legendär, überall gab es Auseinandersetzungen zwischen jungen Burschen, wenn die Musikkapelle spielte. Ein bisschen Alkohol, natürlich, war immer dabei. In dieser Gegend wird vor allem Bier getrunken. Also der starke Henn, das war mein Großvater.

Der Hof war groß, heute ist dieses Anwesen in vier Grundstücke gegliedert. Gegenüber gab es einen Bauern, den ich 1918 bei einem Ferienaufenthalt dort kennen lernte, der hieß Obgenord, also ein stark holländisch klingender Name. Früher hatte sein Grundstück auch zum Besitz meines Großvaters gehört. Mein Großvater betrieb so was wie eine kleine Fabrikation, wenn man das so nennen darf. Es gibt im Rheinland das sogenannte Apfelkraut, ein delikater, etwas säuerlicher Brotaufstrich, eine Marmelade, die Mami wirft grad ein, der Michael isst es gerne.

Eine solche Fabrikation hat also mein Großvater auf seinem Hof gehabt, und wie mein Vater erzählte, hat er vier große Kupferkessel aufgestellt, dort musste das Mus gekocht werden. Weitere Fabrikgeheimnisse kann ich nicht bekannt geben, weil ich sie nicht kenne.

Von diesem Landwirtschaftsbetrieb erzählte meine Mutter, dass die Mutter meines Vaters das Geld, das eingenommene Silbergeld, in der Schürze getragen hat. Ich stelle mir das so vor, dass sie die Schürze umgebunden, dann die Zipfel hochgehoben hat und in diese Mulde wurde dann das Geld geworfen. Also in Silber, ein sehr handfester Begriff von Einnahmen und sicher auch ein Vergnügen, das einen gewissen Wohlstand verriet.

Mein Großvater muss aber Eigenschaften gehabt haben, die ihn der Familie nicht so sympathisch gemacht haben. Er trank gerne, war überhaupt ein wenig leichtsinnig. Ja, na ja, immerhin hatte dieses Verhalten meines Großvaters Konsequenzen, die nicht sehr angenehm waren. Es hieß, ich weiß nicht, ob es wirklich so tragisch war, dass er ein »delirium tremens« hatte und dass er gelegentlich zauberhafte, kleine weiße Mäuse gesehen hat. Immerhin hatte er das Hab und Gut von zwei Mündeln zu verwalten. Die Amtsgerichte hatten ihm das Vermögen von zwei Waisenmädchen übertragen. Damit sollte er im Interesse dieser Mädchen wirtschaften.

Das Mündelvermögen hat er aber nicht im Interesse der Mündel verwandt, sondern – da es auf und ab ging, er Reisen machte, der Hof und das Vieh viel Geld kosteten, war das Geld am Ende verschwunden. Und als mein Großvater starb, legte das Amtsgericht fest, dass die beiden Mädchen einen Teil ihres Geldes in Werten zurückbekommen sollten. Sowohl die Töchter meines Großvaters als auch die Mündel wurden als Erben eingetragen, die Söhne aber von der Erbfolge ausgeschlossen. Mein Vater stand ohne Vermögen da.

Mein Vater machte eine Bäckerlehre. Und als er ein junger Mann war, wurde er gemustert wie alle jungen Deutschen. Er wurde wegen seiner Körpergröße zur Garde »Maikäfer« nach Berlin gezogen. Er hatte die Absicht, nach seiner Militärzeit zu heiraten. In der Nähe von Vine-

kendonk liegt der Ort Hasselt, noch etwas näher zu Kleve, und in diesem Ort hatten die Eltern meiner Mutter, die auf den schönen Namen van Essen hörten, eine Bäckerei. Beide Eltern meiner Mutter starben innerhalb von kurzer Zeit hintereinander, da war sie etwa 16 Jahre alt. Sie lernte meinen Vater kennen und er hat sich schnell entschlossen, dieses Mädchen Maria Theodora Antonie van Essen zu heiraten. Aber er heiratete nicht nur eine junge Frau, die inzwischen 17 geworden war, sondern gleichzeitig die sechs jüngeren Geschwister mit, so dass er sein Eheleben gleich mit einer großen Familie begann.

Dann hatte er selber Kinder, die im Laufe seines Lebens zu elf lebenden Kindern heranwuchsen, das waren sechs Jungen und vier Mädchen. Mit den Geschwistern meiner Mutter hatte er 17 Kinder. Ursprünglich waren es 18 Kinder, 12 eigene, aber eins lebte nur sehr kurze Zeit.

Dieses junge Mädchen, meine Mutter, hat eine sehr zarte Figur gehabt, wie meine Schwester Hetta. Meine Mutter ist in den Jahren nach meiner Geburt, ich war der vorletzte, und nach der Geburt von Hetta, ihrem 14. und jüngsten Kind, etwas aus dem Leim gegangen und hat erst dann die typische, rundliche Figur bekommen, die ihr von Fotos kennt. Na ja, diese Ehe! Mein Vater musste ja als Bäcker von Beginn an eine große Familie ernähren. Ursprünglich hatte er geplant, auf dem Hof meines Vaters eine eigene Bäckerei zu eröffnen. Ich kann seinen Weg nicht genau nachzeichnen, ich weiß nur, dass meine Brüder und Schwestern alle an verschiedenen Orten geboren sind, vom Niederrhein zum Rhein, über Duisburg ins Westfälische, und schließlich Dortmund. Ich selbst, der ja das neunte lebende Kind war, der sechste Junge, wurde in Unna geboren, einer hübschen kleinen Stadt, die ich aber erst später richtig kennen gelernt habe, weil ich sehr klein war, als mein Vater von Unna wegging.

Der 100. Geburtstag

Zu Pauls 100. Geburtstag am 23. Juni 2001 sind wir nach Unna gefahren. Senta und ich, meine beiden Schwestern und Stella, die Tochter von Lis, waren dabei und Stellas Mann, der Bühnenbildner Alfred Peter, mit dem sie seit vier Jahren verheiratet war. Und Lore Verhoeven, die Witwe meines Vetters Heinrich, dem Sohn von Pauls Bruder Fritz.

Die Stadt Unna hat ein schönes Fest gefeiert, es war ein guter Sonnentag mit einem Bankett im Landhaus Ententeich in Kessebüren für viele offizielle Gäste, die wir bis dahin nicht kannten, und einer Aufführung von Szenen aus Pauls musikalischer Komödie »Das kleine Hofkonzert«.

Der Bürgermeister der Stadt führte uns an die Stelle, an der die Paul-Verhoeven-Straße errichtet werden sollte.

Inzwischen gibt es diese Straße, wenn auch an einem ganz anderen Ort, der noch »viel schöner« ist, wie mir die Kulturbeauftragte der Stadt Unna versichert hat.

Die Münchner Kammerspiele, die wegen Umbauten geschlossen waren, machten in ihrem Ausweichquartier an der Dachauer Straße im Foyer des Theaterraums eine Ausstellung zum 100. Geburtstag von Paul mit Rollenfotos, Kritiken, Programmheften, Bühnenstücken, Porträts und einer kuriosen Sammlung von Erinnerungsstücken.

Unser Sohn Luca hat geholfen, die vergilbten Programmhefte, bis zurück zu den zwanziger Jahren, Regiebücher, die Notenblätter von Edmund Nick zum »kleinen Hofkonzert«, Zeitungsausschnitte und Porträtfotos aus Archiven zusammenzutragen.

Es war Lucas erste Begegnung mit seinem Großvater Paul, den er im wirklichen Leben nicht kennen gelernt hat.

Ich war ein paarmal dort. Da stand ich dann unter den meist jungen Zuschauern der Münchner Kammerspiele und sah Bilder und Momente aus Pauls Leben, einige zum ersten Mal. Zumindest zum ersten Mal mit so viel Ruhe und Aufmerksamkeit. Vieles war mir völlig neu, vieles habe ich vermisst, vor allem Paul selbst, der sicher nur unter Zwang in diese Ausstellung gegangen wäre.

Der Bayerische Staat, vielmehr der Finanzminister Kurt Faltlhauser, hatte die schöne Idee, eine Büste von Paul im Brunnenhof der Residenz aufzustellen.

Der Künstler, der den Auftrag schließlich bekommen sollte, war Professor Klaus Ringwald.

Er ließ sich von meinen Schwestern und mir einen ganzen Karton VHS-Kassetten von Filmen und »TV-Movies« zuschicken, in denen Paul gespielt hat. Und Bilder, private und Rollenfotos. Als die Büste in Arbeit war, besuchten wir den Bildhauer in seinem Atelier im Schwarzwald.

Im Atelier am Waldrand waren Modelle von prominenten Menschenköpfen aufgebaut. Und eine ganze Wand mit Pauls Fotos. Dann nahm der Künstler den feuchten Verband von der halbfertigen Büste. Pauls Kopf aus grauem Ton war mir zunächst sehr fremd, aber da waren auch ganz intime Momente in diesem Porträt, die der Bildhauer erkannt hatte.

Bei der Enthüllung der Büste im Oktober 2001 war das offizielle München anwesend, viele Freunde und Theaterfreunde.

Da steht nun Pauls Büste, etwas verloren, im Wandelgang des Cuvilliestheaters, an der Stelle des rechten Bühnenportals des Theaters im Brunnenhof, das es nicht mehr gibt.

Das Jahr 2001, in dem wir im Oktober symbolisch Pauls 100. Geburtstag feierten, war durch den 11. September das Jahr des Schreckens im neuen Jahrtausend geworden.

Die Strategen der Vereinigten Staaten hatten über Jahre hin Anstrengungen unternommen, sich gegen einen Angriff aus dem Weltraum vorzubereiten. Und dann waren es nur drei zivile Flugzeuge, die den amerikanischen Traum von der Unverwundbarkeit zerstörten.

An diesem Tag rief uns Simons amerikanische Freundin Darlene an, die gerade in Hollywood zu Dreharbeiten eines Films engagiert war. Vor Angst und Trauer konnte sie kaum sprechen. »Mein Gott, es ist so schrecklich!«, rief Darlene mit heiserer Stimme ins Telefon. »Was ist so schrecklich?«, rief ich zurück. »Don't you watch TV?«, fragte sie unter Tränen. »No!«, sagte ich. Darlene hängte ein, sie war nicht in der Lage, weiterzusprechen.

Ich konnte die Fernbedienung nicht gleich finden. Tagsüber wurde bei uns nicht ferngesehen. Die ersten Bilder dann unwirklich. Bilder aus Hollywoodphantasien. Ein Flugzeug prallt in einen der New Yorker Zwillingstürme.

Als wir Simon, der in New York studiert hat, vor ein paar Jahren besuchten, hatten wir dort oben im World Trade Center die obligatorischen Ausflugsfotos gemacht. Simon hatte vor der Aussichtsterrasse dahin und dorthin gezeigt und in Lucas Videokamera Faxen gemacht.

Als Darlene anrief, war ich allein im Haus, konnte niemanden vor den Fernseher rufen.

Ich warf eine Kassette in den Recorder, wollte das Unglaubliche aufzeichnen. Ich schaltete weiter zu CNN und anderen Nachrichtensendern. Bei einigen Sendern konnte ich nicht erkennen, ob ich Bilder von dem realen Angriff sah oder ob ich in einen dieser utopischen Filme geraten war.

PAUL ERZÄHLT II

Als Kind interessierte ich mich besonders für Amerika, das ich nur aus Büchern kannte, besonders für die Wolkenkratzer in New York. Ich wollte Architekt werden.

Leider war ich nicht auf dem Gymnasium. Das hat einen liebenswürdigen, traurigen Grund.

Mein Vater hatte mich, als ich zehn war, gefragt, ob ich aufs Gymnasium gehen wollte, und natürlich hatte ich »nein« gesagt. Um Wolkenkratzer wie in New York zu bauen, blieb mir nur der Umweg über die Ausbildung als Baumeister.

Wir lebten zu der Zeit in Dortmund. Ich sollte nun ab dem 1. April 1915 in die Lehre bei dem Architekten Joseph Menke gehen. Das war kein guter Mann, er war auch ein unpädagogischer Mann, mit dessen Talenten es seit dem Krieg, der seit einem Jahr das Leben aller verändert hatte, zu Ende war. Es wurde wenig Neues gebaut, das ist ja klar. Nur Notbauten, die mit dem Krieg zusammenhingen. Menke war eigentlich Kirchenbaumeister gewesen. Das Geschäft sackte in den folgenden Jahren, in denen ich von ihm unterrichtet wurde, vollkommen zusammen, so dass ich am Ende sein einziger Mitarbeiter war.

Es sollte nun ein neues Vereinshaus gebaut werden neben der Kirche, wo auch eine Bühne im großen Saal war. Der Bühnensaal hatte sofort mein ganzes Interesse. Ich musste, besser: ich durfte, zunächst das Innere des Saales entwerfen und die weitere Entwicklung der Entwürfe bearbeiten. Ich übernahm auch die Gestaltung des Theaterraumes. Kulissen mussten gemalt werden. Bauernstube, Salon, einfache Gegend, Wald. Und wenn weitere Dekorationen dazukamen, mussten die jungen Leute sich das eben selbst machen. Es war zwar dieselbe Pfarrei, aber es sollte ein völlig neues Haus entstehen, gebaut vom Architekten Menke, schöner, luxuriöser, zweckmäßiger.

Die Theatergruppe wollte ein Stück aufführen, das von der Arbeit der Missionare in Afrika berichtete, und der Erlös sollte einem Missionswerk zugute kommen. Es hatte den schönen Titel: »Tim, der Negerknabe«. Das Wort

»Neger« hatte damals für uns keinen negativen Beigeschmack.

Die Theatergruppe fragte mich, ob ich nicht diesen »Tim« spielen wolle. Das wollte ich schon. Das neue Vereinshaus war im Übrigen zu der Zeit, von der ich jetzt spreche, noch gar nicht fertig. Mit der Theateraufführung kamen wir in der Nachbarpfarrei St. Antonius unter, die hatten schon alles, vor allem einen schönen Theatersaal. Später konnte »unser« neues Theater damit konkurrieren.

Also ich spielte Tim, den Negerknaben. Es gibt auch heute noch ein oder zwei Sätze aus dem Stück, die ich immer wieder ausspreche, da sie mir immer wieder sinnlos in den Sinn kommen. Aber dass ich mich an diese Zeilen erinnere, hat doch einen Grund. Denn der Schauspieler, der einen älteren Missionar spielen sollte, hatte einen Sprachfehler. Er konnte kein »B« sagen, er sagte anstelle dessen immer ein »T«, das fiel uns natürlich auf. Wir zitierten dann noch lange einige dieser Perlen aus seinem Mund.

»Dieser Atend war so wundertar, unser Gang zum Kreuze hat mich so ertaut, dass es mich noch einmal hierher zum Getete triet, an den Ort, an dem unser heiliger Vater Tenedikt jenen Kern in den Toden senkte, aus welchem der herrliche Taum unseres lieten Ordens erwachsen ist.« Die kleine Episode wird euch an den Schwank »Pension Schöller« erinnern, in dem der Schauspieler kein »L« aussprechen kann und immer seine »Geniebte« anhimmelt. Das Missionsstück haben wir dreimal gespielt, das war sehr ertaulich.

An die eigentliche Lehrzeit beim Architekten Menke denke ich nicht sehr gern zurück, der Mann war ungerecht, jähzornig, herrschsüchtig, allerdings sehr fleißig, und sein nach außen bezeugtes Christentum war der Grund, warum er Kirchenbaumeister wurde.

Trotz Menke fühlte ich mich in meinem Beruf ganz wohl,

ich las Zeitschriften über Bau, interessierte mich für öffentliche Gebäude und Denkmäler und träumte mich in eine Zukunft, die eher künstlerisch betont war. Ich sah mich als Architekten, der riesige Hochhäuser und utopische Siedlungen bauen würde, in denen es keine Wohnungsnot mehr gab. In diese etwas illusorische Richtung dachte ich.

Ich blieb aber tapfer in meiner Theaterabteilung, war dann irgendwann der Leiter und taufte sie um in »Literarische Abteilung«. Ich selbst suchte meine Fortbildung in der Stadtbibliothek. In der Bibliothek der Pfarrei hatte ich schon alles gelesen. Aber auch in der Stadtbibliothek las ich ohne jede Anleitung, ohne System, manchmal aufgrund des Titels. Ich las vor allem die Klassiker, die ich in der Schule versäumt hatte.

In meiner »Literarischen Abteilung« wurden Vorlesungen abgehalten, jeder von uns hielt Seminare.

Ich begann dann auch wieder, ein Stück zu schreiben. Das zweite, »Es war im Monat August«, ein Lustspiel.

Ich muss noch etwas über meinen Lehrmeister Menke nachholen. Eines Tages kam ich zu spät, und er sagte zu mir: »Schau mal auf die Uhr!« Ich entschuldigte mich damit, dass ich keine Uhr habe. Darauf sagte er: »Sag deinem Vater einen schönen Gruß, wenn er nicht genug Geld hat, dir eine Uhr zu kaufen, dann solle er dich auch einen anderen Beruf lernen lassen.« Dieser Satz tat mir weh, und als ich nach Hause kam, sprach ich darüber und berichtete, was mein Lehrmeister gesagt hatte. Meine Mutter schaute nur auf mit großen Augen, sah meinen Vater an, der wortlos in seine Westentasche griff und mir seine Uhr gab.

Als ich 18 Jahre alt war, bekam ich zum letzten Mal mein Monatsgehalt von dreißig Mark ausbezahlt. Da las ich dann, mit schön geschriebenen Buchstaben, dass der Bautechniker, Herr Paul Verhoeven, seine Lehre ordnungsge-

mäß beendet hat, dass er fleißig gewesen war und dass ihm für die Zukunft alles Gute gewünscht wurde. Es war nach dem Ersten Weltkrieg schwer, eine Stelle zu bekommen. Aber im kleinen Kreis der Beziehungen meiner Eltern zum Pfarrer und zum Pastor gab es dann doch eine Brücke zu einem Baugeschäft, das mich als Maurer engagierte. Und eines Morgens ging ich um sechs Uhr von zu Hause weg, mit einigen Butterbroten bewaffnet, mit Handschuhen und einer dicken Jacke bekleidet, denn es war ein kühler Herbst. Ich ging also zum Maurerpolier, der diesen Bau beaufsichtigte, dem stellte ich mich vor. Er sagte: »Gut, gut. Geh in die Bauhütte, häng erst mal deine Sachen auf.« Dann ging ich mit ihm auf die Baustelle, das Parterre kroch gerade aus der Erde. Es wurde mir nicht gesagt, was man von mir erwartete. Der Polier sagte nur: »Stell dich dahin, schau, was dein Nachbar macht, und versuch dasselbe zu tun.« Keine weitere Anleitung, das war alles. Ich stand also vor einem Haufen Ziegelsteinen und einem Bottich voll mit Zement, es war eine Kordel gespannt, die uns die Richtung angab, damit die Fugen später gerade sein würden. Ich versuchte also, einen solchen Stein aufzuheben und ihn draufzulegen. Ihr dürft euch hier nun keinen schönen geraden Ziegelstein vorstellen, sondern einen Stein, der aus gebranntem Material gemacht war. Das war ein poröser Stein, er hatte eine unangenehme Eigenschaft, er sog sich voll mit Wasser. Und da es schon begonnen hatte zu regnen in den letzten Tagen, waren die Steine voll gesogen und hatten ein ganz schönes Gewicht. Ich versuchte nun, einen dieser Steine hochzuheben, so wie man einen Ziegelstein umgreifen kann. Das ging aber nicht, da der Stein zu groß war. Ich musste ihn also anders nehmen, ihn in zwei Hände nehmen und mit zwei Händen auflegen. Das ging bei mir sehr viel langsamer vor sich als bei den anderen Maurern. Mittags wurden die Steine immer schwerer, und sie rutschten mir aus der Hand. Als ich am Abend nach Hause kam, bluteten meine Hände.

Ich hätte im Frühjahr mit der aufsteigenden Sonne beginnen sollen, aber es ging auf den Winter zu. Ich dachte, solange rechts und links von mir die Maurer standen, musste auch ich dort stehen. Bis die Eltern sagten, dass ich die Arbeit nicht mehr fortsetzen, sondern im Frühjahr noch mal beginnen sollte.

Ich hatte den Plan, dass ich die Übergangszeit nutzen könnte, dachte auch gleich an das, wovon ich träumte, eine große künstlerische Zukunft. Ich fuhr zu einer Gewerbeschule für Baukunst in Essen, um mit dem Direktor zu sprechen. Ich stellte ihm meinen Fall vor und fragte ihn, ob ich eine ausschließlich künstlerische Klasse besuchen könnte, und welche Klasse für mich geeignet sei. Dieser sehr liebenswerte Mann hat sich die Mühe gemacht, mir einen individuellen Lehrplan zusammenzustellen.

Mein Lieblingsort war das Atelier, in dem die Bildhauer tätig waren und auch die Maler. Bei den Malern steckte mir im Hinterkopf, das sei wieder etwas, das mit dem Theater zu tun hat.

Ich kam eines Tages in die Klasse, der sog. »praktischen Anwendung von Tischlerei«, und es wurde eine Aufgabe mit Preisausschreiben gestellt, wie man für den Gärtner unserer Schule zu einem hübschen kleinen Haus in seinem Schrebergarten kommen könnte. Ihr kennt ja diese kleinen Gartenhäuser. So etwas sollten wir entwerfen. Ich baute mir ein wunderschönes, aus Holz gezimmertes Modell. Es hatte einen kleinen klassizistischen Vorbau, mit Giebeln und Tympanon, rundum oben setzte ich einen grünen Kranz und stellte in den Kranz Blumen, damit das Häuschen etwas Schönes hatte.

Es kam zur Prämierung an der Schule. Alle Schüler, das Kollegium und die Lehrer wurden gebeten, sich in den

Raum zu begeben, in dem alle Entwürfe der Schüler aufgebaut waren. Und siehe da, der ganze Chorus von Pädagogen schritt auf einen bestimmten Entwurf zu, und ich glaubte meinen Augen nicht: es war der meine. Also ich freute mich, mein Herz schlug wild. Der Direktor sagte: »Wir zeigen Ihnen hier einen Entwurf, der ein gutes Beispiel ist für das Gegenteil dessen, was wir von Ihnen erwartet haben!« Er ging dann weiter und kam endlich zum ersten Preis. Der Schüler hatte lediglich eine Schutzhütte entworfen. Aber er hatte daran gedacht, wo man die Gartengeräte unterbringen konnte. Daran hatte ich nicht gedacht. Es ging nicht um Schönheit, es ging um praktische Sachlichkeit. Das war sehr heilsam für mich. Ich merkte, dass ich meine Naivität abstreifen, realistischer werden müsste. Ich müsste lernen, das Leben darzustellen, wie es ist, nicht wie es sein könnte.

Die Kirche als Schule der Kultur

Die Geschichte von der Uhr, die Pauls Vater ohne ein Wort von seiner Weste abknöpfte und vor ihm auf den Tisch legte, hat Paul uns schon einmal erzählt, als ich etwa zwölf Jahre alt war.

Er musste damals seine Schilderung abbrechen, versuchte, das aufkommende Weinen zu unterdrücken. Es gelang ihm nicht, und er ging mit bebenden Schultern aus dem Zimmer. Meine Mutter, die die Geschichte kannte, erzählte sie weiter. Ich wollte ihm nachgehen, aber meine Mutter stellte sich mir in den Weg. »Das würde ihn nur noch trauriger machen!«

Es war das erste Mal, dass ich meinen Vater weinen gesehen habe.

Es war ein Bild, das mich lange Zeit verfolgt hat, weil es mir einen Paul gezeigt hat, der sehr sanft war und den ich auf einmal als Sohn seines Vaters sah.

Beinahe alle kulturellen Anregungen, die Paul als Kind und in seiner frühen Jugend hatte, kamen von der Kirche.

Sein Interesse an der Architektur kam aus der Bewunderung für die Kirchenbauten, die er in den Städten seiner Kinderjahre gesehen hatte.

Auch alle anderen Berührungen mit Kultur verdankte Paul der Kirche. Im katholischen Vereinsleben wurde Paul an die Musik, die Malerei und ans Theater herangeführt.

Ganz naiv hatte Paul die Vorstellung, dass die christlichen Mysterienspiele, österlichen Passionsspiele und die alljährlichen Weihnachtsaufführungen in den Theatersälen der Kirchen das ganze Universum des Theaters darstellten.

Dass es bei dieser engen Sicht nicht blieb, dass er Literatur kennen lernte, auch die weltliche, freiere und widersprüchliche Literatur, die ihn zunächst irritierte, hatte er dem Vereinsleben der Kirche zu verdanken.

Die Auseinandersetzung dort mit Gleichaltrigen, mit den Religionslehrern, vor allem mit den Priestern, die für Paul eine unangreifbare Autorität darstellten, machte ihn neugierig auf diese andere Literatur, die in der Pfarrbibliothek nicht zu finden war. Ich entsinne mich an die lebhaften Diskussionen in unserem niederbayerischen Bauernhaus in den sechziger Jahren, in denen meist die große Politik in den Mittelpunkt der oft dramatischen Gespräche geriet.

Die Haltung der katholischen Kirche gegenüber der nichtchristlichen Welt war nicht selten Gegenstand der Auseinandersetzungen in unserer Familie.

Paul glaubte an die Existenz Gottes und sah in den verschiedenen Religionen nur verschiedene Sprachen, in denen sich die Menschen diesem einen Gott zuwenden. Jede Kultur sollte das Recht haben, in ihrer eigenen Sprache, die sich geschichtlich entwickelt hat, zu ihrem Gott zu sprechen, der nur als Gott *aller* Religionen zu verstehen ist. »Ein Streit um die einzig wahre Religion ist gottlos«, sagte Paul. Er bedauerte es, als Säugling getauft worden zu sein, er hätte sich den katholischen Glauben lieber selbst gesucht und erarbeitet. Die Vorstellung, jemanden zu einem anderen Glauben zu bekehren, erschien ihm anmaßend. Paul hätte sonst als Katholik nie meine Mutter geheiratet, die Protestantin war. Eine Protestantin der besonderen Art.

Die Kargheit des protestantischen Gottesdienstes war ihre Sache nicht. Ihr gefiel der »theatralische Pomp« in der katholischen Kirche. Die farbenfrohen Kostüme der Bischöfe und Kardinäle waren für meine Mutter Bestandteile einer großen emotionalen Theaterinszenierung, an der sie gern teilhatte, und sei es nur als Publikum.

Amerika war oft ein Thema zwischen uns.

In Amerika gibt es ein relativ friedliches Nebeneinander von Religionen, religiösen Gruppierungen und Sekten. Paul hatte vor dem »american way of life« großen Respekt. Als Schauspieler und Regieassistent von Luis Trenker hatte er 1936 in Amerika den Film »Der Kaiser von Kalifornien« gedreht und war voller Bewunderung für die Offenheit und Unvoreingenommenheit der Menschen, denen er dort begegnet ist. »Ich bin ja aus Nazideutschland nach Amerika gekommen und hab damals mit starken Ressentiments uns gegenüber, dem deutschen Filmteam gegenüber, rechnen müssen. Davon war aber nichts zu spüren.«

Was den Siegeszug des »american way of life« in der Welt betraf, lagen die Ansichten meiner Eltern weit auseinander. »Denk doch nur an den Beginn der Geschichte Amerikas. ...«, sagte meine Mutter, »... an die Ausrottung der Indianer!«

»Es gibt kein Amerika!«, sagte Paul, »Es gibt nur sehr viele, sehr verschiedene amerikanische Menschen!« Monika fügte hinzu: »... mit sehr gleichartigem Denken.« – »Eben nicht!«, sagte Paul verärgert, »jeder Zweite denkt anders und wählt anders. Amerika ist ein gespaltenes Land!« – »Ja, bewusstseinsgespalten.« Aber Paul nahm ein solches Gespräch viel zu ernst, um Monikas Ironie zuzulassen. »Erkläre das bitte!«, sagte Paul. »Auf der einen Seite diese Prüderie und auf der anderen dieser Sexismus!« – »Oder einerseits dieses Freiheitsideal und andererseits die Hexenjagd von McCarthy!«, sagte Senta. Mir fiel noch schnell das Credo der Menschenrechte und die Unterdrückung der Schwarzen ein. Paul goss sich einen amerikanischen Whiskey ein. »Aber immer sind in Amerika Menschen gegen die Unterdrückung aufgestanden!«

Beim Thema Vietnam waren alle in der Familie auf Seiten der Amerikaner, die gegen den Vietnamkrieg protestierten.

Meine Eltern haben die Kriege im Irak nicht mehr erlebt.

Wären sie noch am Leben, würde Paul wahrscheinlich zugunsten der Bush-Lobby einen religiösen Aspekt nicht sofort verwerfen. »Niemals!«, würde meine Mutter sagen und den Kopf schütteln. Sie würde ein religiöses Motiv allenfalls dem Islam zubilligen. Aber der Fundamentalismus des Islam würde sie in Angst und Schrecken versetzen, wie er Amerika und die Welt in Angst und Schrecken versetzt hat. Der Krieg gegen den islamistischen Terror musste neuen Terror erzeugen, das war voraussehbar.

Die allergeringste Folge des 11. September 2001 war die pietätvolle Verschiebung der Premiere von »100 Pro«, des ersten Kinofilms, den mein Sohn Simon inszeniert hat. Eine Komödie wollten die Kinos in den »Tagen der Trauer« nicht zeigen. Es geht in Simons Film um zwei junge Burschen, die in eine Disco nicht eingelassen werden und mit aller Fantasie gegen dieses Ausgeschlossensein anrennen. Eine sehr, sehr kleine Komödie, aber ein größeres, sogar politisches Thema. Ist man zugelassen oder wird man ausgeschlossen. Einige Kritiker haben das Thema der Komödie erkannt, die »Süddeutsche« sah den Film in der Tradition von Klaus Lemke und Eckhart Schmidt. Leider hat die Produzentin Christine Ruppert, meine Regieassistentin bei »Mutters Courage«, sich nicht auf ihr eigenes Urteil und ihre Intuition verlassen. Sie hat stattdessen eine Marketingfirma beauftragt, die ihr nach etlichen Tests eingeredet hat, Simons Film sei ein »Teeny-Film«. Deshalb hat sie alle Werbemittel, einschließlich des Trailers auf die wenigen pubertären Momente des Films reduziert und das erwachsene Publikum, das dem Film auf dem Münchner Filmfest applaudiert hatte, schon im Voraus verjagt.

Sie sind gut, Herr Tabori!

Anfang der achtziger Jahre schrieb mir Hanne Hiob einen flammenden Brief: »Wir wollen noch einmal zuschlagen!«
Ob ich »Mutters Courage« kenne von George Tabori.
Im Stück geht's um Taboris Mutter, der es glückt, dem Todeszug nach Auschwitz zu entkommen. Ein SS-Offizier bringt sie im 1.-Klasse-Abteil nach Budapest zurück, lässt sie laufen.
Eine unglaubliche Geschichte, zu wahr, um schön zu sein.
Ich kannte das Stück, aber Tabori nicht persönlich. Hanne Hiob stellte den Kontakt her. Zu spät. Leider. Maria Sommer, die Leiterin des Kiepenheuer Bühnenvertriebs in Berlin-Dahlem, Taboris Verlegerin und Beraterin, hatte die Rechte grad eben an eine andere Filmproduktion vergeben. Ich wollte aber nicht aufgeben. Der andere Vertrag war noch nicht unterschrieben. Maria Sommer besprach sich mit Tabori. Wir verabredeten ein Treffen in Wien. Ein verrauchtes, lautes Lokal, in dem junge Männer sich beim Billard brüllend unterhielten.
»Die Hiob kann das nicht spielen«, sagte Tabori. Sie sei »doll«, sagte er, aber sie habe die Augen vom Brecht, kohlrabenschwarz. »Haben Sie mein Stück gelesen?«, fragte er

plötzlich. »Sie sind gut, Herr Tabori ..., natürlich habe ich Ihr Stück ...« – »Meine Mutter hatte unvergleichlich blaue Augen. Die Hanne kann das nicht spielen. Nehmen Sie die Senta, die hat diese schönen blauen Augen!« Die schwarzen Augen der Schauspielerin Hiob fand ich gerade das Schöne, wenn ständig von den *blauen Augen* der Mutter die Rede ist.

Unter den großtuerischen Zurufen der Männer und dem Geknalle der Billardkugeln schilderte ich Tabori, wie ich mir den Film vorstellte. Tabori sollte sich selbst spielen und in die Szenen eingreifen. Zu Beginn wollte ich dem Publikum vorführen, wie die Schauspielerin mit den dunklen Augen in die blauäugige Mutter verwandelt wird. Wir schauen zu, wenn die Maskenbildnerin der Hiob *unvergleichlich blaue Kontaktlinsen* einsetzt.

Tabori lächelte, schüttelte den Kopf, zündete sich eine neue Zigarette an, die er wieder zwischen den Fingern verglimmen ließ. »Eine dolle Idee«, sagte er schließlich. Er tätschelte mir die Hand. »Machen Sie es, wie Sie denken!«

Hanne Hiob besuchte mich mit einem Vertrauten, wohl eher einem Zeugen. Also, sie hätte sich das überlegt. Sie müsse die Rolle mit einer Halskrause spielen. Sie hätte Probleme mit der Halswirbelsäule. Das Gedränge der Deportierten, der Kampf um die besten Plätze im Zug, das Schaukeln und Stoßen im Viehwaggon! »Ausgeschlossen, Hanne, das geht nicht. Wir machen Großaufnahmen, eine orthopädische Halskrause kann man nicht verstecken.« – »Doch, Verhoeven, hör zu«, sagte sie. Sie nannte mich beim Familiennamen, wie ich das aus meiner Schulzeit kannte. »Drumrum trage ich ein feines Halstuch, das verdeckt die Krause!« – »Nein, Hanne, kein Halstuch und keine Halskrause!« Ich ließ nicht mit mir handeln.

Am 24. Mai 1994 feierte George Tabori, der Büchnerpreisträger, seinen 80. Geburtstag. Ein Defilee der Freunde und Verehrer, von Maria Sommer inszeniert. Jeder brachte ihm eine

Rose. Hanne hatte eine rote Sozialisten-Nelke mitgebracht. Das gefiel mir.

Ich stand in der Schlange am Ende. Vor mir Hanna Schygulla. Es ging alphabetisch. Jeder hielt eine kleine Gratulation für Tabori bereit. Alles, was ich für ihn vorbereitet hatte, war inzwischen von anderen gesagt. Die Situation war ungemütlich. Ich improvisierte irgendwas, keine Ahnung mehr, was. Ich kannte Tabori noch nicht so gut.

Später, als wir uns besser kannten, erzählte er mir, dass er einmal bei einer Gratulationskur für Brecht auch alphabetisch eingeordnet mit dem T von Tabori ganz hinten in der Reihe stand. Als er drankam, konnte er nicht sprechen, weil alles, was man zu Brecht sagen konnte, gesagt war. »Da hab ich geweint«, sagte Tabori mir zum Trost.

Auf der großen Geburtstagparty im Bauch eines Spreedampfers unterhielt ich mich mit Hanna Schygulla. Sie, die die *Mutter* war im Theater der Jugend an den Münchner Kammerspielen, wäre wirklich eine Alternative gewesen.

Hanne Hiob gab nach. Sie verzichtete auf Krause und Seidentuch. Wir hatten in Budapest schon angefangen, das Set zu bauen. Es sollte eine Koproduktion mit der ehemaligen Staatsfirma MA(GYAR)-Film werden, und wir hatten eine Sondergenehmigung für den graziösen Keleti-Bahnhof, den der Franzose Eiffel entworfen hat.

Ein Ausbesserungswerk für Züge wurde vom Ausstatter Wolfgang Hundhammer zur Bahnhofshalle umgerüstet. Schienen waren vorhanden. In der Werkshalle konnten wir die Massenszenen vom Einsteigen der Deportierten drehen.

Aber es sollte nicht sein. Die ungarischen Wahlen am 8. Mai 1994 hatten die alten kommunistischen Kader wieder an die Macht gebracht. Der Vertrag platzte.

Wir hatten bereits unendlich viel Geld ausgegeben und standen ohne Partner da.

Kurz darauf lehnte die Versicherung Hanne Hiob ab. Ich

nahm das nicht gleich so ernst. Es gab ja noch andere Versicherungsfirmen. Aber alle Firmen, an die wir uns wandten, hatten Hanne Hiob schon im Computer. Nicht versicherbar. Den Grund erfuhr ich nicht. Ärztliche Schweigepflicht.

Hanne hatte eine Idee. »Ich gebe dir eine Million, Verhoeven«, sagte sie. »Damit kannst du mich versichern lassen!« Das imponierte mir, und es konnte die Lösung sein. Aber nein. Die Versicherung lehnte nicht nur die Besetzung der Hauptrolle, sondern das ganze Projekt ab, das auf über zehn Millionen DM kalkuliert war. Sie versicherten den Film nicht, wenn Hanne Hiob die Mutter spielte. Der ganze Film hing dran, nicht nur die Person. Also würde der Film ohne Hanne Hiob entstehen, oder er würde nicht entstehen.

Hanne war verbittert. Sie verlangte, dass ich das Projekt fallen lasse. Sie dachte nicht daran, dass wir schon Hunderttausende investiert hatten. Ein Zurück gab es nicht. Aber wer sollte die Mutter spielen?

Wenn ich jetzt Hanna genommen hätte, würde Hanne glauben, dass ich von Beginn an Hanna und nicht *sie* haben wollte. Das konnte ich Hanne nicht antun. Immerhin stammte die Idee zu dem Projekt von ihr. Verdammt noch mal, die Freundschaft war zerbrochen. Keine Ahnung, wie es weitergehen sollte. Heute, wo ich weiß, wie es tatsächlich weitergegangen ist, denke ich an grauen Tagen, ich hätte auf Hanne hören und das Projekt fallen lassen sollen. Der finanzielle Schaden von damals wäre noch zu verschmerzen gewesen. Aber alles kam dann noch viel schlimmer. Daran will ich mich im Moment nicht erinnern. Vielleicht später ...

Paul erzählt III

Freitag, der 28. April 1972
Ich habe etwas nachzutragen, die Garde »Maikäfer« in Berlin, in die mein Vater wegen seines Gardemaßes gekommen war, ist dasselbe Regiment, in das mein Bruder Fritz später 1938 eingezogen wurde. Der Unterschied war nur, dass mein Vater es dort drei Jahre ausgehalten hat, mein Bruder Fritz absolvierte das Ganze ziemlich lustlos ein wenig schneller. Also, ich gehe ein Stück zurück.

Als ich klein war, lebten wir eine Zeit lang in Dortmund, haben aber noch viele Male den Wohnort gewechselt, weil mein Vater immer dort hinzog, wo er und die großen Söhne Arbeit fanden. Mein Vater war Bäckermeister und kam in eine der großen Bäckereien des Unternehmers Thyssen, der ein Großindustrieller war und viele große Betriebe gesammelt hatte. Aber bei dem patriarchalischen Verhältnis zwischen Chef und Angestellten interessierte sich Herr Thyssen für meinen Vater persönlich und schätzte ihn sehr. Er hat ihm auch allerlei Chancen geboten, in anderen Betrieben, speziell im Bergbau. Aber mein Vater ist darauf nicht eingegangen, er war Bäcker, das wusste er und konnte er. Er hat später seine eigene Bäckerei eröffnet, eine kleine Brotfabrik in Schwerte.

Er musste dafür hohe Kredite aufnehmen, und leider ist diese Brotfabrik eines Tages durch einen Blitzschlag bis auf den Grund vernichtet worden. Versicherungen, so obligatorisch wie heute, gab es damals noch nicht. Der schöne Traum einer eigenen Existenz war dahin. Mein Vater hatte keine Brandversicherung abgeschlossen. Er soll gesagt haben, Gott beschütze ihn, das sei die beste Versicherung. Mein Vater war sehr gläubig. Meine Mutter noch ein bisschen mehr. Als das schöne Haus abgebrannt war, packte mein Vater die vielen Kinder und meine Mutter auf das Pferdewägelchen, mit dem er Mehl holte und das Brot ausfuhr. Er verließ die Stadt, da gab es keine Diskussion mit meiner Mutter. Irgendwohin. Da er Pferd und Wagen hatte, brachte er seine große Familie mit einer kleinen Spedition durch. Wo und wie lange, weiß ich nicht. Ich war noch sehr klein.

Ihr wisst ja, dass wir eine sehr katholische Familie waren, auch wenn von diesem Katholizismus in der Öffentlichkeit keinerlei Gebrauch gemacht wurde. Meine Eltern gingen in die Kirche, Schluss. Meine Geschwister gingen in die Kirche, Schluss. Nach der Messe ergaben sich Gewohnheiten, dass alle Männer im Gemeindehaus, ein Haus, das der Geselligkeit im Dorf diente, zum Frühschoppen gingen. Die Familie versammelte sich dann erst zum Mittagessen wieder zu Hause. Aber dann kam der Nachmittag, die jungen Leute gingen nach draußen ins Grüne. Viel mehr gab es nicht, es gab kein Radio bei uns, aber es gab das Gespräch innerhalb der Familie. Die katholischen Gemeinden sorgten für Orte des Zusammenseins. Müttervereine, Männervereine, Jungfrauenvereine und Jünglingsvereine gaben den Menschen Fluchtwege aus der Enge der Wohnungen und der Härte der Arbeit. In Jünglingsvereinen waren auch meine Brüder, alle nach der Reihe, bis sie eben keine Jünglinge mehr waren. In der Zeit, von der ich spreche, also vor dem Ersten Weltkrieg, war auch mein Bruder Fritz Mitglied eines solchen Jünglingsvereins. Einmal hatte er Ärger mit dem Küster, also dem Kirchendiener, der im Vereinshaus wohnte.

In der Nähe des Vereinshauses – es war noch das alte – wurde ein kleines Privathaus gebaut. Dort standen Baugeräte, Sandbehälter und Bausteine. Eines Samstagabends, nach ein paar Gläschen Bier, haben wir uns eine Karre voll Ziegelsteine genommen, in einem Bottich Mörtel angerührt und die Tür des Vereinshauses zugemauert. Der Küster, der Wirt des Vereinshauses, fand sich am anderen Morgen eingemauert ...

Mein Bruder Fritz führte mich an das heran, was später mein Beruf werden sollte, das Theater. Der katholische Jünglingsverein machte eine Theateraufführung, und Fritz spielte dort mit. Das Stück hatte den schönen Namen »Der büßende Brudermörder« und war von Wolfram von Bonndorf. Das Stück spielt im Mittelalter. Es kamen zwei Buben von zehn Jahren vor, Fritz hatte mich dafür vorgeschlagen, und ich hatte noch einen Freund mitgenommen, der den anderen Part übernahm. Er hieß Ludwig. Wir haben noch eine Bildpostkarte mit dem Bild der Aufführungstruppe. Die Jünglinge waren verkleidet als Grafen, Bauern, Edelknaben, Knappen, und auch wir zwei Prinzen knien auf dem Bild mit weißen Strümpfen, einer blau-weißen Pluderhose, einem Wams und einem Barett mit einer blauen Feder. Diese blaue Feder und das ganze Samtkostüm hatten es mir angetan. Da es, schon anderweitig eingesetzt, natürlich nicht so prima passte, nahm jeder von uns sein Kostüm heim, und mit der Hilfe der Schwestern und Mütter wurde es dann irgendwie angepasst. Meins hat meine Mutter passend gemacht. Ich habe es auch oft zu Hause angehabt, öfter als nötig. Nun, als der Tag des Abschieds kam, nach drei Aufführungen, das Stück wurde ja nur an drei Sonntagen gespielt, musste ich das Kostüm im Vereinshaus zurücklassen, es kam wieder ins Verleihgeschäft, das übrigens »Oskar Sommer« hieß und wahrscheinlich auch heute noch besteht. Ich konnte mich mit dem Verlust dieses schönen Kostüms nicht abfinden und verfiel in Melancholie.

Meine Eltern waren sehr besorgt, ich konnte aber nicht darüber sprechen und wurde krank. Es hat lange gedauert, bis das abgeklungen ist, und ich habe meine Seele beruhigt, indem ich auf alle meine Schulhefte »Ludwig von Bonndorf« schrieb.

Alles begann aus einem Spiel, die Schule war für mich ein Ort, an dem sich meine Phantasie entwickelte. Es gab auch einen bestimmten Lehrer, den ich gern hatte, dem ich auch an seinem Geburtstag Blumen brachte, so dass ihm die Tränen in den Augen standen, da er es nicht gewohnt war. Doch die Schule war zuallererst Schule. Die erste Stunde war schauerlich, das Abfragen der letzten Stunde. Auch die Hausarbeiten sollten vorgezeigt werden, die Rechenaufgaben sollten gelöst sein. Ich hatte aber gar nicht realisiert, dass ich zu Hause Schularbeiten hätte machen müssen. Das sollten andere machen, ich konnte mir nicht leisten, meine Zeit für solche Aufgaben zu verschwenden. Ich nahm lieber in der Schule die Prügel in Kauf als zu Hause die Schularbeit. Die Schule war ein Abbild des Staates, mit Zwang und Unterdrückung der Persönlichkeit statt ihrer Förderung. Ich musste mich vor die Bank knien, der Lehrer zog seinen Rohrstock und versetzte mir die gewohnten Hiebe auf den Hintern. Doch danach wusste ich, für heute ist das ausgestanden, und nun begann mein Tag. Ich gab nach neun Uhr die »Parole« durch. Das bedeutete, dass ein Zettel durch die Klasse gereicht wurde, was wir am Nachmittag machen würden. Damals gab es so kleine Hefte namens »Der Lederstrumpf«, in dem wurde für europäische Kinderaugen und Kinderohren so etwas Ähnliches wie eine Moralgeschichte erzählt, wie die Amerikaner damals mit ihren Regierungstruppen gegen die wilden und bösen Indianer »gewonnen« hatten. Aber es gab unter den Eingeborenen auch einen Stamm edler Gestalten, die Delawaren. Den Inhalt der kleinen Heftchen führten wir auf.

Da gab es in Richtung der Burgholzstraße zwischen zwei Bahndämmen ein Kinderparadies mit weichem Gras, hohen Bäumen und merkwürdigen Erhebungen. Dort spielten wir diese Stücke, die wir sehr ernst nahmen. Ich war selbstverständlich immer der Gute. Einer meiner Freunde, Waldemar, spielte einen Bösen. Er wurde an einen Baum gefesselt und wir Indianer kümmerten uns nicht weiter um sein Schicksal, bis die Geier ihn zerfleischten. Die Geier waren ja von uns nicht darzustellen, sie standen nicht auf dem Besetzungszettel. Aber, dass dieser Waldemar an den Baum gefesselt werden musste, war klar. Ich ging auch ganz beruhigt nach Hause, weil das eine moralische Abfuhr war für einen bösen, weißen Mann. Es hatte natürlich ein Nachspiel, was uns aber nicht davon abhielt, die Geschichten der kleinen Heftchen weiter aufzuführen. Das Spiel war unser Leben, egal ob wir nun Indianer spielten oder Szenen aus dem Katechismus.

Einer meiner Jugendfreunde aus der katholischen Gemeinde war Willi Werkmeister. Er war ein sehr merkwürdiger, euliger Bursche. Er war sehr theaterbesessen. Im Gegensatz zu mir hatte er schon richtige Theateraufführungen gesehen. Ich kannte nur katholisches Vereinstheater.

Eines Tages besuchten wir eine Vorstellung im Olympiatheater, das war nicht das Stadttheater, es wurden dort meist Operetten gespielt. Es kam nun ein Gastspiel mit dem Titel »Napoleons Glück und Ende«. Die Schlachtenbilder in diesem Stück wurden als lebende Bilder gezeigt. Ohne Dialoge. Napoleon saß auf einem wirklich lebenden weißen Pferd, später sah man ihn in Russland, sehr verdrießlich an einem Tisch sitzen, vielleicht eine Erbsensuppe essend, wie er sich darauf vorbereitete, den Weg durch den Schlamm und die Kälte zurück nach Frankreich zu finden.

Dieses Stück hatten Willi und ich gesehen, und es war klar, wir mussten das selbst aufführen. Ich habe das Stück dann auf einem Hinterhof inszeniert. Ich war Napoleon. Der Clou dieser Geschichte war, dass am Ende Moskau *brannte, und damit war Napoleons Elend besiegelt. Wir hatten auf dem Hof für diese Szene eine Art Feuerwerk entwickelt, das eigentlich sehr schön aussah. Nur bekamen einige ein paar Blessuren von dem nicht wirklich gut betreuten Feuerwerk. Aber schließlich stellten wir Schlachtenszenen dar, für welche Verwundete ja ganz gut passten. Nun kam es aber leider zu einigen Rangeleien, die eigentlich nicht zu unserem Stück gehörten. Störungen bedeuteten immer, dass Mütter eingriffen in unser Spiel. Die konnten nämlich von ihrem Balkon aus den Hof beobachten, in dem wir spielten. Wenn der eine oder andere für häusliche Arbeiten gebraucht wurde, schallte eine Mutterstimme über den Platz:* »*Hermann, sofort raufkommen!*« *Dann musste also Hermann, ganz gleichgültig ob er nun ein General war oder ein Hohepriester, seine Rolle aufgeben und für seine Mutter Kohlen holen.*

Wir anderen spielten dann ohne ihn weiter. Das Schöne ist, dass wir nicht nur an diesem Tag weitergespielt haben, sondern dass das Theaterspielen zu unserem Kinderleben ganz einfach dazugehörte.

Der Vertrag

Mir fällt auf, dass Paul die genaueren Umstände des Angebots, das der Großindustrielle Thyssen meinem Großvater gemacht hat, und warum es zu einer Absage kam, übergangen hat. Thyssen mochte offenbar meinen Großvater, der kaum in der Lage war, seine vielen Kinder zu ernähren. Er bot ihm die Stelle eines »Wäschers« an. Paul hat uns das einmal ausführlich berichtet. Ein Wäscher hat offenbar eine weniger harte Arbeit im Bergbau zu machen, muss anders als ein »Steiger« nicht in den Bohrtunnel hinunter.

Das Gehalt, das Pauls Vater von Thyssen geboten wurde, hätte die wirtschaftlichen Verhältnisse der Familie dramatisch verbessert. Aber Pauls Vater war auf eine Bedingung der großen Lebenschance nicht vorbereitet. Thyssen legte ihm nämlich einen Vertrag vor. Mein Großvater hätte ihn lesen und unterschreiben sollen. Aber er konnte nicht lesen und nicht schreiben. Er nahm den Vertrag in die Hand, tat so, als lese er ihn, schüttelte wortlos den Kopf und legte den Vertrag aus der Hand ...

Paul hatte 1935 einen Vertrag in der Hand, den er vermutlich sehr genau gelesen hat.

Paul war in den Jahren 1929 bis 1934 in Frankfurt am Main als Schauspieler zum Publikumsliebling geworden, den die Menschen auf der Straße ansprachen und »ihren Paule« nannten. Er hatte auch mit Inszenierungen Zeichen gesetzt, so dass der legendäre Heinz Hilpert ihn als Regisseur und Schauspieler ans Deutsche Theater nach Berlin holte.

Paul spielte am Deutschen Theater zwischen 1935 und 1941 in mehreren Hilpert-Inszenierungen. Obwohl er selbst eine ganz andere Art zu inszenieren hatte, sah Paul in Hilpert einen seiner Lehrmeister. Paul schilderte ihn als sehr berlinisch, sehr witzig, sehr ungeduldig.

Meine Schwester Lis, die unter Hilperts Regie 1961 am Münchner Residenztheater die Bianca in »Der Widerspenstigen Zähmung« spielte, bestätigt das: »Alles musste kurz und knapp sein, er inszenierte *auf Tempo*. Pausen ließ er nur zu, wenn sie *Bedeutung* hatten.«

Die »Tobis«, eine kleinere, aber nicht weniger vom Naziregime abhängige Filmfirma als die große Ufa, wurde auf Paul, der das Filmhandwerk nie gelernt hatte, aufmerksam, nahm ihn 1936 unter Vertrag.

Ein Regisseur mit 35 Jahren galt damals als »jung«. Es hatte sich herumgesprochen, dass Paul für elegante, leicht hingetupfte Komödien begabt war.

Sein Debüt, die Strauss-Operette »Die Fledermaus« mit den Hauptdarstellern Lida Baarová, Hans Söhnker und als »Frosch« Hans Moser, wurde ein großer Erfolg.

Paul war von der sehr realistischen und dennoch stilisierten Schauspielkunst des Hans Moser begeistert.

Lida Baarová, die tschechische Schauspielerin, war damals noch nicht die Geliebte von Goebbels. Sie war die Geliebte von Paul Verhoeven, der eine starke Wirkung auf Frauen hatte. Und Frauen hatten eine große Wirkung auf ihn. Das war so und ist sein Leben lang so geblieben.

1943 übernahm Paul als Intendant das »Schiffbauerdammtheater« und das kleine »Theater unter den Linden«. Beide zählten zu den sechs Berliner Privattheatern, die schon längst enteignet waren, soweit sie im jüdischen Besitz gewesen waren.

Das Schiffbauerdammtheater, heute das »Berliner Ensemble«, wurde schon nach der ersten Spielzeit geschlossen. Das »Theater unter den Linden« war schon vorher durch Bombenschäden zerstört.

Die Theater im *Reich* wurden verriegelt. Sie waren nicht mehr *kriegswichtig*. Umso wichtiger wurde die Filmkunst, die Breitenwirkung erzielte. Die Bevölkerung musste abgelenkt, ruhiggestellt werden.

Aber noch herrschten Friedenszeiten. Paul verdiente bei der Tobis gutes Geld. Die Zukunft erschien günstig, wenigstens für manche. Und Paul, der von der Filmbranche sehr umworben war, gehörte dazu. Er erwarb ein Haus am Wannsee.

Wannsee

Meine Mutter wollte dieses viel zu große Haus mit dem viel zu großen Grundstück nicht. Es war ein Prestigeobjekt, eine Villa zur Repräsentation. Paul hat niemals eine Gesellschaft gegeben für illustre Leute. Er hat sich immer als Außenseiter gefühlt. Er wusste, dass Unabhängigkeit seine Stärke war.

Aber die große Villa und das breite Ufer zum Wannsee müssen Pauls Selbstwertgefühl erhöht haben. Es bedeutete die unwiderrufliche Überwindung der armseligen Verhältnisse im Elternhaus. Albers, Rühmann und George hatten Häuser am Wannsee, vielleicht war das die Herausforderung. Denn den schönen See hat Paul in all den Jahren bis zur Schließung der Theater und zum Ende Nazideutschlands kein einziges Mal genutzt.

Als Paul vom Eigentümer, einem Herrn Lessing, durch das Wannsee-Haus geführt wurde und der Herr Lessing diesen und jenen Vorzug des Hauses hervorhob, muss meinen Eltern schon allein durch den Namen Lessing klar gewesen sein, dass dieser Mann Jude war und lieber selbst in dem Haus geblieben wäre, als es zu verkaufen. Lessing fasste Vertrauen zu Paul und bat ihn um eine Extrasumme, die nicht aufscheinen dürfe, da er den in der Zeitungsannonce angegebenen Preis an den Deutschen Staat abliefern müsse.

Lessing sagte, er brauche das Extrageld für seine Emigration aus Deutschland. Paul gab ihm das Geld. Meine Mutter hat später von 10 000 RM gesprochen, aber wie hoch der Kaufpreis war, weiß ich nicht.

Es war ein schönes großes Haus, das weit weg vom schmiedeeisernen Einfahrtstor lag, weit weg vom Straßenlärm. Hinter dem Haus, hinter der Terrasse, ging ein langer Weg in Serpentinen hinunter zum Obst- und Gemüsegarten mit gläsernem Gewächshaus.

Nach dem Krieg besetzte zuerst die russische Armee unser Haus. Als es zur Aufteilung der Stadt in die vier Besatzungszonen der Alliierten kam, fiel Wannsee in das Gebiet der US-Army. Unser Haus wurde ein amerikanisches Offiziers-Casino.

Die US-Headquarters zogen sich schließlich nach Zehlendorf und Dahlem zurück. Unser Haus wurde Hotel. Der Pächter hatte meines Wissens schon das Militär-Casino geführt. Meine Eltern haben sich nicht besonders um das Wannsee-Haus gekümmert. Ein Prozess um den Pachtvertrag zog sich jahrelang hin. Schließlich bekamen wir es Mitte der fünfziger Jahre zurück. Meine Schwester Monika und ich haben während unseres Studiums eine Zeit lang im Gärtnerhaus gewohnt. Ein Gefühl der Heimat kam in dieser späten Wannseezeit bei uns nicht auf. Wir hatten das Haus schon als kleine Kinder verlassen.

Meine Schwester Lis, die 1931 in Frankfurt am Main geboren wurde, hatte fünf Jahre lang das Vergnügen oder die Last, ein Einzelkind von Paul und Doris zu sein.

Als die Familie in Berlin-Wilmersdorf wohnte, wurde 1936 meine Schwester Monika geboren. Eine Kinderschwester wurde engagiert. In »besseren Kreisen« war das damals so. Schwester Gunda wurde auch *meine* Kinderschwester, als ich im Juli 1938 in Nikolassee zur Welt kam.

Gunda war meine große Liebe. Mir war sehr früh klar, dass ich niemals jemand anderen heiraten würde als sie. Sie strahlte, anders als meine Eltern, die für uns Kinder bei aller Liebe eher anstrengend waren, immer eine große Ruhe aus.

Als ich zwei Jahre alt war, also 1940, habe ich meinen ersten Ausbruchsversuch aus der Familie gemacht. Rechts von uns »Am Sandwerder 7« wohnte die gleichaltrige Almuth von der Goltz, die »Zuckerpuppe« genannt wurde.

Ich besaß einen kleinen Koffer, so groß, dass genau mein Nachthemd hineinpasste, Zahnpasta, Zahnbürste und zwei Bilderbücher. Das sollte reichen für ein neues Leben. Gunda half mir beim Einpacken und in meinen Mantel.

Dann zog ich aus. Der weite Weg bis zum Gartentor war mir vorher nie so lang erschienen. Ich sah mich viele Male um und auf das große Haus zurück, ehe ich das Gittertor halbwegs erreicht hatte.

Auf der Schwelle zwischen Garten und Straße blieb ich stehen. Ich überlegte mein weiteres Leben an der Seite der schönen zweijährigen Almuth. So stand ich eine Weile in der Fremde. Dann rannte ich mit meinem Koffer zurück. Ich hörte schon das Kichern und Glucksen der Großen, ehe die Tür aufging und meine Mutter mich in die Arme schloss.

Paul hatte ein großes Marionettentheater anfertigen lassen mit Bühnenbildern und Beleuchtungseffekten. Er führte mit meiner Mutter für uns Kinder abgewandelte klassische Stücke und Märchen auf. Einige der an Fäden geführten, kunstvollen Marionettenfiguren, natürlich König, Prinzessin und Teufel und viele Bühnenbilder und das Theater selbst haben den Krieg überlebt und uns bis heute begleitet.

In den fünfziger Jahren sind Paul und ich in einem sehr ernst genommenen kleinen Theaterwettbewerb in München mit konkurrierenden Inszenierungen von Raimunds »Alpenkönig und Menschenfeind« auf dem Marionettentheater aus Wannsee gegeneinander angetreten.

Mit der allermodernsten Technik eines reisekoffergroßen Magnettophons der Firma Grundig haben wir in rigoroser Geheimhaltung unsere Inszenierungen erst auf Tonband aufgenommen und dann an einem langen Theaterabend aufgeführt. Die Tonbänder existieren noch. Für meine Inszenierung hatten Paul und meine Mutter einzelne Sätze auf Band zu sprechen, ohne zu wissen, wie ich ihren Text einsetzen würde. Auch Gunda, unsere ehemalige Kinderschwester, wurde als Darstellerin nicht verschont.

Unsere Marionettenbühne steht heute in Dammersbach im niederbayerischen Bauernhaus. Stella, Lis' Tochter, die als einzige von Pauls Enkelkindern ihn selbst und meine Mutter noch bewusst kennengelernt hat, kann jetzt dort für ihren kleinen Sohn Julius Theater spielen mit denselben Figuren, in denselben Bühnenbildern unserer Berliner Kindheit.

Vielen deutschen Haushalten wurden nach 1941 Frauen aus den von der Wehrmacht eroberten und ausgeplünderten Ländern zugeteilt. Da die deutsche Besatzungsarmee als Befreier vom Joch der Sowjets angesehen wurde, hofften die Ukrainer auf einen unabhängigen Staat. Viele kamen freiwillig nach Deutschland, nicht ahnend, dass die Deutschen anderes mit ihnen vorhatten: billige Arbeitskräfte, Sklaven für den Krieg.

Auch unsere Familie war Nutznießer des deutschen Beutezugs im Osten, denn es gab in Berlin schon kaum mehr deutsche Hausangestellte. Man brauchte Frauen in der Kriegswirtschaft, weil die Männer schon im Feld waren. Zu uns kam ein 18-jähriges Mädchen, dessen Vater für die deutsche Wehrmacht als Fahrer arbeitete. Das Mädchen hieß Lubjanka. Sie hatte die vorige Stellung verlassen, weil sie dort in einem Abstellraum unter der Treppe schlafen musste.

Lubjanka hatte einen großen Liebreiz. Ich sehe ein kräftiges Mädchen vor mir, das laut spricht und lachend durchs Haus rennt.

In den Sommerferien in Kölpinsee war sie beim Anblick des Meeres so glücklich, dass sie die Dünen hinunterlief und sich mitsamt dem neuen Kleid, das sie von meiner Mutter bekommen hatte, in die Ostsee stürzte. 1944 konnten wir dort das Bombardement der unterirdischen V2-Werke in Peenemünde beobachten. Der Himmel hing die halbe Nacht voller »Christbäume«. Angeblich wurden vor allem die Baracken der Zwangsarbeiter getroffen. Die Leute im Ort haben am nächsten Tag darüber gesprochen.

Lis hat es beim Einkaufen gehört. Einige sagten, man hätte die Zwangsarbeiter besser unterirdisch einquartieren sollen. Jetzt müsse man wieder neue anlernen. Die Menschen wussten also, was dort geschieht.

Lubjanka hat vermutlich nach dem Krieg ein grausames Schicksal gehabt, eben weil sie wie ihr Vater zur deutschen Besatzungsmacht übergelaufen war. Noch vor Kriegsende wurde Lubjanka mit anderen Ostarbeitern von den deutschen Behörden interniert. Meine Eltern haben vergeblich nach ihr geforscht und nur herausgefunden, dass die Freiwilligen später von den Sowjets bestraft wurden, vermutlich auch die kleine Lubjanka, und heute, wo meine Eltern nicht mehr leben, ist leider auch Lubjankas Familienname in Vergessenheit geraten.

DER GROSSE SCHATTEN

Gunda war evangelische Diakonissin, also eine Art Nonne, stammte aus einem Dorf bei Fürth in Mittelfranken. Sie hatte als junges Mädchen ihr Leben Gott und der Kirche geweiht. Sie hat nie in ihrem Leben einen Liebhaber gehabt, wurde aber von einer Mitschwester denunziert. Gunda und ein junger Diakon, der nach Afrika in die Mission gehen sollte, standen beim Abschied still beieinander und drückten sich länger als erlaubt die Hand.

Zur Strafe musste Gunda in die Babybetreuung und wurde Säuglingsschwester.

Sie kam nach Berlin, also in eine völlig unbekannte, viel zu große Welt. Sie war bei mehreren jüdischen Familien als Kinderschwester angestellt und wurde von einer jüdischen Familie zur nächsten weitergereicht. Ich besitze viele Fotos, die Gunda mit ihrem weißen Schwesternhäubchen und einem mir unbekannten Kind auf dem Arm zeigen.

Als Monika keine Säuglingsschwester mehr haben musste und ich noch nicht auf der Welt war, tat sich meine Mutter mit einer Verwandten von Gunda in Fürth zusammen, um sie »unter die Haube« zu bringen. Gunda blieb lieber bei uns, fast bis an ihr Lebensende. Sie war Nebenmutter, Haushälterin, Köchin, gute Fee, geduldige Zuhörerin und Respektsperson.

Sie ließ sich mit »Schwester Gunda« ansprechen. Wenn sie mit uns auf Reisen ging, trug sie über dem weißen Häubchen einen schwarzen Überzug.

Später war Gunda oft meine Beraterin in Liebesdingen, obwohl sie davon wenig verstand. Sie hatte viele Goldzähne im Mund, und wenn sie lächelte, was oft der Fall war, dann funkelte es. Wenn Gunda mich am Morgen weckte, trug sie ihren roten Morgenrock mit dem Blumenmuster, den ich an ihr liebte.

Wir Kinder und Gunda frühstückten im Spielzimmer, mit Blick zum S-Bahnhof Wannsee. Manchmal frühstückte meine Mutter mit uns. Pauls Aufbruch in den Tag war zu früh für sie.

Gunda hatte eine weiße, gestärkte Schürze um, schmierte mir ein Brot mit Kunsthonig, der fest wie Schmalz war und gelb wie echter Honig, aber meine Mutter rührte ihn nicht an, weil sie noch wusste, wie echter Honig schmeckt. Ich wusste das nicht, war damit zufrieden. Eines Morgens entdeckte ich, dass der Kaffeewärmer, der von der Kanne genommen wurde, wenn die Erwachsenen sich Kaffee eingossen, aus dem Stoff von Gundas Morgenrock war. Das Blut schoss mir in den Kopf. Ihr schöner Morgenrock musste also zerschnitten worden sein. Ich schrie, ließ mich nicht trösten, glaubte den Beteuerungen der Erwachsenen nicht.

Gunda ging und holte den unversehrten Morgenrock. »Es war noch Stoff übrig«, sagte meine Mutter. Die Erwachsenen lachten. Ich konnte mich lange nicht beruhigen.

Paul drehte in den Studios der Tobis den Film »Der große Schatten« mit Heinrich George. Der spielte einen Schauspieler und Theater-Intendanten, der er ja auch im wirklichen Leben war.

Paul hat mir erzählt, dass George wie alle ganz großen Schauspieler sehr leicht zu führen war. Zum Knatsch ist es dann zwischen dem »jungen« Regisseur und dem Star, der einen überlebensgroßen Schatten warf, doch einmal gekommen. Paul hatte sich offenbar in der Kameraachse geirrt, sagen wir, in der Blickrichtung. Heinrich George sollte »abgehen«, sagen wir, nach links.

George sah ihn zweifelnd an und nach einem Augenblick des Überlegens schnaubte er im tiefsten Bass: »Du Suppenkasper! ... Da geht's doch nicht raus, da geht's doch zum Balkon!« Gespannte Stille im Atelier. Heinrich George hatte Recht. Paul sagte sofort und ohne nachzudenken: »Du gehst nach links, weil dort dein Hut liegt!« – George: »Aber da liegt kein Hut!« Paul: »Noch nicht! Der Garderober wird ihn gleich bringen!«

George blies noch einmal durch seine großen Nüstern und ging in die falsche Richtung aus dem Bild.

Paul sah ich meistens erst am Abend. Wir aßen alle zusammen. Ich musste beim Kauen immer mitzählen. 30mal, erst dann durfte ich schlucken. Einmal, an einem Sonntagmittag, gab es Rindfleisch, eine Kostbarkeit. Nach 30mal Kauen war das Fleisch trocken wie Stroh. Ich brachte es nicht hinunter. Ich spuckte es aus, durfte daraufhin nicht weiter am Tisch sitzen, bekam nichts zu essen.

Ich war froh, dass ich im Garten auf freigelegten Baumwurzeln herumklettern konnte.

Paul hatte auf dem Grundstück Bäume fällen und die Stämme kreuz und quer aufeinander schichten lassen. Über dem ehemaligen Weinkeller am Abhang zum Seeufer, damit Bombentreffer abprallen sollten, wenn wir im Keller waren.

Die Wurzeln rochen nach Erde, ein Geruch, der mich beruhigte.

Raus aus Berlin!

Der Krieg kam näher. Mütter mit Kindern wurden aus Berlin »evakuiert«. Wir waren mehrere Male an verschiedenen Orten evakuiert. Eine Zeitlang in Kevelaer an der holländischen Grenze. Dort wurden keine Bomben erwartet. Wenn die Familie Berlin verließ, musste Paul immer bleiben. Er musste ja Filme drehen. Sein Talent für Komödien schützte ihn davor, Nazifilme zu machen. Die widerlichen Durchhaltefilme, die manche Kollegen aus Überzeugung oder Opportunismus machten, blieben ihm erspart. Aber wie auch immer Paul es damals gesehen haben mag, er machte Filme für die Nazis.

Fliegeralarm gab es in Kevelaer, wo wir in einem kleinen, dunklen Haus wohnten, nicht, jedenfalls nicht in meiner Erinnerung.

In Berlin hatte ich einige Male den Schrecken des Fliegeralarms erlebt.

Es waren der schlimme Ton der Sirenen in nächster Nähe, von einem der Nachbarhäuser, und die ängstliche Hast der Erwachsenen, die hektischen Zurufe, das Herausgerissenwerden aus Schlaf und Bett, was mir Angst machte.

Gunda und meine Mutter zogen uns schnell was bereitgelegtes Warmes über. Dabei tröstende Worte atemlos gegen den Sirenenlärm.

Paul trug mich den Hang hinunter zum ehemaligen Weinkeller, der zum Bombenkeller gemacht worden war. Monika lief an der Hand meiner Mutter. Gunda trug Körbe mit Verpflegung, schon am Abend zurechtgemacht. Sie war die Schnellste und als Erste an der Eisentür, vor die ein Ziegelsteinkasten gemauert war, angefüllt mit Sand, der Granatsplitter aufhalten sollte. Im Keller gab es elektrisches Licht an einem freiliegenden, doppelläufigen Kabel. Die Wand war kalt und feucht. Wassertropfen rannen auf den Kiesboden.

Ich bin nicht sicher, ob die nackte Glühbirne beim nicht sehr nahen Angriff wirklich flackerte, vielleicht mische ich das Bild aus dem Film »Marie-Luise«, den ich nach dem Krieg gesehen habe, in meine Erinnerung.

1943 wurde über eine neue Verordnung gemunkelt. Die Kinder sollten von den Eltern getrennt werden, meist waren es ja nur die Mütter, weil die Väter im Feld waren. Das Gerücht ging um, die Kinder sollten nach Ostpreußen verfrachtet werden. An Gerüchten war damals immer etwas dran.

Meine Mutter ging auf die »Wohnungs-Behörde«, sagte, Ostpreußen sei zu gefährlich, da kommen die Russen. Die Frau hinter dem Schreibtisch bekam einen Wutanfall. Lis sagt, es sei ein Wunder, dass sie meine Mutter nicht angezeigt hat, Paul musste für uns einen halbwegs sicheren Ort finden, man kannte ja die Bombengegenden aus dem Radio.

Paul und mein Vetter Heinrich schlossen sich zum Radiohören im Schlafzimmer ein, krochen unter die Bettdecke. Wir Kinder verstanden das nicht, sollten es nicht verstehen. Feindsender zu hören, war lebensgefährlich.

Das Dorf

Ich war fünf, als wir nach Bertelsdorf kamen, meine Schwester Monika sieben und meine Schwester Lis, die in Coburg in die Oberschule ging, zwölf.

Wir waren im Haupthaus der Mühle einquartiert, in der auch die Eigentümer, die Familie Herold, wohnten.

Interessanter konnten wir Kinder es nicht haben. Die Mühle wurde wie auf alten Stichen mit Wasserkraft betrieben. Der Lauterbach war gestaut und bewegte eine riesige Turbine, die wir über eine kleine Brücke erreichen konnten.

Stundenlang kauerten wir auf der anderen Seite des Sturzbaches und beobachteten, wie das Wasser aus dem höher gelegenen Bachlauf, über das vermooste Mühlwehr in die Tiefe fiel, auf die Schaufeln der Turbine, die dadurch in Bewegung gehalten wurde. Trotz des gewaltigen Lärms war es dort auf besondere Art still.

Unsere Quartierleute, die Herolds, besaßen eine Apotheke in Coburg, im Dorf die Mühle und viele Tiere, alles was man zum Leben brauchte. Die Oma Herold fütterte die Hühner mit Körnern und gekochten Kartoffeln, die sie zwischen den Fingern zerquetschte.

Eine junge Magd rief mir zu: »Komm her«, drückte mich unter die Kuh und molk mir im Stallgewölbe unter derbem Lachen die Milch direkt in den Mund. Auch die anderen Mägde lachten, und das Echo der Frauenstimmen schlug übereinander. Die Milch war warm und süß und rann mir über den offenen Mund in den Kragen.

Mein weißes Bett stand separat, nicht weit von dem von Gunda. Monika und Lis schliefen zusammen in einem großen Doppelbett. Meine Mutter war die meiste Zeit bei Paul in Berlin. Zum Waschen stellte mich Gunda wie in Kevelaer in eine kleine Blechwanne und wusch mich mit Kernseife ab. Das Wasser wurde unten in der Küche auf dem großen Herd angewärmt. Ich hasste die Wascherei, weil ich immer in Angst war, Eva könnte hereinkommen und mich nackt sehen. Eva war 20 Jahre alt. Sie war die Tochter der Mühlenbesitzer.

Im Traum war ich oft nackt. Auch Eva war nackt und sie war in meinem Traum wunderschön. In die Eva Herold war ich verliebt vom ersten Tag an. Sie spielte Xylophon, ein Instrument, das ich seitdem ebenfalls liebte. Und sie spielte Schifferklavier, besonders wenn die Soldaten in die Mühle kamen, um zu feiern.

Manchmal war auch Marga in meinem Traum nackt, und auch sie war sehr schön. Marga war die Tochter des Nachbarhofes und etwa neun Jahre alt. Ihr Gesicht war zur Hälfte schneeweiß, eine Laune der Natur. Wir sprangen zusammen vom Heuboden über die rote Backsteinwand tief hinunter ins Stauwasser des Lauterbachs. Beide nackt. Im Traum. Gelegentlich kam ein Planwagen durchs Dorf, wie in »La Strada« von Fellini. Der Fahrer sprang aus seiner Kabine, schlug die Stoffplanen zurück, so dass die herbeieilenden Frauen die Töpfe, Schürzen, Schuhe und Kleider und Kolonialwaren – echten Tee und falschen Kaffee – begutachten konnten.

Ich habe damals drei Schimpfworte gelernt, das eine war »Pollacke«, das war das schlimmste der drei und galt den Zwangsarbeitern aus Polen, die manchmal nachts beim Stehlen von Rüben und Kartoffeln erwischt und verprügelt wurden.

Nicht ganz so schlimm war »Flüchtling«, und das galt uns und den anderen, die aus bombardierten Städten wie Berlin im Dorf evakuiert waren.

Das dritte Schimpfwort hieß »Verrecker« und galt allen, die man eben beschimpfen wollte, Männern, Frauen, Kindern.

»Verrecker« gefiel mir sehr gut, und ich setzte das Wort ein, sooft ich konnte.

Verrecker waren eigentlich unterernährte, todgeweihte Tiere, für die das Futter zu schade war.

Doktor Herold fuhr meist mit seinem hübschen kleinen Motorrad nach Coburg. Einmal nahm er mich auf dem Rücksitz, der nur ein kleiner Metallrost war, ein Stück mit. Er kündigte an: »Jetzt fahren wir nach Amerika!« – Ich protestierte, weil ich zum Mittagsessen zu Hause sein musste. »Tut mir Leid«, sagte Dr. Herold und lachte. Ich sprang auf der Fahrt nach Amerika ab.

Am Abend inspizierte Dr. Herold die Schürfwunden der Amerikafahrt. Frau Herold stand dabei, und ihr Blick sagte: »Das bisschen Haut ... stell dich nicht so an.«

Ich hatte Angst vor ihr. Sie hatte eine strenge Art gegen ihre Mägde, und ihre Stimme war hart. Ihre Schritte waren schnell und entschlossen. Plötzlich stand sie vor einem.

Auch Monika hatte Angst vor Frau Herold, obwohl wir nie von ihr geschimpft wurden. Das Einschüchternde war ihre Entschiedenheit. Ihr Wort war Gesetz.

Als Monika im Hof einen Stuhl auf den wackligen Tisch gestellt hatte, um in das Vogelnest am Hauseck zu spähen, wollte ich sie erschrecken und rief: »Sie kommt!«

Da stürzte Monika auf Tisch und Steinboden und erlitt einen inneren Nierenriss. Eva brachte sie mit der holprigen Pferdekutsche nach Coburg. Monika durfte sich acht Wochen lang nicht bewegen.

Meine Mutter hat nie erfahren, dass ich, der kleine Bruder, an Monikas Unfall schuld war.

Meine Mutter hatte keine Angst vor Frau Herold. Es gab niemanden auf der Welt, vor dem meine Mutter jemals Angst hatte. Respekt schon, aber das ist etwas anderes.

Frau Herold hat sich gegen uns auch gar nicht schlecht verhalten. Wir durften manchmal sogar mit am Tisch sitzen.

Auch der französische Zwangsarbeiter Lucien durfte mit am Tisch sitzen. Lucien bekam meistens eine Extraportion, und meistens gab er mir davon etwas ab, wenn ich später im Hof neben ihm auf der Bank saß. Er hat mir aus Weidenzweigen Flöten geschnitzt, mit Ringen und Zeichen verziert. Darauf hat er französische Melodien gespielt, die ich noch nie gehört hatte. Zum Schnitzen benutzte er ein kleines Taschenmesser mit Perlmuttbesatz. Bei Kriegsende hat er mir das Messer geschenkt. Ich habe es noch.

Lucien hatte bei Herolds »Familienanschluss«, wie man sich zuflüsterte. Später hat mir meine Mutter gesagt, Frau Herold habe wohl ein Verhältnis mit ihm gehabt. Das war ein Grund, warum meiner Mutter diese strenge Frau sympathisch wurde.

Manchmal gab es in der Mühle Filmvorführungen. Die Herolds besaßen eine 16-mm-Kamera. Dann luden sie das halbe Dorf zu den Vorführungen ein. Sie zeigten – natürlich ohne Ton – Dorfereignisse, Wehrmachtssoldaten, die in die Kamera lächelten. Am Hauseingang stand Frau Herold, wie an der Kinokasse, und nahm von jedem Zuschauer ein Ei als Eintritt.

Die Oma, die wir am liebsten hatten, drückte vorher heimlich meinen Schwestern und mir ein Ei in die Hand, damit wir hineindurften. So konnte ich meine Schwester Monika und mich auf dem Rücken der Heroldschen Pferde sehen. Eva hatte uns gefilmt.

Weihnachten bekamen wir Kinder von den Herolds sogar Geschenke. Monika eine Puppenstube und ich eine Schulklasse, richtig mit kleinen Bänken und Schülern, Schultafel und Lehrer mit Brille. Allerdings mussten wir die Geschenke nach den Feiertagen wieder abgeben. Das war bitter. »Die bekommt ihr nächstes Weihnachten wieder!« sagte Frau Herold. Und sie hat Wort gehalten. Aber das Spielen mit den Püppchen auf Pump war traurig. Es war entzaubert.

Einmal, im Sommer, war ich dabei, als ein Schwein geschlachtet wurde, was eigentlich bei Todesstrafe verboten war. Aber da alle Bauern Schweine schlachteten, wurde keiner angezeigt. Das Schwein wurde von einem halben Dutzend Männern und Frauen festgehalten und unter qualvollem Gebrülle des Tieres und lautem Gezerre und Durcheinanderufe der Leute abgestochen. Ich war entsetzt und lief davon. Aber später bei der Fresserei, bei der wir auch jeder einen Teller abbekamen, hat mich die gute *Metzelsuppe* das Niedermetzeln des armen Schweins eine Zeit lang vergessen lassen.

Auch beim Gänsestopfen, bei dem die Oma Herold sehr geschickt war, durften Monika und ich zuschauen. Den Gänsen wurden mit einem Stock Teigwürste durch den langen Hals in den Magen gestopft. Es war abstoßend, aber ich konnte nicht wegschauen. Es kam mir vor wie ein Zaubertrick, weil ich nicht glauben konnte, dass das alles in eine Gans reinpasst. Die Oma hat uns erklärt, dass die Gänse auf diese Weise keine Verrecker werden und eine gute Gänseleberpastete liefern, unter der ich mir nichts vorstellen konnte.

Monika kam einmal auf die Idee, beim Schallerbauern ein paar Eier zu klauen, weil sie hoffte, Gunda könne dann einen Kuchen backen, der so gut schmeckte wie der, den wir manchmal bei Herolds bekamen.

Unglücklicherweise hat der junge Schallerbauer sie mit den Eiern erwischt. Er war sehr enttäuscht. Er hätte ihr die Eier doch freiwillig gegeben. Danach ist Monika lange nicht mehr zum Schallerhof gegangen, weil sie sich geschämt hat. Sie war in den jungen Bauern, den Schaller Willi, verliebt. Lis war verliebt in Erich Höllein, den gleichaltrigen Nachbarjungen.

Ich war verliebt in ein weißblondes blasses, dünnes Flüchtlingsmädchen, das ich »Entchen« nannte. Sie war noch nicht in der Schule, und wir trafen uns im Hof beim Bauern Hess, und ich übte mit ihr Küssen.

Auf der anderen Seite der Kuhtränke war eine kinderreiche Familie untergebracht, die Erich »asozial« nannte. Das Wort verstand ich nicht, und die Kinder gefielen mir, weil sie schmutzig und rauflustig waren. Ich habe mir mit ihnen ewige Schlachten mit Lehmbatzen geliefert.

Irgendwann, aus irgendeinem Grund, zog die Familie Verhoeven in den oberen Mühlweg um. Das niedrige Backsteinhäuschen lag über dem Schweinestall der Mühle. Das Plumpsklo war außen am Straßenrand. Lis, Monika und ich schliefen in einem dreistöckigen Militärbett aus Eisen. Ich hätte gern ganz oben geschlafen, aber das erschien meiner Mutter zu gefährlich.

Gegenüber, nur durch den schmalen Weg, der zum Bauern Flohrschütz führte, wohnte die Familie Höllein.

Meine Schwester Lis war viel mit Erich Höllein zusammen.

Erichs Vater, der Richard, ging in Coburg zur Arbeit. Erichs Onkel, Richards Bruder, war früher mal Bürgermeister des Dorfes, die Nazis hatten ihn abgesetzt. In seinem Garten durften wir uns die länglichen Äpfel holen, die weißrot gestreift waren und ein bisschen säuerlich schmeckten. Von Erichs Vater Richard und seiner Frau Anna wurden wir Kinder öfter zum Essen eingeladen. Sonntags gab es Seidenklöße aus Kartoffelteig mit gerösteten Brotwürfeln in der Mitte. Dazu gab es Beifuß, zarte Zweige mit kleinen gelblichen Gewürzkörnern. Nach dem Essen durfte ich auf dem Kanapee in der Küche liegen und Erichs alte Bilderbücher anschauen.

Monika setzte sich zum Lesen hin. Sie las alles, was Buchstaben hatte. Der kleine Spitz Asta, der aussah wie der von Wilhelm Buschs »Witwe Bolte«, lag zu ihren Füßen.

In der guten Stube stand ein Klavier. Meistens habe ich nicht geübt, wie meine Mutter mir aufgetragen hatte, sondern ich habe vor mich hin geklimpert, obwohl mir unser strenger Lehrer, der Herr Koch, der Monika und mir Klavierunterricht gab, dann mit einem Stecken auf die Finger schlug. Der Klavierunterricht war meiner Mutter in dieser Zeit sehr wichtig, in der – wie sie sagte – jede Kultur verloren ging.

Nach dem Krieg sind die Hölleins öfter zu uns nach München gekommen. Die Herzlichkeit blieb, aber die Situation war eine andere. Auf Besuch eben. Anna hatte ihr »gutes« Kleid an. Wir fremdelten ein bisschen. Es war wie ein Wiedersehen von ehemaligen Geliebten, das eine leise Traurigkeit zurücklässt.

Erichs Eltern sind lange tot wie auch Paul und meine Mutter. Als ich Erich vor ein paar Jahren besuchte, habe ich vieles in Bertelsdorf, das heute ein Teil von Coburg ist, nicht mehr erkannt. Ich habe auch Eva besucht, die inzwischen eine bekannte Heimatpflegerin geworden ist und historische Bücher schreibt. Erich sagte: »Wieso besuchst du die? ... Die hat doch noch ganz zuletzt bei den Soldaten vom Standgericht ›Helm‹ Schifferklavier gespielt!«

Ich habe kurz überlegt und gesagt: »Aber sie war doch meine Geliebte!«

Mein erster Lehrer

Es war ein schöner Tag. Wahrscheinlich schien die Sonne. Ich hatte eine große Zuckertüte im Arm. Da waren bunte Kreiden und ein Malbuch drin und Bonbons, die Gunda aus Rübensirup gemacht hatte.

Eine Pferdekutsche hat uns mitgenommen. Meine Mutter, Monika und mich. Ich musste andauernd lachen. Die Freude auf die Schule, das Pferd vor mir, dessen Zügel von den großen Händen des Bauern gehalten wurden, der Geruch des warmen Pferdekörpers.

Das Schulhaus war ein altes Backsteingebäude mit weißen Fenstern, von denen die Farbe abgeblättert war.

Wir mussten uns aufstellen. Ein Fotograf zählte bis drei. Die Mütter lachten.

Der Lehrer Koch ging voran in die Klasse.

Über dem Pult an der Wand hing das Foto eines Mannes, den ich schon oft in Zeitungen und auf Plakaten gesehen hatte. Er hatte ein Bärtchen unter der Nase und einen kerzengeraden Scheitel. Die schwarzen Haare klebten auf der einen Seite wie angemalt.

Einmal hab ich ein Foto dieses Mannes aus einer Zeitung ausgeschnitten und mit Mehl und Wasser auf Pappe aufgeklebt. Dann hab ich das Figürchen, das Beine und Hände hatte, ausgeschnitten und in meinem kleinen Lederkoffer auf eine Zugreise mitgenommen. Meine Mutter war dabei, Schwester Gunda und Lis und Monika. Als ich mein Papiermännchen aus dem Koffer nahm und mit seiner in die Höhe gereckten Hand die Leute im Abteil grüßte, lachten sie freundlich.

Ein alter Herr gegenüber beugte sich vor und fragte mit liebevollem Lächeln: »Wie alt bist du denn?« – »Vier Jahre!«, antwortete ich wahrheitsgemäß. »Und wer ist das, mein Sohn?« Und er zeigte auf mein Zeitungsmännchen. Ich anwortete stolz: »Mein Kasperle!« Der Mann starrte mich fassungslos an. »Dein was?«, fragte er mich mit plötzlich ganz heller Stimme und straffte seinen Körper. »Mein Ka ...« Meine Mutter hielt mir den Mund zu, hob drohend die Hand: »Kein Wort mehr!« und stopfte den Pappmann in mein Köfferchen zurück. Ich verstummte. So hatte sie noch nie mit mir gesprochen.

Die Kinder in der Schulklasse waren aufgeregt, setzten sich neben die, die sie kannten. Ich kannte niemanden.

Der Lehrer Koch ging nach vorn. »Es wird nicht genascht, und es wird nicht gesprochen!« Ich zog die Hand aus der Schultüte, das Krepp-Papier raschelte. Der Lehrer rief: »Verhoeven!« Noch nie hatte mich jemand mit meinem Familiennamen angesprochen. »Zu mir her, Verhoeven!« Ich ging mit der Zuckertüte nach vorn. Er nahm sie mir ab, legte sie sorgfältig aufs Pult, verschloss das Krepp-Papier. Dann gab er mir eine Ohrfeige.

Ich musste bis zur Pause im Hausflur stehen.

Es geht los, Kamerad!

Paul war nur zu Beginn der Bertelsdorfer Zeit bei uns. An Einzelheiten erinnere ich mich nicht. Danach drehte er in Berlin einen Film. Diesmal nicht als Regisseur, sondern als Schauspieler. Eine Kriminalkomödie mit dem Titel »Herr Sanders lebt gefährlich«. Paul spielte die Hauptrolle. Meine Mutter fuhr zwischen Coburg und Berlin hin und her. Sie fand ihn, der immer angespannt war, trotz der Bombenangriffe gelöster als früher.

Als meine Mutter Paul bei den Dreharbeiten besuchte, schien er froh darüber zu sein, dass er nach vielen kleinen Rollen, die er in seine eigenen Filme eingebaut hatte, unter fremder Regie die Hauptrolle spielte. Und es war keiner der Filme, die das Dritte Reich verherrlichen sollten, also ein doppeltes Privileg des Künstlers Paul Verhoeven. Aber es war auch ein Film, der die bittere Realität vollständig ausblendete.

Nach den Dreharbeiten zu »Herr Sanders lebt gefährlich« bekam Paul einen schriftlichen Gestellungsbefehl für das letzte Aufgebot, den »Volkssturm«.

Er erkannte die Gefahr nicht, auch meine Mutter, die bei ihm in Berlin war, nahm den Einberufungsbefehl nicht ernst.

Am 1. November 1944 klingelte es an der Haustür und Paul öffnete. (Meine Mutter später: »Nie macht er die Tür auf. Jetzt ausgerechnet!«) Draußen standen zwei ältere Männer in nicht ganz stimmiger Wehrmachtsuniform. Der eine ein Nachbar, der andere der Fahrkartenknipser vom S-Bahnhof Wannsee. »Es geht los, Kamerad!« sagte der Fahrkartenknipser im etwas zu großen Waffenrock. Paul war sprachlos. Meine Mutter kam dazu. Sie bat die beiden Volksstürmer herein. Die Herren hielten Paul einen Zettel hin, wo alles genau draufstand. Paul hatte sich um 20.15 Uhr an der Dampferanlegestelle einzufinden. Der Fahrkartenzwicker sagte, was Paul mitzubringen hatte: Rucksack, Wolldecke, warme Unterwäsche, Essen für einen Tag, Ausweis und etwas Geld. Dann mußten die Herren noch andere »Kameraden« aufsuchen. Paul war noch immer sprachlos. Meine Mutter richtete Proviant, frische Wäsche und Ausweis für ihn her, aber keinen Rucksack. Nicht für Pauls Weg zum Sammelplatz, sondern irgendwohin, wo immer das sein sollte, nur wissen wollte meine

Mutter das nicht, damit man es ihr auch in ärgster Bedrängnis nicht abpressen konnte.

Paul fand die Idee gut. Abhauen!»Aber wenn mich jemand sieht ... und was wird aus dir?«–»Wenn ich nicht weiß, wo du bist, passiert mir nichts. Wenn wir wenigstens das Auto noch hätten!« Das hatte sich der bekannte General Milch, Staatssekretär der deutschen Luftwaffe, persönlich unter den Nagel gerissen. Er war von Garage zu Garage gegangen und hat sich das schönste Auto ausgesucht. Das war der BMW von Paul. General Milch hatte seine Ordonnanz nach Reifen ausgeschickt, die wurden gleich montiert, und weg war der BMW. Paul hatte schon 1939 die Reifen seines Autos abliefern müssen. Das war eine Maßnahme, das Benzin für die Feldzüge der Wehrmacht zu reservieren.

Paul wartete die Dunkelheit ab und hoffte, dass er die S-Bahn erreichen würde, ohne erkannt zu werden.

Meine Mutter blieb besorgt zurück. Der Termin verstrich. Die beiden älteren Herren standen wieder vor der Tür. Meine Mutter spielte verzweifelt Komödie:»Kommen Sie herein, meine Herren. Mein Mann hat nur schnell etwas erledigt. Er muss jeden Moment da sein!« Meine Mutter bot den Herren im Arbeitszimmer Cognac an. Die Herren sprachen dem Angebot dankbar zu.»Ich weiß auch nicht, wo er bleibt!«, sagte meine Mutter. Die Kameraden schlugen die Hacken zusammen, grüßten Hitler und brachen auf.

Zwei Tage hörte meine Mutter nichts von Paul. Dann meldete er sich aus Menz, einem kleinen Ort bei Berlin. Fritz Klotzsch wohnte dort, der Produktionsleiter, mit dem er seit seinem ersten Film,»Die Fledermaus«, befreundet war. Keine so gute Idee, zu Klotzsch zu gehen, falls man Paul wirklich suchte. Denn jeder wußte von dieser Freundschaft. Deshalb war meine Mutter erst recht beunruhigt.

»Bitte, melde dich wieder ... oder besser nicht!« Sie hängte ein. Was würde jetzt geschehen? Es geschah nichts. Überhaupt nichts.

Wie es dieser Volkssturm-Truppe ergangen ist, weiß ich nicht. Wahrscheinlich wurde sie für Führer und Vaterland sinnlos ins Feuer gejagt.

Paul kehrte zurück. Bald darauf hat er eine Aufforderung bekommen, sich beim Herstellungsleiter der Tobis-Filmgesellschaft zu melden. Da ging es um eine ganz große Sache.

Morgen früh, wenn der Krieg aus ist

Paul saß dem Herstellungsleiter der Tobis gegenüber. Er bekam einen »kriegswichtigen« Auftrag. Er sollte einen möglichen Standort für neue Ateliers suchen.

Die Berliner Studios waren mehrfach bombardiert worden und die Filmdekorationen mussten immer wieder an anderen Orten aufgebaut werden, um die Filme fertigzustellen, zuletzt in Prag. Paul war über seine Mission einigermaßen verblüfft. Wie sollte er – selber ratlos – hier brauchbare Vorschläge machen? Es war ein Gespräch unter vier Augen.

Der Herstellungsleiter, Dr. Herbert Engelsing, fragte ihn, wo denn die Familie evakuiert sei. Paul sagte: »Auf einem Dorf bei Coburg.« – »Na, das ist doch ein geeigneter Ort für neue Ateliers, oder?«, antwortete Engelsing, ging ins Nebenzimmer, und diktierte seiner Sekretärin ein hochoffizielles Schreiben, mit dem Paul aus Berlin, das schon abgeriegelt war, herauskam.

Paul hat nie versucht, einen neuen Atelierort zu finden. Er hatte verstanden, dass der Auftrag von Dr. Engelsing in Wirklichkeit lautete, dem Bombardement in Berlin zu entkommen. Schon früher gab Paul diesem Mann den Namen »Schutzengelsing«.

Paul zog aber nicht gleich zu uns in das Backsteinhäuschen am Oberen Mühlweg. Die erste Zeit wohnte er mit meiner

Mutter im Hotel Excelsior in Coburg. Für das stürmische Liebesleben meiner Eltern wären die engen Räume über dem Schweinestall nicht das Richtige gewesen. Es gab ja dort nicht einmal ein Bad.

Wir haben die Eltern nicht vermisst. Wir konnten uns auf unsere eigenen Liebesgeschichten konzentrieren. Monika auf ihren Bauern Willi, der ihr den Eierdiebstahl längst verziehen hatte. Sie war so mager, dass ihr die Knochen herausstanden. Lis konnte mit Erich am Lauterbach spazieren gehen. Er hatte von ihr schon viele Gemälde von Tulpen und Rosen bekommen. Sie war sehr begabt im Zeichnen und arbeitete schon wieder an einem Weihnachtskalender, obwohl erst Frühling war.

In der Abwesenheit meiner Eltern konnte ich mich auf dem Heuboden im Pferdestall und bei der Kuhtränke dem weißblonden »Entchen« widmen, das noch zarter war als Monika.

Auf alles, was ich nicht sofort machen wollte, gab ich zur Antwort: »Morgen früh, wenn der Krieg aus ist!« Nachdem dieser Ausspruch den Erwachsenen ein Lächeln abrang, habe ich es offenbar zu einer stehenden Redewendung gemacht. »Morgen früh, wenn der Krieg aus ist ...«, passte immer. Für die Erwachsenen steckte darin ein kleiner Funken Hoffnung.

Mit Paul kamen Vorschriften und Regeln. Beim Essen durfte nicht mehr gesprochen werden. Wir durften das Messer nicht mehr ablecken, und wir durften nicht mehr schwindeln. Abends mussten wir früh ins Bett, während meine Mutter uns am liebsten bis spät in die Nacht um sich gehabt hatte. Dabei war Paul nicht wirklich streng. Aber seine Gegenwart schüchterte uns Kinder ein.

Vorbei die schönen Liederabende, an denen Eva auf dem Schifferklavier spielte, vorbei das schallende Lachen und Kieksen und Schenkelklopfen und Hände-über-dem-Kopf-Zusammenschlagen, wenn die Frauen unter sich waren und die

Liedtexte mit Zoten garnierten, die ich zwar nicht verstand, aber erahnte.

Wenn ich etwas angestellt hatte, ging ich nie zu Gunda oder zu meiner Mutter, sondern direkt zu Paul, jedenfalls jetzt, wo er bei uns war. Denn ich wusste, wenn ich ohne langes Zögern ihm das Verbrochene eingestand, war der Fall erledigt. Paul sagte dann »So, na gut ...« –
Aber wehe, ich versuchte, ihm etwas zu verheimlichen, und er kam dahinter. Dann gab es pädagogisch wertvolle Strafen, deren Wert mir heute zweifelhaft erscheint.

Beim Bauern Schreiner, dem Enno, hatte ich durchs offene Fenster in den dampfenden Sirupkessel gespuckt, was mir großen Spaß, aber noch größere Gewissensbisse machte, denn er war der Vater der weißen Marga. Da hatte ich nicht den Mut, Paul dieses Verbrechen zu gestehen, weil ich wusste, dass er von mir verlangen würde, zum Bauern Schreiner zu gehen, die Sache zu erklären und mich zu entschuldigen.

Das war ganz ausgeschlossen, wegen Marga, der ich nie begegnen konnte, ohne einen roten Kopf zu bekommen. Schließlich war ich mit ihr nackt vom Heuboden in die Kuhtränke gesprungen.

Mein Ausweg in der Not war, dass ich die große Verfehlung in mein Beichtheftchen schrieb, in dem ich alle schweren Sünden mit meiner Abc-Schrift notierte, damit ich sie bei meiner künftigen Beichte vor der Erstkommunion, die in drei Jahren stattfinden sollte, nicht vergesse.

Unser Luftschutzkeller in Bertelsdorf war ein Kartoffelkeller neben dem Garten von Hölleins. Wir saßen dann auf Kartoffeln, die im Dunkeln austrieben und einen fauligen Geruch verbreiteten, den ich als angenehm in Erinnerung habe. Meist saßen nur die Flüchtlinge im Keller. Nach der Entwarnung zogen die Flüchtlinge den oberen Mühlenweg entlang in ihre Unterkünfte.

Onkel Fritz und Tante Paula waren trotz »Flüchtling« allseits beliebt. Tante Paula hatte einen lauten, deftigen Humor, und Onkel Fritz war der geborene Kaufmann und machte mit den Leuten im Dorf Geschäfte. Paul war in diesen Dingen unbegabt. Die Organisatorin in unserer Familie war meine Mutter.

Seit Paul und meine Mutter in unsere Flüchtlingswohnung gezogen waren, wurde es dort durch einige Berliner Möbel noch enger, zuletzt kamen zwei große Anrichten aus dem Besitz der Medici an, vor dem Krieg bei Bernheimer, dem feinsten Möbelhaus in München, erworben. Die hohen braunen Anrichten kamen in die »Fütterer«, den Lagerraum fürs Trockenfutter, und haben mit uns überlebt und uns durch die vielen Wohnungen bis ans Lebensende meiner Eltern begleitet.

Wenn Fliegeralarm war, ging der Lehrer Koch mit uns Schulkindern in den Bunker unter dem Schulhof. Dort war es eng und dunkel. Aber bald war schon wieder Entwarnung, und wir stürmten nach oben. Ich hätte gern einmal gesehen, wie es aussieht, wenn eine Bombe fällt.

Angst bekamen die Leute im Dorf erst, als die amerikanischen Tiefflieger so nah über die Bauernhöfe flogen, dass man die Gesichter der Piloten sehen konnte.

Plötzlich fiel eine Bombe in die Siedlung am Ende des Dorfes, ein Haus brannte. Der Krieg war angekommen. Bald ging das Gerücht um, die Amerikaner stünden vor Coburg und die Wehrmacht habe sich aus ihren Stellungen zurückgezogen.

In Neuses, wo meine Schule war, qualmte es aus dem riesigen Silo, das bis unters Dach mit Versorgungsgütern der Wehrmacht angefüllt war. »Proviantamt« nannte man das Gebäude, das heute der Baywa gehört und keine Spuren von damals erkennen lässt. »Das Proviantamt ist offen! Da kann man sich alles holen!«, sagte Erich Höllein zu seinen Eltern. Aber die sagten, es sei verboten. Überall Soldaten, die einen Plünderer sofort erschießen.

Die Lebensmittel, an denen es den meisten mangelte, vor dem Verbrennen zu retten, war Plünderung. Den Amerikanern sollte kein »corned beef« in die Hände fallen, als hätten die so was nicht.

Paul ging zur Gastwirtschaft Blümig, um seinen Bruder Fritz zu holen. Aber der war in Coburg und versuchte über das Hoteltelefon etwas über seinen Sohn Heinrich herauszufinden, dessen kleine Tochter sich mit Diphtherie angesteckt hatte, bekam aber keinen Telefonkontakt.

Paul machte sich allein auf ins brennende Proviantamt, aus dem noch keine Flammen schlugen, nur Rauch und Glut. Die Soldaten schossen nicht. Paul hatte einen Kartoffelsack mitgenommen. In die oberen Stockwerke kam er nicht wegen des Rauchs und der Hitze. Der Keller war geflutet.

Als Erich, der sich von den Eltern nicht hatte abhalten lassen, das brennende Silo erreichte, fand er Paul unter der Last des mit Fleischbüchsen angefüllten Kartoffelsacks zusammengebrochen. Erich half ihm auf und rannte ins Dorf, um einen Handwagen zu holen. Inzwischen war es dunkel geworden. Erich fand Paul nicht, als er mit dem Wägelchen zurückkam. In die Dunkelheit rief er: »Paul!« Paul gab Antwort, und sie brachten die Schätze auf dem Wagen nach Hause.

Es war das einzige Mal, dass er sich getraut hatte, meinen Vater »Paul« zu nennen. Obwohl wir Kinder ihn so nannten, dem Erich war der Vorname zu intim. Auch die Leute im Dorf, sagt Erich, hätten zu meinem Vater nicht Paul gesagt, obwohl es im Dorf üblich war, dass man sich duzte, auch unter Fremden. »Der Respekt war zu groß«, sagt Erich. Paul wagte einen neuen Aufbruch zum brennenden Proviantamt. Auch Richard und sein Bruder Karl Höllein machten sich jetzt auf den Weg. Mein Onkel Fritz hatte einen großen Leiterwagen organisiert.

Lis, Monika und ich durften mit, obwohl meine Mutter dagegen war. Was konnte ich als noch nicht siebenjähriges Kind aus den Flammen holen?»Gar nichts«, sagte Onkel Fritz, »aber die Kinder können auf den Wagen aufpassen, solange wir drin sind!«

Das gewaltige Gebäude stand inzwischen in Flammen. Auf den Dächern der Nebengebäude Soldaten mit Gewehren. Die Soldaten hatten zwar Schießbefehl, aber sie waren aus dem Dorf oder aus Neuses. Man kannte sie. Einige Männer riefen ihnen etwas zu. Die Soldaten sollten sich selber in Sicherheit bringen, ehe das Feuer sie einschloss.

Paul und Onkel Fritz holten zuerst einen dreiteiligen Holzschrank aus dem Feuer. So bekam der Leiterwagen eine große Ladefläche.

Ich durfte dann doch mit hinein, weil sich der Rauch in dem hohen Gebäude in rasender Geschwindigkeit ausbreitete und die »Sachen« so schnell wie möglich herausgeholt werden mussten.

Ich habe gesehen, dass sich in der Mitte des Silos, schon halb im Rauch verschwunden, eine serpentinenförmige Rinne befand, auf der Menschen mit Zentnersäcken herunterrutschten, wie auf dem *Tobbogan* der Festwiese. Manche wurden vom nächsten mit dessen schwerer Last in den Keller geschleudert, der hoch unter Wasser stand.

Monika und ich schleppten irgendwelche Kartons heraus, abwechselnd musste einer den Militärschrank bewachen.

Paul, Onkel Fritz und Lis zerrten aus dem brennenden Silo Säcke zum Leiterwagen. Sie gingen noch einmal in das Inferno. Ich lief ihnen nach, konnte in dem Qualm nichts mehr erkennen. Lis zog mich ins Freie. Als auch draußen die Luft nur noch aus Hitze und Rauch bestand, waren der Leiterwagen und der Militärspind darauf mit den großartigsten Dingen bepackt.

Halb Bertelsdorf war inzwischen unterwegs, einige mit dem Pferdewagen.

Dann wurde die Beute ins Dorf geschafft. Lis und die Männer waren erschöpft. Monika und ich völlig überdreht.

Auf den Kartons hatte Monika mir vorgelesen: »Traubenzucker-Drops«.

Ich kannte nur das Wort Zucker. Was ein »Drops« sein sollte, war mir unbekannt. »Na, Bonbons!« schrie Monika mich an.

Es waren ungeheure Schätze, die wir nach Hause gebracht hatten, ein ganzer Zentner Mehl, ein ganzer Zentner echter schwarzer Kakao, ein ganzer Zentner Zucker, ein ganzer Zentner Milchpulver, einiges war gut als Tauschware.

Mich interessierten die Drops. Es waren Rollen mit weißen Bonbons, die so ähnlich wie Puderzucker schmeckten, ein bisschen kratzig.

Meine Mutter interessierte sich mehr für den Kaffee, der zu Tabletten gepresst in Silberpapierrollen gepackt war, jede Rolle so groß wie heute die Prinzenrolle. Es waren viele Rollen mit vielen Tabletten Bohnenkaffee. Schokolade gab es nicht. Dabei hätte mich gerade *Schokolade* interessiert. Ich kannte nur das Wort.

Der dreiteilige Holzschrank wurde im Wohn-Schlaf-Ess-Zimmer neben die Betten gezwängt. Die geheime Beute auf viele Verstecke verteilt. Erschöpfung und Dankbarkeit.

Meine Mutter weinte. Am nächsten Tag gab es eine Razzia. Überall im Dorf tauchten Parteileute auf und holten die »geplünderten« Lebensmittel ab, angeblich, um sie zu vernichten. »Das hat ein Nachspiel!«, drohten die Parteileute. Auch zu uns kam einer, meine Mutter kannte ihn, sie sprach ihn mit seinem Namen an.

Paul hatte für alle Fälle einige Beutestücke, Wolldecken und die weniger interessanten getrockneten Kartoffelschnitze, auch ein bisschen Mehl in den Militärschrank eingeordnet. Drei oder vier Rollen Bohnenkaffee lagen auf der dreieckigen Ablage im Winkel zwischen Fensterwand und Spind *zur Ansicht.*

Der Parteimensch hatte es auf den Bohnenkaffee abgesehen. Meine Mutter fragte, ob sie ihm ein Tässchen kochen solle. Aber er wollte die vielen Rollen, die wir der deutschen Wehrmacht entwendet hätten.

Paul zeigte auf die in der Zimmerecke aufgebauten Rollen. Der Mann nahm ein paar davon an sich, bekam sein Tässchen Kaffee und machte es sich auf dem Sofa gemütlich. Er saß nichts ahnend auf ca. 20 Rollen, die in der Ritze des Sofas verborgen waren.

Zum letzten Gefecht

Die Amerikaner hatten Franken schon erreicht. Die Wehrmacht hielt nur noch einzelne Posten. Jetzt sollten die Kindersoldaten das Land verteidigen.

Erich hatte als Freiwilliger bei der »Landwacht« mitgemacht, einer Art Miliz. Er war begeistert, als er den schriftlichen Gestellungsbefehl zur SS-Panzerbrigade Forchheim bekam. Seine Eltern waren erschrocken. Was sollte ihr 15-jähriger Sohn jetzt noch verteidigen? Der Krieg war verloren, das wusste man doch inzwischen, aber da war das Standgericht »Helm« in der Kaserne Coburg, das sofortiges Erschießen androhte, wenn einer der Kindersoldaten nicht antrat. Der Bürgermeister hätte Erich dem Standgericht ausliefern müssen. »Der Körschner hätt's aber net gemacht«, sagt Erich heute. Aber jeder Nazi im Dorf hätte ihn denunzieren können. Meine Mutter beschwor Erichs Eltern, ihn nicht zur Sammelstelle zu lassen. Aber Erich wollte unbedingt. Er war stolz, dass man ihn zur Panzerbrigade holte.

Meine Mutter sagte zu ihm: »Bist du verrückt? Hast du Lust zu sterben mit deinen fünfzehn Jahren?«

»Die holen mich sowieso ab!«, sagte Erich. – »Niemand

holt dich ab«, sagte meine Mutter. »Wasser aufsetzen! Schnell!« Sie flößte Erich Bohnenkaffee ein, so stark und so viel, dass sein Herz raste. Er war dann wirklich krank. Falls die SS kam, konnte sie sehen, der Junge ist nicht einsatzfähig. »Von meinen Kameraden, die mit mir die Einberufung bekommen haben, hat keiner überlebt. Die Panzerbrigade in Forchheim, wo ich hätte mitmachen müssen, ist auf der großen Verbindungsstraße, die bis nach Königsberg ging, von amerikanischen Jagdbombern total vernichtet worden. So war das damals. Na ja, ich muss oft an deine Mutter denken ...«

Vom Dachboden aus konnte man schon die Kolonne der amerikanischen Jeeps und Panzer sehen, die sich auf der Straße von Coburg heranschob. Aber jeder im Dorf wusste: »Wer eine weiße Fahne heraushängt und sich freiwillig ergibt, wird standrechtlich erschossen!«

Paul, der noch nie im Leben ein Stück Wäsche gewaschen hatte, zog hastig die Betten ab, mindestens sechs Garnituren, und wusch Bettlaken, Kopfkissen und Bezüge, für jedermann sichtbar, in Hölleins frei stehendem Waschhaus.

Als Paul die nasse Bettwäsche mit der Hilfe von Gunda und meiner Mutter auf den Zaun neben dem Plumpsklo zum Trocknen gehängt hatte, war der Bürgermeister unschlüssig. Musste er Meldung machen? Dann rollten die amerikanischen Jeeps und Panzer über die Lauterbach-Brücke. Sie sahen: Der obere Mühlweg hat sich ergeben.

Einige Dorfleute verbarrikadierten sich in ihren Häusern. Andere traten auf die Dorfstraße. Einige winkten sogar mit weißen Taschentüchern.

Der Krieg war aus.

Später ist der Bürgermeister zu Paul gekommen und hat ihn gebeten, ihn zu entlasten. Erich sagt, der Bürgermeister war ganz in Ordnung. Er war froh, dass er nicht eingreifen musste.

Überhaupt haben sich die Leute im Dorf nicht übel benommen. Die Jüdin Grüngut, die all die Jahre im oberen Stock der

»Gastwirtschaft Blümig« gelebt hatte, war nie denunziert worden.

Sie wurde jetzt die Dolmetscherin der Amerikaner, die ein Zeltlager im Dorf aufschlugen. GIs durchsuchten die Häuser. Fotoapparate und Waffen mussten abgegeben werden. Erich wollte sich bei meiner Mutter revanchieren und nahm ihre Leica an sich, um sie zu »versteckeln«. Aber meine Mutter schüttelte den Kopf. Auf einen Fotoapparat kam es jetzt auch nicht mehr an. Später hat es ihr Leid getan. Sie hätte die Leica unterm Dach verstecken können, wo meine geschnitzte Gewehrattrappe lag, die mir ein deutscher Soldat geschenkt hatte.

Uns Kindern ging es gut. Wir standen bei den Amerikanern am Zaun und fingen ab und zu einen Kaugummi auf.

Dann kamen mein Vetter Heinrich und seine Frau Lore mit einem Auto, das ihnen die Amerikaner in Kleve gegeben hatten. Heinrich konnte gar nicht Auto fahren, aber damals ging alles irgendwie. Sie kamen mit Andreas. Die kleine Viktoria hatte, weil es keine Medikamente gab, die Diphtherie nicht überlebt.

Die »Pollacken« waren frei. Auch Lucien, der französische Knecht aus dem Mühlenhof. Er stellte der Familie Herold ein gutes Zeugnis aus.

Die Amerikaner hörten ihr Radioprogramm über Lautsprecher. Es war eine Musik, die die Leute im Dorf »Negergejaule« nannten. Ich konnte sie nicht ertragen. Ich hielt mir die Ohren zu und verkroch mich unter der Bettdecke.

Jemand hatte mich mit meinem Spielzeuggewehr gesehen. Zwei Amerikaner standen plötzlich vor der Tür. Ich musste das Gewehr abgeben. Paul setzte die tägliche Ration an »Drops« herunter, nicht als Strafe, sondern weil der anfangs unerschöpfliche Vorrat so gut wie verbraucht war. Anfangs hatten wir Kinder jeden Tag eine ganze Rolle bekommen. Paul sagte zwar, wir sollten uns die »Drops« einteilen, aber selbstverständlich aßen wir die ganze Rolle hintereinander weg auf, jedenfalls ich tat es. Jetzt reichte es nur noch für einen Bonbon täglich. Dann war's vorbei mit den Drops.

Zum Trost schenkte mir Erich echte Boxhandschuhe. Er hatte sie vom Bauern Schreiner geklaut. Der hatte sie vor einem der amerikanischen Armeezelte »gefunden«. Er wollte damit im Winter den schweren Mistkarren schieben.

Die Boxhandschuhe kamen mir gerade recht. Ich war aggressiv, weil ich mir die Drops nicht eingeteilt hatte und weil Monika mir von ihren nichts abgab.

Ich ging zu Entchen, um ihr mit den großen Handschuhen zu imponieren. Aber es gab kein Entchen mehr. Die Familie war weggezogen, man konnte mir nichts Genaues sagen. Irgendwohin. Dorthin wollte ich auch.

Ich unternahm meinen zweiten Ausbruchsversuch. Ich band vier amerikanische Benzinkanister aneinander und fuhr auf dem Lauterbach in Richtung Coburg. *Irgendwohin* war genau das richtige Ziel für mich.

Ich hatte alles an Verpflegung mitgenommen, was ich für brauchbar hielt. Teeblätter, Mehl, Kakaopulver und die Boxhandschuhe. Am Wehr blieb ich hängen. Amerikanische Soldaten und Leute aus dem Dorf zogen mich aus dem Wasser. Meine Verpflegung war untergegangen. Immerhin konnte ich die Boxhandschuhe retten.

Eines Tages gab es Aufregung in der Familie. Telegramme und Briefe waren gekommen. Es wurde getuschelt. »Was ist denn passiert?«, fragte ich. »Etwas Gutes!«, sagte meine Mutter. »Aber es ist zu früh, um darüber zu sprechen!«

WIR SIND NOCH EINMAL DAVONGEKOMMEN

Paul wurde 1945, wenige Wochen nach dem Krieg, zum Intendanten des Bayerischen Staatstheaters in München ernannt. Der Ernennung ging eine dreitägige Befragung durch amerikanische Film- und Theateroffiziere in Bad Orb voraus. Paul musste seinen Werdegang erklären, sein Verhältnis zur Partei, seine Filme im Dritten Reich.

Die Filmoffiziere, fast alle ehemalige deutsche Künstler, jüdisch meist, Kritiker und Journalisten, die das Dritte Reich durch Emigration überlebt hatten, waren mit Entschlossenheit darauf bedacht, belastete Künstler von allen Ämtern auszuschließen.

Über Tage hin hatte die Kommission sämtliche Filme, die Paul seit seinem Debüt mit der »Fledermaus« 1937 für die Berliner Tobis inszeniert hatte, und das waren viele, unter die Lupe genommen und analysiert. Einen davon musste Paul erläutern: »Die Philharmoniker«. Eine episodische Nacherzählung der bewegten Geschichte des berühmten Berliner Symphonie-Orchesters. In diesem Film tummelte sich die erste Garnitur deutscher Dirigenten, von Hans Pfitzner bis Wilhelm Furtwängler, von Hans Knappertsbusch bis Karl Böhm, von Richard Strauss bis Herbert von Karajan. Natürlich sollte der Höhepunkt die Ankunft in der Gegenwart des Dritten Reiches sein.

Als das »grandiose« Jahr 33 ausgerufen wird, sieht man rauchende Fabrikschlote, zum Zeichen, dass die Wirtschaftskrise überwunden ist, und die Musik posaunt Zuversicht in die Kinosäle. Dieser Film war bestimmt der heikelste Auftrag des Reichsfilmministeriums, mit dem Paul in den kritischen dreizehn Jahren unter der Naziherrschaft konfrontiert war. Die peinlichste Forderung hatte Paul abgelehnt, wenn auch nicht mit politischer, sondern mit künstlerischer Begründung.

In der aufgehenden Sonne sollte das Hakenkreuz erstrahlen. Paul sagte: »Das mache ich nicht.« Und anders als man nach 45 in manchen Künstlerbiographien lesen konnte, musste Paul keine Strafaktion durch die Nazidiktatoren befürchten. Auch, dass er nicht in der Partei war, brachte ihn nicht in Bedrängnis. Paul musste nicht den Helden spielen. Das peinliche Hakenkreuz mit Sonnenstrahl war vom Tisch. Ohne große Diskussion.

Die Amerikaner hatten Pauls künstlerische Biographie schon längst untersucht. Die Befragung war nur das letzte Kapitel der Durchleuchtung.

Paul wurde Bayerischer Staatsintendant. Nur gab es das Staatstheater nicht. Es war eine Bombenruine.

»Zum Direktor des Staatlichen Schauspiels wurde Paul Verhoeven ernannt. Da er kein Haus hat, soll er zunächst im Ballsaal der Residenz spielen!«, berichtet Erich Kästner.

Das klingt nach einem königlichen Ballsaal, den man nur noch zu einem Theater umgestalten musste. Der Saal, einst nicht etwa für Bälle mit Musik und Tanz errichtet, sondern für sportliche Ballspiele, war selbst eine Ruine, niedergebrannt bis auf die Grundmauern.

Der Wiederaufbau, nein, der Aufbau eines Theaters aus dem Nichts, die Konstruktion eines Daches und die Einrichtung einer Bühne waren eine große Leistung der Architekten und der Bauarbeiter, die mit den spärlichsten Mitteln auskommen mussten.

Paul war wieder in München angekommen, wo er 1921 als junger Schauspieler seine Karriere begonnen hatte.

Paul erzählt IV

Wenn ich in Dortmund im Kirchenverein etwas inszenierte, ein Mysterienspiel, ein Passionsspiel, war mein Freund Willi Werkmeister immer dabei. Eines Tages sahen wir im Stadttheater Dortmund »Hamlet«. Wir waren von dem Schauspieler Karl Wüstenhagen, der den Hamlet »gab«, so hingerissen, dass wir ihm auflauerten und ihn fragten, ob man bei ihm Schauspielunterricht nehmen konnte.

»Ja«, sagte Wüstenhagen, und er hat auch gleich den Preis für eine Stunde genannt. Das war ein so unerschwinglich hoher Preis, dass ich Willi bei seinem Besuch in Wüstenhagens Privatwohnung nur aus Freundschaft begleitete. Und er sei in München am Schauspielhaus engagiert, er könne uns eigentlich nur in München Stunden geben.

Er nannte dann noch den Namen der Intendantin des Münchner Schauspielhauses, um sein Engagement in vollem Glanz auf uns wirken zu lassen: Hermine Körner. Dieser Name sagte mir leider gar nichts..

Ich bin also mit Willi in die dunkle, mit viel Plüsch möblierte Wohnung von Karl Wüstenhagen gegangen, in der er meiner Erinnerung nach nur Untermieter war. Der Hamlet trug einen Morgenrock aus Seide, hatte Kerzen angezündet, tagsüber Kerzen, das kannte ich nur aus der Kirche, und er ließ mich auf einem Lehnsessel Platz nehmen. Er bot uns Tee an, in dem die Teeblätter herumschwammen, die ich mir nach jedem Schluck dezent mit zwei Fingern von der Zunge nahm und am Tellerrand abstreifte. Willi sprach drei Rollen vor, darunter den Attinghausen aus »Wilhelm Tell«, einen Mann von 80 Jahren. »Wie kommen Sie darauf, einen alten Mann einzustudieren, aber bitte, bitte. ...« Er schien von Willis Vortrag ganz angetan.

»Und was haben Sie vorbereitet?«, fragte er mich. »Ich habe nichts vorbereitet«, sagte ich.

Er griff dann in ein Regal, blätterte ein Buch auf und sagte: »Lesen Sie!« Ich las dann einen Monolog einer mir völlig unbekannten Rolle aus einem mir völlig unbekannten Stück. Wüstenhagen ließ uns wissen, seiner Ansicht nach seien wir sehr begabt, er würde uns gern in München unterrichten. Er gab uns seine Karte und verabschiedete uns. Ich teilte meiner Familie mit, ich gehe nach München. Die Familie war natürlich erstaunt. Aber meine Eltern waren über meine Entschlossenheit auch erfreut. Meine Mitstreiter am katholischen Vereinstheater waren alle schon in festen Berufen. Kaufmann, Lehrer, Postbeamter, der Leichtsinn meiner Freunde war längst beendet. Ich wollte mein Glück in München versuchen. Am 21. August 1921 fuhr ich gemeinsam mit Willi nach München, um etwas zu finden, etwas zu werden. Hauptsache Theater. Mein älterer Bruder Johann gab mir seinen Lederkoffer und einen ansehnlichen Betrag. Auch meine anderen Brüder. Ich musste ja von irgendwas leben. Wo ich wohnen sollte, würde sich schon ergeben. Ich hatte ein Empfehlungsschreiben eines Missionspaters und vom Prälaten, dem Leiter des Vereinstheaters. Willi und ich bestiegen ein Coupé der 4. Klasse, fröhlich unbesorgt. Als wir dann ausstiegen in München und mit unseren Koffern am Bahnhofsplatz standen, war uns doch etwas ängstlich zumute. Wir wussten ja gar nicht, wohin. Ein Mann kam auf uns zu und fragte, ob wir auf Zimmersuche seien. Er lud unsere Koffer auf einen Holzkarren und wir folgten ihm durch die Luisenstraße zum Königsplatz. Es war uns nicht ganz wohl dabei, weil wir nicht wussten, wohin uns der Mann bringt und ob ihm zu trauen war. Er klingelte an einem Haus ohne Türschild, eine etwas üppige Frau machte auf, sagte, sie hätte nichts frei, wir sollten aber unsere Koffer bei ihr abstellen, bis wir was gefunden hätten. Und schon trug der Mann unser Gepäck ins Haus. Wir rannten hinter dem Mann her, durch lange Korridore und einen Seitenkorridor. Der Mann verschwand am Ende dieses schmaleren, langen Flurs mit unseren Koffern hinter einem Vorhang, hinter den wir uns nicht trauten, weil wir dachten, dort stehen Räuber mit Mordwerkzeugen. Dann kam der Mann hinter dem Vorhang hervor, sagte »So« und verlangte zwei Mark. Hinter dem Vorhang brannte ein Licht, und wir fanden wohlbehalten unsere Koffer. Außerdem waren dort ein paar abgestellte Möbel und Kisten, ein Sofa und eine Chaiselongue und ein Tisch, und eine Kommode, die uns sofort beruhigte. Darauf stand nämlich ein Kruzifix. Wir schöpften aber wieder Verdacht. Besonders, weil die Frau uns einlud, in dem vollgeräumten Flur hinter dem schweren Vorhang über Nacht zu bleiben. Wir hatten tatsächlich Angst. Wir waren doch wirklich Provinzler in der Fremde, entwurzelt aus der kleinen St. Josephs-Gemeinde in Dortmund.

Willi hatte die Kisten aufeinander gestellt als Barriere. Wir waren bereit, unser Leben bis zum letzten Blutstropfen zu verteidigen.

Das Licht ging plötzlich aus. Wir konnten nicht schlafen. Aber am nächsten Morgen fanden wir uns auf Sofa und Chaiselongue wieder. Wir lebten noch. Es hatte keinen Überfall gegeben.

Wir gingen in die Stadt und suchten uns ein Quartier. Erst einmal frühstückten wir in einer Wirtschaft am Marienplatz, ich glaube, es war »der Spöckmeier«.

Nach einer langen schönen Wanderschaft durch München kamen wir in einem kleinen Hotel, »Im Tal«, es könnte Wagner geheißen haben, unter. Am Abend sind wir in eine Kneipe gegangen, da war eine Kellnerin, die mir außerordentlich gut gefiel. Es waren junge Männer dort *mit unterschiedlichen Studentenmützen.* Plötzlich gab es eine Schlägerei unter den Studenten, in die auch ältere, gemütlich aussehende Männer mit ihren Fäusten eingriffen. Wir sahen der Prügelei aus sicherer Entfernung zu. Trotz des Hauens und Stechens und Rufen wie »Nieder mit der Republik!« bediente uns die nette Kellnerin weiter. Als wir unsere Zeche bezahlt hatten, war es schon spät in der Nacht und unser gesamtes Vermögen aufgebraucht.

Am nächsten Tag haben wir unseren Lehrer Karl Wüstenhagen besucht, und der war maßlos überrascht.

Er war aber auch stolz, dass wir seinetwegen unsere Familien verlassen hatten, das Elternhaus. Von da an besuchten wir ihn regelmäßig, und er studierte mit uns Rollen ein.

Durch die Fürsprache von Karl Wüstenhagen durften Willi und ich am Schauspielhaus Komparserie machen. Pro Vorstellung verdienten wir jeder zwei Mark, davon konnten wir zwar leben, aber das Hotel nicht bezahlen. In einem Stück durfte ich sogar einen Satz sagen. Ich trat als Diener auf und sagte: »Der Marchese lassen melden ...«, und dann wäre gekommen, was es da zu melden gab. Aber die Regisseurin Hermine Körner verbesserte mich sofort und sagte: »Der Markese!« Ich war gar nicht überzeugt, man sagte bei uns zu Hause schließlich Orchester und nicht Orkester. Aber bitte, sie war die Regisseurin, also sagte ich: »Der Markese lassen melden etc.«

Das Bühnenbild wurde meistens erst zur Generalprobe aufgebaut. Ich war schon in Kostüm und Maske und sah beim Aufbau zu. Mich interessierten besonders die Dinge, die man im Unterricht nicht lernt. Auf dem überdeckten Orkestergraben wurden Scheinwerfer aufgestellt. Ich sah mir das aus der Nähe an und stürzte rückwärts mit großem Krach in den Orchestergraben. Dabei habe ich einen Scheinwerfer mitgerissen, an dem ich mich festhalten wollte.

Beleuchter, Bühnenarbeiter und die Regisseurin sind sofort herbeigeeilt. Aber ich bin wie die Sonntagskinder ziemlich unversehrt herausgekrochen.
Die Körner war leichenblass. »Wissen Sie, in welche Lage Sie mich gebracht haben? Ich wäre verantwortlich, wenn Ihnen was passiert wäre! Was haben Sie denn auf dem Orchestergraben zu suchen?«
Von dem Tag an war ich am Schauspielhaus kein Unbekannter mehr. Ich war »der Kleine, der in den Orchestergraben gefallen ist«...
Als Nächstes kam »Die Ratten« von Hauptmann. Hermine gab mir den Schauspielschüler »Doktor Kegel«. Das war meine erste richtige Rolle am Münchner Schauspielhaus. Ich bekam einen richtigen Vertrag.
Ihr werdet fragen, was aus dem Willi geworden ist. Der Willi hat zwar auch am Schauspielhaus Komparserie gemacht, hat aber leider kein Engagement bekommen. Er hat sich in München einer Laientruppe angeschlossen, bei der gelegentlich auch Karl Wüstenhagen als Regisseur und Schauspieler auftrat.

Das war also der Beginn von Pauls Karriere 1921 am Schauspielhaus in der Maximilianstraße in München.
Es fällt uns heute schwer zu ermessen, welche Bedeutung Hermine Körner in dieser Zeit und überhaupt für das deutsche Theaterleben hatte. Es war noch ganz und gar die Ausnahme, dass eine Frau inszenierte und ein Theater leitete. Hermine Körner war eine kleine zarte Frau mit roten Haaren. In den Kritiken wurde sie als *blonde Frau* gerühmt, weil rote Haare damals – auch noch in meiner Jugend – ein Makel waren.
Die Körner war die Intendantin des Münchner Schauspielhauses seit 1919. Ihr Schauspielfach, auch damals dachte man in Schubladen, war »Heroine und Salondame«. Sie war die

Entdeckerin von vielen später Berühmten, neben Paul Verhoeven von Wilhelm (»William«) Dieterle, Heinz Rühmann und Adolf Wohlbrück. Paul spielte wie Heinz Rühmann zunächst nur kleine Rollen. Rühmann wollte aus seiner kleinen Statur etwas Großes machen. In einer Szene, in der Paul und Heinz als Ritter mit Schwertern auftreten sollten, suchte Rühmann sich aus der Requisitenkammer das größte Schwert, das zu finden war.

Hermine Körner ging 1925 als Intendantin nach Dresden ans Alberttheater und nahm Paul mit.

In der Eröffnungsvorstellung im Alberttheater in Dresden am 15.9.1925 abends um 19.00 Uhr, »Der Kreidekreis« von Klabund, spielte Paul eine kleine Rolle, einen von zwei *Kulis*. Karl Wüstenhagen, der ebenfalls mit Hermine Körner nach Dresden gewechselt war, spielte eine der Hauptrollen.

Gleich in seiner ersten Zeit in Dresden machte Paul die Bekanntschaft einer Schauspielerin aus Chemnitz. Ob sie sich bei der Körner bewerben wollte oder einfach dem Dresdner Alberttheater nahestand, weiß ich nicht.

Die junge Schauspielerin machte auf Paul großen Eindruck. Es war Doris Kiesow, meine Mutter. Sie war von der Begegnung mit Paul mehr als nur beeindruckt, sie war erschüttert. Aber sie konnte es ihm nicht zeigen, sie war nicht *frei*. Meine Mutter war befreundet, oder soll ich sagen *liiert* mit Karl Goeritz, einem jüdischen Textilfabrikanten in Chemnitz. Karl Goeritz war ein Verehrer der schönen Künste und ein Verehrer der Schauspielerin Doris Kiesow, die in Chemnitz große Rollen spielte, vom kessen Pennäler in dem Lustspiel »Kyritz-Pyritz« bis zur »Heiligen Johanna« von Shaw.

Karl Goeritz hat die Rollen, in denen er Doris Kiesow am meisten schätzte, in einen großen Spiegel gravieren lassen, der noch heute in unserem Besitz ist.

Unser sehr eifersüchtiger Vater Paul schien nichts dagegen zu haben, dass meine Mutter den schönen Spiegel mit den eingravierten Rollen in allen Wohnungen und Häusern, in denen sie gemeinsam wohnten, im Schlafzimmer hängen hatte. Möglicherweise beherrschte Paul seine enorme Eifersucht, weil Karl Goeritz 1939, auf der Überfahrt nach Südamerika auf dem Schiff »Simon Bolivar«, ums Leben gekommen ist.

Meine Mutter trennte sich von Karl Goeritz, weil sie ihn nach der Begegnung mit Paul nicht mehr aufrichtig lieben konnte.

Sie nahm eine Gastrolle bei der Körner in dem Stück mit dem beziehungsreichen Titel »Die Fahrt ins Blaue« an. Ihr Partner war Paul Verhoeven, sie spielten ein *Brautpaar*.

Die wichtigste Inszenierung der Körner in Dresden war 1927 Ibsens »Peer Gynt«. Heinz Leo Fischer, privat und beruflich Hermine Körners Favorit, war der Peer Gynt. Seine Partnerin war Doris Kiesow als Anitra.

Offensichtlich sind sich Paul und Doris damals privat nicht so nahe gekommen, wie meine Mutter es sich gewünscht hatte. Paul, Doris, Heinz Leo und eine Schauspielerin aus Wien, Melanie Horeschovsky, waren eher gute Freunde.

Melanie spielte in Peer Gynt die »Grüne«, Paul eine kleinere Rolle. In diesem Stück waren alle vier, die ihr Leben lang befreundet blieben, beisammen.

Das waren die wilden Dresdner Jahre. Paul wohnte in einer Dachkammer, in die es hineinregnete. Ein aufgespannter Regenschirm über dem Bett fing das Wasser ab, wie beim armen Poeten von Spitzweg.

Paul litt unter seinen abstehenden Ohren, wollte den Makel dringend beheben lassen, hatte aber für die Operation kein Geld. Ein theaterbegeisteter Medizinstudent im 5. Semester kletterte mit einem Koffer voll klappernder Instrumente über die Hühnerleiter in die Dachkammer und operierte Paul an einem spielfreien Wochenende nach dem aufgeschlagenen Lehrbuch.

Als Melanie den Frischoperierten unter dem Dach besuchte, fand sie ihn fiebrig mit blutigem Kopfverband. Sie machte ihm Wadenwickel, wollte einen Arzt holen. Paul lehnte ärztliche Hilfe aus Fieberwahn und Geldnot ab und wünschte sich stattdessen einen Kirschkuchen.

Melanie hat die Geschichte für meinen Film »Liebe Melanie« 1983 auf Band gesprochen. »Ich flog natürlich augenblicklich auf die Straße. Aber die Geschäfte waren schon geschlossen. Ich kannte ein Café, da rannte ich hin, dort stand er tatsächlich in der Vitrine, Pauls rettender Kirschkuchen. Ich drängte mich durch die Anstehenden und verlangte den Kuchen. Ja, aber die Verkäuferin gab ihn nicht her, der war reserviert. Ich konnte das in Pauls unglücklicher Lage nicht hinnehmen, drang hinter die Verkaufstheke ein und ergriff den Kirschkuchen. Die Verkäuferin, die mich nicht hatte hindern können, rief um Hilfe, und ich musste den Kuchen gegen eingreifende Cafébesucher verteidigen. Ich hielt ihn fest umklammert und schrie immer wieder: »Für den Paul Verhoeven ... für den Paul Verhoeven!«

Melanie wurde wegen Diebstahl, Körperverletzung und Widerstand gegen die Staatsgewalt ins Gefängnis gesperrt.

Das Brunnenhoftheater

Dass Paul 1945 nicht von der Bayerischen Kulturbürokratie zum Intendanten der ersten Stunde ernannt worden war, sondern von der amerikanischen Besatzungsmacht, sollte Paul noch viel Gegenwind einbringen. Der Kultusminister in Bayern, Dr. Alois Hundhammer, ließ keine Gelegenheit aus, Paul die Arbeit schwer zu machen. Er vermisste, dass Paul an den Treffen katholischer Zirkel teilnahm. Paul empfand seinen Glauben aber als Privatangelegenheit.

Mit dem gerade noch verpönten Judenstück »Nathan« hatte Paul das Brunnenhoftheater eröffnet. Die Rolle des Tempelherrn vertraute er einem Schauspieler an, der zu seinen Protegés gehörte: Curd Jürgens. Er hatte am Wiener Burgtheater in Pauls Komödie »Das kleine Hofkonzert« gespielt.

Ins Brunnenhoftheater, das auch im strengen Winter kaum geheizt war, kamen die Zuschauer eingemummelt in Schichten von Jacken und Mänteln, und sie hatten Decken dabei, wie heute im Fußballstadion. Sie mussten durch den Nebel ihres Atems hindurchschauen und hielten sich an den Händen mit Fäustlingen, deren weiße Schafwollflocken Wärme suggerierten.

Die Schauspieler auf der Bühne froren nicht. Die Begeisterung über das Neue, das das Theater jetzt wagte, wärmte sie.

Dem bayerischen Kultusminister Dr. Hundhammer war es ein Leichtes, dem Intendanten Stücke der Kommunisten Wolf und Brecht zu untersagen. Da hatte es Erich Engel auf der anderen Seite der Maximilianstraße leichter, seine Kammerspiele im Schauspielhaus waren das Theater der Stadt München, nicht des Staates Bayern. Dennoch konnte auch Erich Engel sich erst zwei Jahre später an Brecht heranwagen und nur mit der guten alten »Dreigroschenoper« und dem Publikumsliebling Hans Albers als »Mackie Messer«.

Dr. Hundhammer hätte lieber traditionelle, ja christliche, auch Mundart-Stücke in Pauls Spielplan gefunden, anstatt Goldoni, Lessing, Anouilh. Und warum sollte man in Deutschland, noch dazu in Bayern, Stücke des Amerikaners Thornton Wilder spielen, wie es auch Erich Engel in den Kammerspielen mit einer Aufführung tat, für die Wilder eine leere Bühne vorgeschrieben hat. Oder gar, wie Paul es wagen konnte, das Wilder-Stück »Wir sind noch einmal davongekommen« zu spielen, in dem der Zweite Weltkrieg in biblische Dimensionen gesetzt wird.

Henry, der Sohn der Welteltern Herr und Frau Mensch, Mr.

und Mrs. Antrobus, ist niemand anderer als der biblische Kain in Soldatenuniform. Am Ende steigt der Soldat Kain, gespielt von Benno Sterzenbach, aus den Trümmern der zerstörten Stadt. Der Soldat mit dem Kainsmal auf der Stirn ist ein *Meister aus Deutschland*. Aus dem unschuldigen Abel macht Thornton Wilder ein vernünftiges Mädchen, Gladys, gespielt von Elfi Beyer. Vor allem ihretwegen wollte ich bei den Proben dabei sein. Denn Elfi Beyer beschäftigte mich, den achtjährigen Theatergänger, über die Maßen und hatte, ohne dass sie das je erfuhr, einen festen Platz in meiner Familienplanung.

Das Stück »sprang uns an wie keines danach«, schrieb der maßgebende Kritiker Walter Panofsky in einem Rückblick in der Süddeutschen Zeitung. Die meisten Zuschauer bezogen den Titel des Stückes unmittelbar auf ihr Leben:

»Wir sind noch einmal davongekommen ...«

Noch vor der Eröffnung des Brunnenhoftheaters, dessen Entstehung aus Ruinen nicht ganz nach Zeitplan lief, begann die erste Spielzeit des Bayerischen Staatsschauspiels, quasi auf Besuch im Prinzregententheater, dem Ort der Staatsoper.

Mit dem »Sommernachtstraum«, den Paul als sichtbaren Schritt in die vielbeschworene *neue Zeit* inszenierte, wurde auch die von den Nazis verbotene Musik des Juden Felix Mendelssohn rehabilitiert. Mit Heidemarie Hatheyer als Puck und Rudolf Vogel als Handwerker Zwenz.

Auf dem Besetzungszettel aus dem Jahr 1946 finde ich unter den Elevinnen des Staatsopernballetts die spätere Solotänzerin Margot Werner. Sie möge mir verzeihen, dass ich mich vor allem an die Hermia der Elfi Beyer erinnere, um deren Liebe sich Demetrius und Lysander streiten.

Ich habe die schöne Schauspielerin immer wieder und fern jeder Ähnlichkeit aus dem Programmheft abgezeichnet und abgepaust.

Im Programmheft war nicht nur Elfi Beyer durch Übermalung unkenntlich gemacht, sondern auch Benno Sterzenbach, der strahlende Lysander. Dessen Foto hatte meine Schwester Monika abgepaust und vermurkst.

In Robert Ardreys Schauspiel »Leuchtfeuer« mit Curd Jürgens als Pilot und Paul als Feuerwächter wird die Verantwortung für Verbrechen in einem fernen Krieg thematisiert, also wieder die nahe Vergangenheit.

Die Programmtexte verfasste Falk Harnack, der Bruder des von den Nazis hingerichteten Rote-Kapelle-Mitglieds Arvid Harnack. Der vermeintliche Kommunist Falk Harnack als Dramaturg, ein Gedicht des späteren DDR-Kulturministers Johannes R. Becher im Programmheft, und ebenfalls im Programmheft eine Abbildung des antifaschistischen Gemäldes »Guernica« von Picasso, der im Dritten Reich, also noch gestern, als einer der übelsten Kunstzersetzer gegolten hatte, das waren für den Kultusminister Hundhammer Beispiele für die unfromme Denkungsart des Intendanten. Nicht nur, dass der Minister die Zuteilung von Papier und Bleistiften erschwerte, während Pauls gesamter Intendantenzeit hat er das Bayerische Staatstheater nicht betreten. Vermutlich hat er auch das von ihm verdammte Ballett »Abraxas« von Werner Egk nicht gesehen. Wegen obszöner Bewegungen und weil die Tänzer hautfarbene Trikots trugen, hat er es verboten.

Seitdem ist »Abraxas« ein Synonym für bigotte Kulturpolitik und an Faschismus erinnernde Zensur.

1951 dankte der Mitbegründer der CSU als Kultusminister ab und kehrte nach mehrjähriger Denkpause als Bayerischer Landwirtschaftsminister zurück.

Für Paul kam die Versetzung des Ministers von der Kultur in die Landwirtschaft zu spät. Er erlitt unter den Schikanen Hundhammers einen Herzinfarkt, der der Anfang vom Ende seiner Intendanz war.

Mit Dr. Hundhammers Sohn Wolfgang bin ich heute befreundet. Wolfgang wurde Bühnenbildner, ein Theatermann.

Unsere erste Zusammenarbeit war bei dem Fernsehfilm »Eine unheilige Liebe«, 1993 für das ZDF. Wolfgang Hundhammer war der Ausstatter, und seinem Vater hätte der Stoff sicher missfallen. Der Film erzählt von einem jungen Priester, der von der Frau, die er liebt, nicht lassen will. Von seinem Amt als Priester ebenfalls nicht. 1994 übergab ich Wolfgang Hundhammer die Verantwortung für die Ausstattung der aufwendigen Tabori-Verfilmung »Mutters Courage«. Ich schätze Wolfgang und die Zusammenarbeit mit ihm und schätze die Idee, dass sich Söhne verfeindeter Väter befreunden.

Dass Paul den Herzinfarkt überlebt hat, verdankte er dem Frauenarzt Dr. Karl Wirth, in dessen Haus in Laim wir einquartiert waren.

Meine Mutter war in der Nacht aufgelöst und stotternd ins Wohnzimmer im Parterre gestürzt, in dem die Kinder Uke und Jockel schliefen. Dr. Wirth ging mit meiner Mutter nach oben zu Paul, zog in großer Ruhe eine Spritze auf und gab ihm mit langer Nadel eine Strophantinspritze ins Herz.

Ich brachte Paul ein Feuerzeug in Herzform ins Krankenhaus, obwohl er lange Zeit nicht an Zigaretten denken durfte. Als er wieder rauchen durfte, reichte sein Geld nicht für Zigaretten. Monika und ich sammelten Kippen und Rosenblätter, die wir trockneten. Die Rosenblätter und den ausgerauchten dunkelbraunen Tabak der Kippen zerrieben wir zwischen den Fingern und drehten mit dem Seidenpapier aus Pauls Kunstbüchern Zigaretten für unseren Vater. Meine Mutter freute sich über unser endlich erwachtes Interesse an den kostbaren Kunstbänden, die sie unter unseren Spielsachen gefunden hatte. Paul empfand die giftigen Zigaretten, die nach Rosen dufteten, als großes Geschenk und rauchte sie.

Meine erste Schule in München war eine Notunterkunft in der Mädchenschule am Pasinger Marienplatz, deren Leiter Dr. Brixle zusammen mit den unterrichtenden Nonnen nach den Nazis wieder eingesetzt worden war. Dort gingen auch Lis und Monika zur Schule.

Obwohl Paul Intendant, also schon etwas »Gehobenes« war, war die Familie Verhoeven auf die Ausspeisung in der Gemeinschaftsküche am Agricolaplatz angewiesen.

Als wir im Winter nichts zum Heizen hatten und dies der Familie Höllein, die uns gelegentlich in München besuchte, nicht verborgen blieb, fuhr bei uns ein Auto vor, voll beladen mit Brennholz. Erich und sein Vater hatten beim »Proviantamt« in Neuses einen alten Zaun eingerissen und ein Fahrzeug für den Transport nach München organisiert. Denn kaum einer hatte damals ein eigenes Auto.

Paul hatte als Staatsintendant einen Dienstwagen, ja sogar einen Chauffeur. Seinem armen, aber ehrlichen Neubeginn des Theaters angemessen, war Pauls Dienstwagen ein kleiner klappriger Adler Junior mit zerschlissenem Stoffverdeck. So versehrt wie das Auto war auch der immer lachende Georg Gundel, der Chauffeur des Staatsintendanten, ein Beinamputierter, der seine Prothese abschnallte, wenn er meine Mutter auf das Bezugsscheinamt begleitete, wo Anrechtsscheine für Wintermäntel und feste Schuhe ausgegeben wurden. Oft ging meine Mutter direkt in das Zimmer an dem »Eintritt verboten« stand.

Es war überhaupt ein Lebens- und Überlebensprinzip meiner Mutter, Räume zu betreten, in die der Eintritt verboten war.

Georg Gundel begleitete meine Mutter auch in die Möhlstraße in Bogenhausen, auf den Schwarzen Markt, wo man Dinge kaufen konnte, die es gar nicht gab.

Herr Gundel hat mir, als ich neun war, eine wahre Geschichte erzählt, die er nach seiner Beinamputation im Lazarett erlebt hatte. Neben ihm lag ein junger Soldat, dem beide Beine amputiert worden waren. Die Krankenschwester kam an sein Bett und sagte zu ihm, draußen stehe sein Vater. Ob er hereinkommen dürfe. Der Soldat sagte: »Ich will meinen

Vater nicht sehen! Er hat mich gezwungen, in den Krieg zu gehen!« Die Schwester ging und verhandelte mit dem Vater.

Der Soldat erzählte seinem Bettnachbarn Gundel, dass er als Landwirt freigestellt worden wäre. Aber der Vater hatte es verhindert. Die Krankenschwester kam und sagte, nun sei der alte Mann so weit gefahren, jetzt könne der Soldat den Vater doch nicht zurückweisen. Der Soldat sagte »Wenn mein Vater an mein Bett kommt, sterbe ich.« Die Krankenschwester lächelte, holte den Vater herein. Da ist der junge Soldat gestorben.

Eine Zeitlang war Priester spielen und Freunde segnen meine Lieblingsbeschäftigung in unserer Küche. Ich wollte Ministrant werden. Meine protestantische Mutter begrüßte meinen Wunsch und sprach mit dem Pfarrer. Paul überließ die Entscheidung mir.

Ich wurde Ministrant, wenn auch nur für die Maiandacht, den Treffpunkt der Laimer Jugend zu unbeholfenen Flirts. An den großen Stearinkerzen lösten wir Ministranten die Tropfnasen ab und kauten das fiese erstarrte Fett als Kaugummi. Im Erste-Hilfe-Schrank der Sakristei standen Hoffmannstropfen, die wir »schnüffelten«, bis wir einer Ohnmacht nahe waren.

In der Fürstenriederschule Laim, in die Monika und ich versetzt wurden, bekamen wir täglich unseren angebrannten Milchreis als »Schulspeise« in den Blechnapf. Dort gab es keine Häuser, nur Wiesen, soweit der Blick reichte. Seit ein paar Tagen war dort ein kleines Zelt aufgebaut. »Zirkus Busch«. Magere Pferdchen, ein Clown, ein Zauberer. Ein kleines Mädchen sprang auf eine Wippe herunter, die einen kleinen Jungen durch die Luft schleuderte, den der Zirkusdirektor, der sein Vater war, auffing.

Der Eintritt kostete 30 Pfennig. Ich war dreimal in der Vorstellung. Jetzt stand ich mit dem Mädchen und ihrem kleinen Bruder in unserer Küche. Meine Mutter bestand darauf, dass die beiden Zirkuskinder sich vor dem Essen die Hände waschen. Das hatten sie vermutlich noch nie getan. Der Schmutz war schon in die Haut und in die Fingernägel eingewachsen. Ich erzählte voller Bewunderung, dass das Mädchen auf dem mageren Pferdchen Handstand machen konnte. »Die leben in einem Wohnwagen«, sagte ich, »das möchte ich auch.«

Als die Fahne mit der Aufschrift »Zirkus Busch« eingerollt und das kleine Zelt abgebaut war, gab mir das hübsche schmutzige Mädchen lange die Hand und stieg dann in den Wohnwagen, der mit der Kolonne davonrollte.

Damals, wohl unter dem Eindruck des Brunnenhoftheaters, habe ich ein eigenes Drama verfasst. Es hieß »Faltrabo«. Das war der Name des Protagonisten, den ich aus praktischen Gründen selber spielte. Faltrabo war ein Russlandheimkehrer, der nicht mehr gewillt ist, den Gesetzen der Eltern zu gehorchen. Es war wohl die künstlerische Verfremdung meiner eigenen Geschichte. Ich war acht und sagte als Faltrabo zu meinem Vater, er habe mir »gar nichts mehr zu sagen«.

Wenn ich mich richtig erinnere, spielte Günther Wirth, der zehnjährige Sohn des Bruders von Dr. Wirth, der schräg über die Straße am Willibaldplatz wohnte, Faltrabos Vater.

Monika, ein halbes Jahr älter als Günther, spielte seine Frau, Faltrabos Mutter. Das passte gut. Günther und Monika hatten kürzlich beschlossen, zu heiraten, während ich davon ausging, baldmöglichst Günthers Mutter zur Frau zu nehmen. »Ich hab dir doch wohl noch etwas zu sagen!«, sagte Günther vorwurfsvoll zu Faltrabo.

Es waren drei Akte. Am Ende geht Faltrabo zurück in den Krieg, weil er es zu Hause nicht aushält.

Paul erzählt V

Ich schrieb zum ersten Mal ein Theaterstück. Ich sehe das blaue Schulheft vor mir, auf dessen Vorderseite geschrieben stand: »Die Lützower«. Tief in meiner Erinnerung lebt diese Episode wie kaum eine andere. Ich muss dazu etwas sagen. Das Haus, in dem wir wohnten, Münsterstraße 104, war ein Eckhaus. Auf der breiteren Seite war die Münsterstraße, diese breite Verkehrsstraße mit Trambahn und dem sog. Verkehr, wie man ihn damals hatte, nach Münster, tief in das Zentrum der Stadt. Auf der schmalen Seite war die Schillerstraße. An der Ecke war der Eingang zu dem Delikatessengeschäft »Gustav Reuse«, das war einer der damaligen Kettenläden, die sich mit einem weiß-blauen Logo in Rautenform der Kundschaft anbot. In dieser Münsterstraße 104 wohnten wir am längsten.

Nun, in der Seitenstraße der großen Verkehrsstraße, der Schillerstraße, hatte mein Vater auch Parterreräume mitgemietet, und hatte dort das Holz der Abteile von aufgelösten Eisenbahnzügen gelagert. Nun wollte ich ja unbedingt mein Stück aufführen, und da wir dafür auch ein Lokal benötigten, musste uns Papas Holzlager irgendwann in die Augen stechen. Es war geradezu ideal. Ich habe dann also die Vertrauten versammelt, darunter waren auch sehr fesche Burschen, die mit Säge, Hammer und Nagel umgehen konnten. Herrlich waren diese Bohlen, und wir fingen an, mit diesen Bohlen eine Bühne zu bauen. Wir schichteten die Bretter so, dass sie eine Art Bühne bildeten.

Nun fehlten uns noch Sitzplätze. Wir waren rücksichtslos und zersägten das schöne verbliebene Holz. Es war eigentlich ein recht wertvolles Holz, aber daran haben wir keinen Gedanken verschwendet. Wir brauchten Sitze, das Holz war da, also machten wir Sitze. So konnten nun die

40 Kinder in unserem Theater Platz finden. Aber auch die Dekorationen mussten noch gemacht werden. Das geschah aus Holzleisten, Leim und Packpapier. Wir brauchten einen Marktplatz, ein Zimmer im Haus des Bürgermeisters und eine Jägerstube. Dazu mussten auch die Möbel herangeschafft werden, und alles heimlich. Es durfte ja niemals irgendjemand aus dem Haus erfahren, was sich dort im Laden tat.

Ich war Bauherr, ich war Architekt, ich war Bühnenbildner, alles zur gleichen Zeit. Zusammen mit meiner kleinen Schwester Hetta waren wir aber auch Mädchen für alles. Die Kostüme mussten ja auch selbst gemacht werden.

Da war einmal der Bürgermeister, den spielte mein Bruder Fritz. Der kam hochelegant an und zeigte uns, was er sich da so zusammengenäht hatte. Er hatte Lackschuhe, ein Zeichen von Wohlstand, er hatte sehr lange weiße Strümpfe und hat darüber eine Art Wams. Das Wams war von hinten ganz in Ordnung, nur von vorne war der Platz, der für den Busen der Mutter gedacht war, unausgefüllt. Es war deutlich sichtbar, dass es ihm an Körperlichkeit in dieser Hinsicht mangelte. Ich selber spielte den alten Förster, das war eine kleinere Rolle, da ich ja auch in anderen Funktionen an dem Stück arbeiten musste. Im Haus dieses deutschen Försters versammelten sich die Offiziere und bereiteten dort ihren Krieg gegen die französische Armee vor. Der alte Förster musste ein Vertrauen erweckender Mann sein, ich stellte mir vor, dass er einen weißen Bart haben musste. Dieses Problem war leicht gelöst. Aber das Kostüm – Jäger, ganz klar, braucht ein grünes Kostüm. Ich ging zunächst an den Kleiderschrank meiner Brüder und entdeckte dort eine graue Hose, von der ich annahm, dass sie zu einem Förster passt. Aber mir passte sie nicht. Ich habe sie dann passend gemacht, das heißt, die Beine wurden abgeschnitten und auch im Bund sehr viel enger gemacht. Dennoch waren die

Röhren dieser Hose ungewöhnlich breit, meine Knabenbeine steckten darin wie in einem riesen Schornstein. Aber immerhin, wir ahnten nicht, dass wir den ersten Hosenrock damit erfunden hatten. Der grüne Jägerrock war eine sehr schöne Jacke von mir. Nun kam es aber darauf an, dass auch die Farbe passte. Deswegen besorgten wir uns in der Drogerie grüne Farbe, und ich habe in unserer Küche, in einem großen Kessel, die Hose meines Bruders und meine Jacke grasgrün gefärbt. Das war an sich schon ein Drama. Was da nun ungewollt mit grün wurde, erinnerte uns alle noch lange Zeit an den alten Förster. Natürlich mussten wir auch Rangabzeichen an seine Jacke heften, einen ähnlich gekleideten Oberförster hat nie ein Mensch gesehen.

Nun kam der Tag der Aufführung, dem wir ja alle entgegenzitterten. Wir hatten selbstverständlich Eintrittskarten verkauft, immerhin konnten wir zehn Pfennig pro Karte für unsere Kasse einnehmen. Es stand genau drauf, wann und wo es stattfinden sollte. Und siehe da, am besagten Tag um 13 Uhr stand die ganze Schillerstraße voller Kinder. Wir nun raus, die Kinder rein, die Tür wurde hinter uns wieder zugesperrt. Die Kinder hatten sich richtig fein gemacht. Und saßen etwas sonntäglich auf diesen Holzbänken. Ich musste nun also vor den Vorhang treten und den Kindern sagen, dass sich die Vorstellung noch etwas verzögern würde. Es fehlte nämlich ein Schauspieler, mein Freund Willi Werkmeister. Willi spielte einen intriganten Wiener, der die Lützower an die Franzosen verraten hat. In meinem Stück war es jedenfalls so, dass er seine deutschen Kollegen für 30 Silberlinge verriet.

Ein wichtiger Mann für unsere Aufführung, wir konnten unmöglich ohne ihn anfangen. Ich saß wie auf heißen Kohlen. Siehe da, ein Botschafter, der draußen Schmiere stand, brachte uns die Nachricht, dass der Willi kommt. Bald kam er Gott sei Dank durch die Hintertür herein, und los.

Während er sich hastig anzog, erzählte er, dass er seiner Mutter beim Abwasch helfen musste.

Nachdem der Vorhang aufgegangen war, trat ich als Förster langsamen Schrittes auf und sagte folgenden Satz: »Schon wieder ein Tag meines Lebens vergangen.« Daraufhin wurde an die Tür geklopft. Das sollte der Auftritt meines Schulfreundes Heinrich Funoff sein, der mit einer Botschaft kam. Aber es wurde ganz anders geklopft als geprobt. Es klopfte nicht an der Tür auf der Bühne, sondern an der Hoftür, und zwar sehr heftig. Die Tür wurde aufgerissen, und eine Frau stand im Raum. Die Frau des Verwalters schrie: »Was ist denn los hier! Das ist ja eine Ungeheuerlichkeit! Hilfe! Polizei!«

Dann holte sie einen großen Reisigbesen und prügelte die Zuschauer aus dem Laden heraus. Sie standen dann alle auf der Schillerstraße und weinten und schrien nach ihren Groschen für die Eintrittskarten.

Ich saß nun oben mit Willi in meinem Zimmer und konnte durch mein Erkerfenster die Zuschauer-Kinder draußen bei ihrer Trauer beobachten. Ich nahm meine Sparkasse, in der schon ein wenig zu finden war, viele Pfennigstücke, vielleicht auch ein paar Groschen, und wir warfen den Inhalt dieser Spardose aus dem Fenster, zu Füßen der Kinder, die draußen standen.

Die Kinder balgten sich um das Geld, und mit einer Rauferei um die Pfennige endete die Premiere meines ersten Theaterstückes.

Tausend Sterne

Wir sind 1947 nach Harlaching umgezogen. Das grauweiße Haus in der Rabenkopfstraße ist ein Dreispänner. Wir sind links, haben die Nummer 12 mit roten Rosen am Spalier. Die Amerikaner haben uns dort einquartiert. Unseretwegen musste eine *deutsche Familie mit Vergangenheit* ausziehen.

Eingeklemmt zwischen unserem Rosenhaus und dem rechten Pendant, das dunkel nach Norden schaut, stand das schmale Mittelhaus, in dem man, wenn die Tür offen stand, an den Wänden Geweihe sehen konnte. Meine Mutter schüttelte sich vor Grausen. »Jäger!«, sagte sie. Aber der Jäger hatte hübsche Töchter. Margot hieß die große, ungefähr mein Alter. Dagmar, die kleinere, noch immer mit Schnuller, obwohl schon fünf, wurde Dadi gerufen.

Ich besuchte die Mädchen abends über die Dachrinne, sie hatten das Zimmer neben mir unterm Dach.

Wir wussten nicht recht, was wir miteinander anfangen oder gar reden sollten. Tagsüber war es leichter, da warfen wir uns über den Zaun Bälle zu. Meine Eltern sahen es nicht gern, dass wir, außer zu besonderen Gelegenheiten, Freunde mit ins Haus brachten. Überhaupt schlichen wir meist mucksmäuschenstill durchs Haus, um Paul, der über Theaterstücken saß, nicht zu stören.

Im hinteren Teil des Gartens hielten wir Hühner. Gunda, die das Füttern übernahm, holte jeden Morgen die Eier aus dem kleinen Stall. Nur Paul bekam ein Ei zum Frühstück, und manchmal Lis, weil sie Tbc hatte.

In Drahtgehegen zog Gunda den Nachwuchs mit Brennnesselmus und Eiwürfelchen auf. Monika und ich durften die kleinen Biberl aus dem Gehege nehmen, aber nur kurz, wegen unserer Katze.

In unserem Garten in der Menterschwaige, die allgemein

Die Familie bei der Enthüllung der Büste von Paul Verhoeven 2001 im Cuvillies-Theater München v.l.n.r.: Senta Berger, Luca Verhoeven, Michael Verhoeven, Stella Adorf, Lis Verhoeven, Simon Verhoeven, Monika Verhoeven
© *Amelie Latscha*

Familienring mit Maske von Paul Verhoeven
© *privat*

Rechts: Büste (Ton) im Atelier von Prof. Ringwald
© *Michael Verhoeven*

Pauls Schulklasse, Dortmund 1910. 3.v.l. Paul
© *Blasewitz Dresden*

Pauls Vater »der starke Henn«
© *unbekannt*

Paul und Schwester Hetta, ca. 1912
© *unbekannt*

Paul, Porträt ca. 1927
© *Blasewitz Dresden*

Pauls Ehefrau Doris Kiesow,
Porträt ca. 1927
© *unbekannt*

Hochzeit
in Frankfurt
am
28.7.1930
© *privat*

Paul mit seiner ersten Tochter Lis in Frankfurt, 1932
© *privat*

Die Wannsee-Villa Im
Sandwerder 3
© *privat*

Lis vor dem Spiegel, der Doris'
Rollen abbildet, ein Geschenk
von Karl Goeritz, 1953
© *unbekannt*

»Die Fledermaus«,
1937
v. l. n. r. Georg
Alexander, Hans
Moser, Lida
Baarová, Paul
Verhoeven
© *Tobis-Film*

Paul mit den Kindern Michael
und Monika vor dem privaten
Marionettentheater
© *Foto Tobis/Ludwig*

```
Deutscher Volkssturm          30.10.44
Berlin-Wannsee

     Erstes Antreten des Volkssturmes
am Mittwoch, den 1.November 1944, 20 Uhr 15 Min.
in Berlin-Wannsee, Strandpavillion, (Dampfer-
anlegestelle, gegenüber des Bahnhofs Wannsee).
     Sie haben hierzu rechtzeitig zu erscheinen.

                        i.A.
                 NSDAP Ortsgruppe Wannsee
                       gez. Stock
                 k.Ortsgruppenleiter
```

Pauls Einberufung
zum Volkssturm
© *Original*

Lubjanka, das Dienstmädchen aus der Ukraine, ca. 1944
© *privat*

Häuschen über dem Schweinestall in Bertelsdorf, wohin die Familie evakuiert wurde
© *privat*

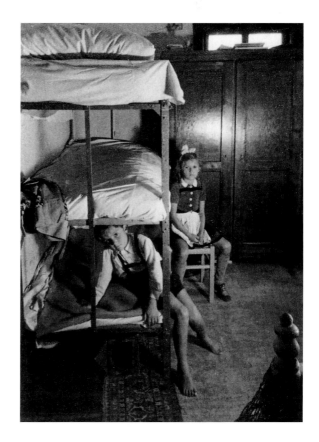

Michael und Monika im Zimmer in Bertelsdorf, 1945
© *privat*

Lis, Monika und Michael mit der geliebten Kinderschwester Gunda 1949 in München, Rabenkopfstraße 12
© *privat*

Pauls amerikanischer Freund Erik Pleskow bei einem Wiedersehen mit Michael
© *Sabine Kückelmann, Filmfest München, 1998*

Die Mutter Doris Kiesow,
1948
© Michael Verhoeven

»Mein Freund Harvey« in der Kleinen Komödie München mit Doris Kiesow
und Heinz Rühmann, 1950
© Kleine Komödie am Max-II-Denkmal München

Paul, 1946
© *privat*

Paul bei den Dreharbeiten zu »Du bist nicht allein« 1949 mit Corola Höhn und Peter Pasetti
© *V-Film*

DIE „KLEINE FREIHEIT" an der Maximilianstraße spielt Erich Kästners Kinderschlager „Pünktchen und Anton". Trude Kolman inszenierte diese liebenswerte Geschichte vom Fabrikantentöchterchen und dem tugendhaften Sprößling einer Putzfrau im Berliner Tempo. Unser Bild (oben) zeigt den jungen Verhoeven (Anton) mit Isa Günther, die abwechselnd mit ihrer Schwester Jutta als Pünktchen auftritt

© *Münchner Merkur*

»Die Schneekönigin«, 1952 im Residenztheater München mit Karin Dürrschmidt
© *Residenztheater München*

Der Produzent Ralph Baum und Gattin bei einer Besprechung zum Film »Marianne, meine Jugendliebe«, 1954, v. r. n. l. Axel Scholtz, Michael Verhoeven, Peter Vogel, Alexander Ebermayer-von Richthofen
© *Sonor-Film*

Dreharbeiten zu »Marianne, meine Jugendliebe«, Hohenschwangau 1954. Mit Zigarette Produzent Ralph Baum, oben Mitte abgewandt Kameramann Jean Burel, mit Sonnenbrille der Regisseur Julien Duvivier
© *Louisa Stoeckicht*

Susi Nicoletti, das Hausmädchen »Kathi« und Monika
ca. 1959 in der Mittenwalderstraße 39, München
© *Lis Verhoeven*

Paul bei den Dreharbeiten zu »Vergiss die Liebe nicht«
mit Lis und Luise Ullrich, 1954
© *unbekannt*

»Am langen Tisch« in der Rabenkopfstraße Monika, Paul, Doris, Michael, 1954, im Hintergrund die Portraits von Monika und Lis
© *Colignon*

Michael, Doris und Lis in Jesolo, 1951
© *privat*

Paul und Doris, ca. 1951
© *Arthur Grimm, Berlin*

Schuldirektor Adam und Monika,
ca. 1954
© *privat*

Silberhochzeit 1955
v. l. n. r. »Onkel Carlo«, Lis, Heinz-Leo Fischer, der Vetter Heinrich Verhoeven, Maria Nicklisch, Paul, Monika, Hans Reiser, Tante Maria, Tante Paula
© Zvonimir Loncaric

Michael mit Elfie Pertramer und deren Kindern Dorle und Wolfi, 1956
© privat

Paul und Michael bei Proben zu »Der Einzelgänger«, Renaissancetheater Berlin, 1958
© Ilse Buhs

»Klein-Amerika« hieß, wurden die Küken unter Gundas Obhut glückliche Hühner, bis sie von Frau Schütterle, unserer Nachbarin zur Linken, während unserer Schulstunden Kopf nach unten zur Schlachtung abgeholt wurden. Meine Mutter behauptete dann, sie hätte sie auf dem Viktualienmarkt gekauft.

Wir hatten auch einen Truthahn, der im Garten frei herumlief und ein hässliches Geschrei machte, wenn sich ein Fremder dem Haus näherte. Der Postbote, der damals auch am Sonntag zweimal klingelte, vormittags und am Nachmittag, traute sich nicht mehr herein. Da tauschte meine Mutter den Truthahn gegen Butter und Schweineschmalz.

Die Familie Schütterle, die sich so laut unterhielt, dass meine Mutter die Fenster schloss, hatte eine Tochter, Friedi. Offiziell hörte sie auf den befremdlichen Namen Friederike. Sie sprach leise, weil sie gut hörte. Im Traum war sie meine Geliebte. Deshalb hatte ich ihr einen Brief geschrieben und ihr meinen Traum geschildert, soweit ich den flüchtigen Liebeszauber noch festhalten konnte. Friedis robuste Mutter hatte den Brief abgefangen und mir ein paar Ohrfeigen gegeben. Sie war eigentlich eine nette Frau, aber sie hatte Angst vor der Liebe, soweit es ihre neunjährige Tochter betraf. Sie konnte aber mit meiner Mutter ausführlich am Zaun von Clark Gable schwärmen, manchmal zu dritt, wenn Gunda an der Versammlung teilnahm.

Über die Straße, gegenüber von Schütterles, wohnten die Mahoneys. Mr. Mahoney hatte offenbar etwas mit Theater, Film oder Literatur zu tun. Jedenfalls gab er die Erlaubnis, dass seine fünfjährige Tochter Tony in einer Inszenierung am Brunnenhoftheater mitspielen durfte.

Noch ahnte niemand die fröhliche Verwirrung, die das Mädchen in die Theaterproben tragen würde.

Tony Mahoney wollte nur dann proben, wenn sie proben wollte. Tony Mahoney wollte nur Texte sprechen, die sie sprechen wollte. Und manchmal wollte sie die Texte der anderen sprechen.

Das Stück hieß »Anno domini nach der Pest« und war eine Uraufführung, die als Allegorie auf das Jahr 45 zu sehen war. Die Metapher *Pest* für den Nationalsozialismus verstand ich als der Neunjährige nicht, weil ich zwar eine vage Vorstellung vom Nationalsozialismus hatte, aber keine Ahnung, was sich hinter dem Wort »Pest« verbarg.

Dabei hatte ich aufmerksam zugehört, als der Dichter Julius Vogel in unserem Haus in der Rabenkopfstraße sein Stück vorlas. Wir Kinder durften, sollten zuhören im Kreis der Erwachsenen, zu denen Lis schon gehörte. Das Stück handelte von einem Emigranten, der sich nach England gerettet hatte. Die Hauptrolle sollte Heinz Leo Fischer spielen, Pauls Freund aus der Dresdner Zeit. Ihm war es *nicht* gelungen, sich in die Emigration zu retten, aber er hatte das Konzentrationslager überlebt. Jetzt spielte Heinz Leo an Pauls Brunnenhoftheater.

Er und seine Frau Lydia hatten mir im ersten Jahr nach der Pest ihre Nummern am Unterarm gezeigt. Heinz Leo hatte behauptet, das seien ihre früheren Telefonnummern. Viele Überlebende haben ihren Kindern dieses Telefonnummernmärchen erzählt, weil die Wahrheit unaussprechlich war.

Direkt vis-à-vis von uns wohnte die Familie Franchedakis, Amerikaner griechischer Herkunft.

Meine Schwester Monika hat ihr spitzgiebeliges Haus kurz vor unserem Abschied von der Rabenkopfstraße gemalt. Bei Nacht im Schnee. Es ist eins ihrer schönsten Bilder. Die Straßenlaterne ein Provisorium, das kostbare Licht in einer Art Einmachglas.

Wenn der grüne Schulbus bei Franchedakis anhielt, stieg Christina, die ältere der beiden hübschen Töchter, ohne Schultasche ein. Sie hatte nur ein paar Bücher und Hefte mit einem Gürtel zusammengeschnürt.

Chrysula, die jüngere, und die deutsche Haushälterin liefen

mit nach vorn zum Gartentor. Chrysula wurde erst von einem späteren Bus abgeholt, in den »Kindergarden« in der Harthauserstraße. Hinter ihr hüpfte ein Rabe her, schlug beim Abfahren des Busses mit den gestutzten Flügeln. Am Nachmittag, wenn ich schon lange aus der Schule zurück war und mich stundenlang mit absolutem Nichtstun beschäftigt hatte, wurden die Mädchen wieder vor dem Haus gegenüber abgesetzt. Christina ging rückwärts aufs Gartentor zu, drückte es mit dem Hintern auf, den Blick in Richtung auf unser Rosenhaus. Ich hatte natürlich schon drauf gewartet und rannte mit zwei Händen voll Mirabellen, vom prallen Bäumchen bei unserer Haustür, hinüber. Vorbei an der Tag und Nacht brennenden Eingangslampe, hinein in den unverwechselbaren Kaufhausgeruch aus Nussbutter, Kaffee und ausgepressten Orangen. Missis Franchedakis sprach ein paar nette deutsche Worte, nahm mir die Mirabellen ab. Die Haushälterin lächelte, ließ die Mirabellen in ein Sieb fallen. Nach dem Waschen, das wir zu Hause nicht machten, nicht einmal, wenn wir sie vom Boden aufgeklaubt hatten, schmeckten unsere goldgelben Mirabellen nach Chlor.

Christina und ich steckten die Köpfe zusammen und blätterten in Comic-Heftchen. Chrysula kam dazu, setzte sich an meine andere Seite. Sie legte den Arm um mich, daraufhin bekriegten sich die Mädchen, zogen sich an den schönen langen Haaren. Chrysula kreischte und wurde von der Mutter sanft aus dem Zimmer geschoben.

Wir hörten ein Picken, Christina ließ den Raben herein, der eine Weile mit uns die Micky-Mouse-Geschichten anschaute. Wenn wir sprachen, redete er manchmal mit. Ich verstand ihn gut, weil er seine Sätze immer wiederholte. »Chrysula, get dressed!«, forderte er die kleine Schwester auf, die gar nicht im Zimmer war.

Irgendwann hat jemand dem Raben die Flügel bis hoch ins blutige Gefieder abgeschnitten. Christina hat geweint, Chrysula hat geweint, ich habe mitgeweint. Der Rabe war seitdem krank, hat das Haus nur noch selten verlassen.

Als die Familie Franchedakis bald danach ausgezogen ist, war das für mich ein schwerer Abschied.

Im Eckhaus zur Menterschwaigstraße wohnte »Beth«. Ich sagte »Bess« zu ihr, wie bei »Porgy and Bess«, für ein »th« gab ich mir keine Mühe. Beth hieß eigentlich Elizabeth, hatte dunkle mittellange Haare, die mit einem schwarzen Ripsbändchen zusammengebunden waren. Sie trug immer schwarze Halbschuhe mit weißer Kappe und einem geknöpften Riemchen. Ihre Mutter erschien mir geheimnisvoll, sie sprach leise, fast flüsternd, und schminkte sich viele Gesichter. Manchmal konnte ich sie nur an der weichen Stimme erkennen.

Die Haushälterin, ich nenne sie Maria, wie sie wahrscheinlich auch hieß, presste mir mit einem elektrischen Gerät – auch bei Stromsperre – Orangen aus. Und sie briet in einem Topf Maiskörner, die sich öffneten wie weiße Blüten und klappernd gegen den Deckel sprangen. Über die knusprigen Blüten streute Maria Puderzucker und gab sie uns zu essen.

Mit Beth habe ich keine Comics angeschaut. Wir kleideten Papierfiguren an. Die Jacken und Hemden hatten an den Schultern kleine Flügelchen zum Umknicken, um die Kleider zu befestigen. Wir kleideten an, wir kleideten um, wir legten die Figuren, bis eine Familie daraus wurde. Beth wollte nur ein Kind, ich wollte drei, wie zu Hause. Darüber gab es immer Streit. Weil Beth gut deutsch sprach und es ihr in der Menterschwaige gut gefiel, beschlossen wir zu heiraten. Aber was hatte ich schon zu bieten. Ich war ja erst in der 3. Klasse Volksschule. Aber weil ich am Beispiel meiner Schwester Lis sah, dass jemand, der Tbc hat, zum Frühstück Butter aufs Brot bekommt und vom Hähnchen den Schenkel, wollte ich auch so gut dastehen wie sie. Ich verkündete, ich hätte ebenfalls ein bisschen Tbc. Die Mutter von Beth erteilte mir sofort Hausverbot.

In einem der Häuser zwischen Beth und Franchedakis war eine junge Frau als Köchin angestellt, deren schneeweiße Beine so dicht und schwarz behaart waren wie die Beine einer Bärenmutter.

Die deutschen Kinder, noch mehr die deutschen Erwachsenen, machten sich über die junge Frau lustig. Mir gefiel sie. Sie konnte eine verwunschene Königin sein, halb Mensch, halb Bär, und ich verteidigte sie, wenn Nachbarn über sie herzogen. »Königin, ja, vielleicht von Rumänien, bei uns gibt's solchene Weiber net, mit solchene Haxn!« Mag sein, dass die Bärenkönigin zu den befreiten Ostarbeiterinnen gehörte, die die Amerikaner gern in Dienst nahmen. Sie hatte einen fremden Akzent und grüßte laut und herzlich, wenn ich am Haus vorbeiging.

Dass sie eine verzauberte Bärenkönigin war, darüber gab es gar keinen Zweifel. Seit vielen Jahren schon kannte ich mich bestens aus im Reich der Bären. Es befindet sich viele hundert Meter unter der Erde. Wahrscheinlich hat nicht jeder Zugang, der den Weg kennt. Dabei ist es so einfach. Man hebt den Betondeckel ab, der den Eingang in ihr Reich versperrt. Viele solche rechteckigen Eingänge gibt es halb verwachsen im Gras vor den Gartenzäunen. Nur wenige führen ins Bärenreich, die meisten sind langweilige Schächte, in denen Techniker Kabel verlegen. Man muss die richtigen Eingänge kennen. Ich kannte sie. Aber ich konnte auch so hinein, ohne den Deckel abzuheben, der sowieso für mich zu schwer war. Ich kannte den einfachsten Weg in die Tiefe, ich musste nur so lange die geschlossenen Augen reiben, bis ich tausend Sterne sah, erst weiß und dann in vielen Farben. Am besten ging es im Dunkeln, dann musste man die Augen nur ganz leicht zumachen und brauchte nicht fest aufzudrücken. Plötzlich konnte man zwischen den Sternen hindurchfliegen, immer tiefer durch die Dunkelheit, die hell wurde, wenn man sich daran gewöhnt hatte. Hier unten lebten die Bären. Sie freuten sich, wenn ich zu ihnen kam. Schon in Laim, in der Schackystraße, hatte ich das Geheimnis entdeckt. Der Eingang befand sich unmittelbar vor unserem Garten. Ich habe das Geheimnis dem Jockel Wirth verraten, der mich eine Zeitlang zu den Bären begleitet hat. Aber wahrscheinlich hat er zu fest aufgedrückt, wie beim Schreiben mit Tinte, wenn sich die Feder spreizt und blaue Kleckse das Blatt verschmieren. Jockel bekam eine Augenentzündung. Von dem Moment an war ihm der Sprung durch die tausend Sterne zu den Bären zu gefährlich. Jahrelang war ich allein dort unten, und nicht einmal meine Schwester Monika, die in so vielem meine Gefährtin war, konnte mir folgen.

Heute versuche ich schon lange nicht mehr, zu den Bären zu gelangen. Man hat bei den vielen Abrissen und Neubauten die Eingänge in ihr Reich zerstört. Eines Tages werde ich sie vielleicht wieder finden.

Schubert

Da meine Mutter den amerikanischen Kulturoffizieren etwas vorsetzen musste, wenn sie zu Paul, dem Intendanten, zu Besuch kamen, verwandelte Gunda, wenn es die Jahreszeit hergab, die dunkelvioletten Holunderbeerdolden, mit Mehl in heißer Margarine gebacken, in eine Delikatesse.

Der Kaffee kam vom schwarzen Markt, die verlängerte Milch aus der Dose. Die Theateroffiziere Willem van Loon – er hatte sich aus Belgien in die Vereinigten Staaten retten können – der hessisch klingende Walter Behr, der als Student in Frankfurt ein Bewunderer von Pauls Theaterarbeit gewesen war, und der Kulturoffizier Mr. Rogers sprachen wenig über ihren Münchner Alltag, aber viel von den guten Zeiten vor der *Machtergreifung*. Und sie spekulierten, wohl aus Höflichkeit gegenüber dem Gastgeber, welchen Weg Paul hätte gehen können, bei seiner Ausnahmebegabung als Schauspieler, wenn die Deutschen die Ideologie der Nationalsozialisten nicht mit geschwellter Brust eingesogen hätten. Was wäre gewesen, wenn? ... Paul hatte ja ein begünstigtes Schicksal. Aber trotz des Rufes nach Berlin sah auch er seinen persönlichen Lebensweg durchkreuzt.

Pauls Verunsicherung ließ sich selbst in einer frohen Nachmittagsrunde unter den Akazien wahrnehmen, wenn er aus einem braunen Tropffläschchen reine Salzsäure in ein Wasserglas laufen ließ, um die von chronischen Magengeschwüren verstummten Fermente zu ersetzen.

Oft bereitete meine Mutter die verdünnte Säure schon vorher, bewachte nervös das »Glas Wasser«, bis Paul es ausgetrunken hatte.

Meine Mutter war meiner Erinnung nach in den Jahren von Pauls Brunnenhof-Intendanz dauernd am Ende ihrer Nerven. Aber sie war geduldig bis zur Zermürbung unserer kindlichen Seelenkräfte, wenn es ums Klavierspiel ging.

Auf dem rechteckigen Klavierschemel mutierte meine Mutter zum Zuchtmeister.

Die dramatischere Entmutigung fügte uns allerdings Paul zu. Entmutigung ist hier der viel zu milde Begriff.

Paul demoralisierte uns. Er hat nie in seinem Leben Klavierunterricht gehabt, das hätten sich seine Eltern gar nicht leisten können. Er hat auch autodidaktisch das Klavierspielen nicht erlernt und auch nicht das Notenlesen. Paul setzte sich einfach an ein Klavier und spielte. Er wusste nicht, wie und warum das funktionierte.

In den Wochen des Akazienbaums hatte ich eines schönen Sommerabends, angelockt durch eine klare, weithin reichende Sopranstimme mit Klavierbegleitung, die ungute Idee, auf unseren Nussbaum zu steigen. Von dort oben verfolgte ich im übernächsten Garten, gleich hinter der Familie Schütterle, die in diesem Augenblick jedes Lautsein vermied, ein Konzert deutscher Künstler, das die amerikanische Besatzungsfamilie ihren Freunden bereitete.

Ich saß da oben unbeaufsichtigt, weil meine Eltern im Theater waren und Gunda früh zu Bett gegangen war und das Fenster ihres Souterrains geschlossen hatte.

Das Schlechte an der Idee der Nussbaumbesteigung war, dass es mir plötzlich einfiel, mitzusingen, mitzujaulen, wobei auch die Hunde der Nachbarschaft zu jaulen begannen. Die Sängerin und der Pianist unterbrachen, das Publikum schrie in einem Durcheinander von Amerikanisch, Deutsch und verschiedenen Emigrationssprachen seine Empörung zu mir herüber.

Ich kletterte still und schnell und über mich selbst erschrocken vom Nussbaum herunter und horchte in den Abend. Glücklicherweise begannen Piano und Sopran von neuem. Aber mein Herz klopfte wild.

Am nächsten Morgen klingelte die amerikanische Nachbarin von der Hausnummer 16 bei uns und beschwerte sich. Paul war schon auf dem Weg ins Theater, und es hätte sein können, dass meine Mutter wie so oft Aufregungen des Tages von ihm fernhielt. Meine Mutter war aber von ihrem Sohn, den sie »selber geboren hatte«, so enttäuscht, dass sie Paul meine Untat berichtete. »Schubert!«, rief sie, immer wieder, »Schubert!« Und Paul verprügelte mich im Zorn seiner geschwächten Gesundheit mit einem hölzernen Schuhleisten, bis meine Mutter ihm das blutige Stück aus der Hand riss.

Tagelang, jahrelang habe ich meine Eltern für die verdiente Strafe gehasst. Den Schmerz hatte ich schnell vergessen, nicht aber die Erniedrigung, die ich empfand.

Mein einziger Trost war, dass die beige Couch mit dem feinen grauen Muster frisch bezogen werden musste.

Das Spiel ist vorbei, Verhoeven!

Die deutschen Kinder hassten die Amis, weil sie die Harlachinger Häuser beschlagnahmt hatten. Wenn in den deutschen Häusern Stromsperre war, brannte bei den Amerikanern das Licht, auch bei Tag. Aus Rache warfen wir Kinder die Lampen mit Steinen kaputt. Dafür rächten sich die Amikinder.

Auf die große Fußballwiese vor dem *Dormitory*, einer Art Internat für die Army-Kinder, kamen sie mit Baseballschlägern. Sie hatten es auf mich abgesehen, der sie oft übel beschimpft hatte.

Aber Monika, nur bewaffnet mit ihrer Unerschrockenheit, stellte sich der Meute, nahm dem ersten seinen Baseballschläger ab und schlug die ganze Ringelsöckchenbande in die Flucht. Erst viel später habe ich verstanden, dass mein Schlachtruf »Salem-abitsch«, den ich den Amibuben bis zur Heiserkeit entgegengeschleudert hatte, so viel wie Hurensohn bedeutete, und in Wirklichkeit son-of-a-bitch hieß. Auch mit den Jungens in meiner Klasse hatte ich Schwierigkeiten. Ich verstand ihr Bayerisch nicht und sie nicht mein Berlinerisch. In der Rotbuchenschule bei der McGraw-Kaserne, an der die *Stars and Stripes*-Fahne sich im Föhnwind bog, hatte ich zuerst keinen einzigen Freund. Das war bitter, denn Freunde zu machen, war mir immer leicht gefallen. In der Turnstunde gab es eine Übung, da bildete die eine Gruppe eine Phalanx und die andere Gruppe musste draufzurennen und die Hand-in-Hand-Sperre durchbrechen. Nachdem es mir ein paarmal nicht gelungen war, die verklammerten Mitschüler zu trennen, besprach ich mich mit meinen Eltern. Meine Mutter sagte: »Steig einfach drüber! Gegen eine Mauer rennt kein vernünftiger Mensch an!« Ich rannte auf die Bubenwand zu, sprang dem dicken Apothekerssohn Max Picha auf den Bauch und kletterte über seine Lederhose auf die Schultern, Max Picha öffnete die

Kette, und meine Gruppe gewann das bescheuerte Spiel. Die liebenswerte Lehrerin ermahnte mich. Dann ging es anders herum. Jetzt stand ich in der Phalanx. Ich schloss die Augen und die Hände fest und ließ meine Nebenleute um keinen Preis los, sosehr sie sich befreien wollten, so dass die Lehrerin sagen musste: »Das Spiel ist vorbei, Verhoeven.«

Im Dschi-Wai-Äi-Club, eigentlich GYA, an der Harthauserstraße, Ecke Holzkirchner Straße, nahe der Bahnlinie über die Großhesseloher Brücke, waren nur deutsche Kinder, denn der Club war eine Re-education-Einrichtung der amerikanischen Militärregierung. Die drei Buchstaben standen für »German Youth Activities«, und hier sollte der ehemaligen Nazijugend »demokratisches Leben« beigebracht werden. In einem Eindruck schindenden hohen Fachwerkgebäude gab es Gemeinschaftsräume zum Basteln, Bücherlesen und Musizieren.

In der Adventszeit wurden wir im GYA-Club zu Laubsägearbeiten und Kalenderkleben angehalten. Die Betreuer waren junge Deutsche. Eine der jungen Frauen, die mir recht alt vorkam, war vielleicht 17 oder 18 und für meinen damaligen Geschmack äußerst hübsch. Ihr zuliebe wurde ich ein fleißiger Laubsäger und stellte hässliche Engel und schiefe Tannenbäume her.

Außerdem wurde uns Kindern Sport angeboten.

Ich entdeckte das Boxen. Im Dachgeschoss des GYA-Clubs war ein veritabler Boxring installiert. Es gab Boxhandschuhe in allen Gewichtsklassen, von 6 bis 12 Unzen, und das Wichtigste, es gab drei oder vier Halbprofis, die uns unterrichteten. Da ich der Kleinste in der Klasse war, kam mir ein Sport, der Selbstverteidigung versprach, sehr gelegen. Probleme hatte ich mit der Reichweite, meine Arme waren nicht allzu lang. Aber ich war schnell und hatte ein gutes Auge.

Doktor Wirth, »Onkel Carlo«, der Paul die lebensrettende Spritze ins Herz gegeben hatte, war mein Firmpate und überraschte mich mit einem gemeinsamen Besuch des Boxkampfes zwischen dem Münchner Meister Hans Häfner und dem Herausforderer Karl Öchsle. Mit so einem Geschenk konnten die frommen Geschenke meiner Freunde nicht mithalten.

Der Kampf fand im Münchner Hofgarten der Residenz statt, in dessen Mitte ein Boxring aufgebaut war, wo heute Blumenrabatten gepflanzt sind. Ich glaube, der Kampf ging unentschieden aus, was kaum mehr vorstellbar ist. Heute müssen ein Sieger und ein Verlierer her.

In der Menterschwaige, wie das Areal um unsere Rabenkopfstraße heißt, gab es viele große Wiesen, wo immer ein paar deutsche Buben mit den seltsamsten Bällen, aus alten Lkw-Schläuchen zusammengeschweißt, Fußball spielten.

Die Amibuben standen in gemessenem Abstand ratlos vor einem Sport, bei dem man statt eines Holzprügels die Füße benützte. Auch, dass wir nicht mit einem großen Ei kickten und nicht mit Helmen und Schulterpanzern aufeinander losgingen, ließ die Amibuben staunen.

Ich gründete den »FC Menterschwaige«. Das größte Problem war, für die offiziellen Spiele, z. B. gegen die Buben vom Theodolindenplatz, den wir »Theo-Lingen-Platz« nannten, elf Mann zusammenzubringen. Es klappte am besten, wenn der Cousin vom Hans Wagner aus Augsburg zu Besuch war. Einziger Stammspieler außer mir – ich war der Spielführer (natürlich!) – war der Walter Kaseder aus dem Nebenhaus. Wir spielten so lange, bis wir den Ball nicht mehr sehen konnten. Bobbi Ausböck, der Sohn des deutschen Boxmeisters, wurde meist mitten im Training – der Trainer war ebenfalls ich – nach Hause zum Kakaotrinken gerufen. Oft hatte er ein blaues Auge, das ihm der deutsche Meister geschlagen hatte. Bobbi spielte eigentlich nur wegen meiner Schwester Monika. Peter Meier hatte für Fußball kein großes Interesse. Er kam auch nur wegen meiner Schwester. Franzi Schäffer, der beim Gehen immer wippte wie Monsieur Hulot, blieb nur kurz stehen, jedes Mal mit einem anderen Hund, der ihm aus einem amerikanischen Haus nachgelaufen war. Wenn die Monika nicht da war, zog der Franzi weiter.

Besser war's mit dem Hannes Köhle aus dem Lebensmittelgeschäft. Aber der hatte oft Hausarrest oder konnte sich nicht rühren, weil er wieder mal von seinem Vater verprügelt worden war. Edu und Adi Lemke wohnten direkt neben unserer Fußballwiese. Sie kamen auf Zuruf. Adi war erst fünf und war unglücklicherweise noch kurz vor dem bitteren Ende auf den Namen Adolf getauft worden.

Keiner von uns hatte Fußballschuhe. Meine ersten bekam ich von Onkel Carlo, als ich zum FC Bayern ging. Bis dahin mussten weiße Schnürsenkel an Winterstiefeln genügen.

Ich war der Torwart, aber meistens musste ich im Feld aushelfen.

Die Fußballwiese in der Menterschwaige ist spurlos verschwunden. Da stehen jetzt Terrassenhäuser mit vielen ausgerichteten Satellitenschüsseln, wie in einem utopischen Film. Vor dem Fernseher sitzen heute die Menterschwaige-Buben und schauen Fußball. Auf dem verbliebenen Fleckchen Wiese steht ein Schild: »Ballspielen verboten«.

Der Krieg war lang vorbei. Viele hatten ihn schon vergessen, viele hätten es gern gekonnt. Aus dem Radiokasten am Ende unseres langen Tisches kamen noch immer täglich die endlosen Namenslisten Verlorengegangener in den Suchmeldungen des Roten Kreuzes. Immer die spärliche Beschreibung des gesuchten Menschen – meist Kinder –, »zuletzt gesehen« dann und dann, da und da.

Zuerst hatte ich die Suchmeldungen in unserer ersten Münchner Unterkunft 1945, in der Lucile-Grahn-Straße 39, gehört. Frau Schwaier hatte in ihrer Pension am Leben gebliebenen Juden Tisch und Bett gegeben. Meine Eltern wohnten hier seit Mai 45. Gunda und wir Kinder kamen im November 45 nach, als Paul schon lange Intendant in München war. In der Küche waren immer viele Menschen mit vielen Sprachen, Befreite aus Konzentrationslagern, *displaced persons*. Wir vom Schicksal sanft Behandelten teilten hier die Wohnung mit den schwer Geprüften und Bestohlenen. Dort saß ich mit einem dunkeläugigen Mädchen, das vielleicht schon zwölf war oder auch 20, was für einen Siebenjährigen gleich ist, vor einem Radio aus dunkelbraunem Holz und grauem Stoff und einem kleinen, matt beleuchteten Glasfenster mit vielen Städtenamen, die man mit einer weißen Linie einstellen konnte.

Das zwölf- oder zwanzigjährige Mädchen hielt während der Suchmeldungen meine Hand. Ich habe sie gefragt, wen sie sucht, sie hat dann den Finger an den Mund gelegt. Einmal, auf meine Frage, hat sie geantwortet: »Alle.«

Paul irrt sich

Meine Mutter beschwerte sich, dass kein Installateur für die tropfenden Wasserhähne zu bekommen war, kein Schreiner für die verzogenen Fenster. Vielleicht lag das daran, dass sie beharrlich Klempner und Tischler sagte.

Irgendetwas stimmte mit den Handwerkern nicht. Nun bot meine Mutter ja schon immer für eine Elektroreparatur neben dem ordentlichen Geld ein halbes Dutzend Eier aus dem eigenen Stall, aber zuletzt reparierte Paul fast alles selbst. Sogar *den Radio* reparierte er. Es sind zwar ein paar Schräubchen und Drähtchen übriggeblieben, aber *der* kaputte Radio lief wieder. »Es heißt: *das Radio*!«, ermahnte mich Paul. Ich widersprach nicht, aber ich wusste, auch ein Vater kann sich irren. Denn meine liebenswerte Lehrerin sagte *das Teller* und *der Kartoffel* und alle meine Freunde sagten *der Radio*.

»Es muss was passieren«, beschloss meine Mutter, und

Lis kam eines Tages von einer Party im Haus des bayerischen Wirtschaftsministers Hartmann nach Hause und sagte: »Nächsten Sonntag ist das Geld nichts mehr wert.«

Paul war wie allen Informationen gegenüber skeptisch und sagte: »So ein Unsinn! Das wäre doch längst durchgesickert!« Und meine Mutter schüttelte wie gewohnt den Kopf.

Drei Tage später wurde die Währungsreform offiziell ausgerufen. Am letzten Tag gab mir Paul 300 Mark zum Verjubeln. Aber ich wurde das abgewirtschaftete Reichsgeld nicht los. Am Ende des Tages ließ mich die Kassiererin des Kinos bei der McGraw-Kaserne für meine 300 Reichsmark den Film »Gefährliche Reise« mit Stewart Granger anschauen.

Am nächsten Morgen wickelten sich die Schlangen um ganze Häuserblocks, um die homöopathischen *40 DM für jeden* geduldig abzuholen. Meine Mutter verbrannte beim Einschüren des Küchenherds mit der Zeitung einen Fünfmarkschein und zog sich zwei Tage ins verdunkelte Schlafzimmer zurück.

Im Juli 1948 endete Pauls Intendanz am Staatstheater. Sein Nachfolger war schon lange vorher ins Amt geschoben worden, als Paul gerade von Professor Bergmann und Professor Schimert wieder auf die Beine gebracht werden sollte.

Paul war jetzt gesund, aber sein schönes Brunnenhoftheater hatte er verloren. Es änderte sich viel in dieser Zeit. Manch einer wurde plötzlich seine Vergangenheit los. Die Feinde Amerikas waren auf einmal nicht mehr die »Näätsis«. Die Generalsuniformen waren längst zu Trachtenanzügen umgearbeitet, der Feind stand wieder links.

Es war der Abschied vom einbeinigen Staats-Chauffeur Georg Gundel, zu dem der private Kontakt nie abriss. Dem beinamputierten »Schiller«, Heinz Rühmanns dominantem Schlafgenossen im Pennerheim, dessen prächtige Rolle in meinem Film »Gefundenes Fressen« für Paul geschrieben war und nach seinem Tod von René Deltgen prächtig gespielt wurde, diesem einbeinigen »Schiller« lieh Georg Gundel 1975 seinen Beinstumpf für die Nahaufnahmen.

Es war der Abschied von Pauls Chefdramaturgen Rudolf Bach, der mir so viel von seinen verrückten Begegnungen mit Karl Valentin erzählt hatte. Die Zuschauer hatten den langen dünnen Valentin im vergangenen Fasching, den er, Karl Valentin, von Haus aus dick hatte, sterben lassen. Das ist keine Metapher. Karl Valentin Fey ist am Rosenmontag 1948 verhungert.

Du bist nicht allein

Die bittere Zeit ohne Brunnenhoftheater, mit kleinen Hoffnungen in den deutschen Film, begann in der Rabenkopfstraße, drei Trambahnstationen vom Bavaria-Film-Platz entfernt.

Paul hatte schon früh die Lizenz zum Filmen erhalten und begann, am Drehbuch für seinen ersten Film nach dem Krieg zu arbeiten. Eine Heimkehrergeschichte. Der Film hieß »Du bist nicht allein«, seine Idee war wunderschön. Eine Frau geht Tag für Tag, Abend für Abend in München zum Hauptbahnhof, zu den Zügen, die noch immer Kriegsgefangene aus Russland heimbringen. Plötzlich, im Halbdunkel des nächtlichen Bahnsteigs, sieht sie ihren vermissten Mann, der allein und ohne Hast sein weniges Gepäck aus dem Waggon holt. Er hat keine Eile, weil er nicht daran denkt, dass er erwartet wird.

Als die Frau auf ihn zugeht, dann rennt, dann fliegt, erkennt er sie nicht. Seine Augen sind wohl müde geworden im Krieg. Aber sie nimmt die Entfremdung nicht wahr, hängt sich an seinen Hals, an sein Leben. Das Intelligente an Pauls Film ist, dass dieser Heimkehrer *nicht* der Mann dieser Frau ist und dass sie sich weigert, diese Tatsache zur Kenntnis zu nehmen. Sie verweigert sich dem Los der Kriegswitwe, das sie gezogen hat.

In der Entwicklungsphase des Filmprojekts war ein Mann in amerikanischer Uniform häufiger Gast am schweren Mosaiktisch aus Wannsee und draußen bei Gundas Plätzchen unter der Akazie.

Er war schon mit 21 Jahren zum Boss des Bavaria-Film-Betriebs in Geiselgasteig geworden und Pauls höchste Instanz der noch nicht existenten Filmbranche: Mr. Erik Pleskow, amerikanischer Filmofficer, geboren in Wien.

Er war für Paul ein Symbol für den Neuanfang. Sie sprachen über Projekte, *alle* sprachen damals über Projekte. Die meisten wurden nie realisiert.

Eines Tages überraschte uns Mr. Pleskow mit nie gesehenen Geschenken, die er aus einem Karton auspackte: kalte, quadratische Vierecke mit einer wohlschmeckenden Masse zwischen zwei Waffeln. Schokoladenbraun und erdbeerrosa, die erste Eiscreme meines Lebens. Mich bestach Mr. Pleskow vor allem durch sein großes Auto, mit dem er sehr, sehr langsam durch Harlaching fuhr.

Einmal fuhr ich mit dem klapprigen Damenrad von Lis – später hat sie es mir geschenkt – von der Rotbuchenschule in Richtung Menterschwaige nach Hause. Aus einem der Offiziersanwesen kam eines dieser amerikanischen Schiffe rückwärts heraus und gabelte mich auf. Obwohl ich auf die Straße flog, ist mir nichts passiert, außer den aufgeschlagenen Knien, die ich sowieso immer hatte. Die Ami-Karossen, die auf der Geiselgasteigstraße zu ihren Villen heranrollten, durften nicht schneller als 25 Meilen pro Stunde fahren. Der Officer von der Ausfahrt sprang aus seinem Wagen, half mir auf, schob das Fahrrad aufs Grundstück und die im Morgenrock aus dem Haus eilende Ehefrau, gefolgt von der Haushälterin, führte mich ins Wohnzimmer. Weil mich alle so stark trösteten, tat ich mir plötzlich selber Leid und begann zu heulen.

Der deutsche Hausmeister bog den Lenker gerade, mehr

war an dem alten rostigen Ding nicht zu richten, das ich nach strenger Vorschrift von Paul regelmäßig putzen musste, was ich so selten wie möglich tat.

Ich verließ die amerikanische Villa mit einer hohen braunen Papiertüte, bis zum Rand voll mit Hershey-Schokolade. Der Vorrat in der braunen Tüte hat ein gutes halbes Jahr gehalten.

Erik Pleskow kam oft zu uns unter die Akazie und an den niedrigen Mosaiktisch, der heute in meinem Produktionsbüro steht. Er kam auch noch später, als Paul kein Produzent mehr war und Erik nicht mehr Filmofficer und Bavariachef. Er ging nach Amerika, hielt aber immer Kontakt zu Europa. Er wurde einer der mächtigen Bosse bei United Artists, war Mitproduzent der James-Bond-Filme und gründete die Produktionsfirma »Orion Pictures«.

1998 überreichte ihm Eberhard Hauff den Ehrenpreis des Münchner Filmfestes. Es war das erste Mal, dass wir uns wieder begegnet sind.

Paul begann mit den Dreharbeiten zu »Du bist nicht allein«. Den Heimkehrer spielte Peter Pasetti, ein angenehm unheldischer Schauspielertyp mit minimalen Gesten und einer samtweichen Stimme, die ihn im Lauf der Nachkriegsjahre zur deutschen Synchronstimme vieler amerikanischer Stars machte.

Carola Höhn, die ich schon in Foto-Almanachen angestrichen hatte, bekam die Hauptrolle. Sie waren natürlich oft bei uns zu Hause, dann wurde über Dialoge gesprochen, nur gesprochen, nicht diskutiert. Fotos von Spielorten, »Motiven« wurden herumgereicht, Skizzen von »Kostümen«. Ich saß neben Carola Höhn, ich saß immer neben ihr, wenn ich dabei sein konnte. Paul hatte nichts dagegen, wenn wir Kinder bei Gesprächen über die Arbeit dabei waren. Ich betrachtete die Fotos in Carolas Händen, aber ich sah nur die Hände, nicht die Fotos.

Carola hatte wunderschöne Hände. Die roten Nägel waren nicht so lang wie bei den amerikanischen Frauen, die Halbmonde waren ausgespart. Oft und zuletzt sehr oft kam Carola mit Mr. Pleskow, und ich betrachtete ihre Blicke eifersüchtig. Die Nachtaufnahmen in der Ruine des Münchner Hauptbahnhofs waren für uns Kinder herrlich aufregend. Aufbleiben dürfen, wenn eigentlich Schlafenszeit war, das geheimnisvolle Durcheinander am Set, das Einleuchten einer Szene, das in den stockdunklen Bahnhof einen Lichtkreis wirft.

Es waren die ersten Dreharbeiten, die ich bewusst erlebte.

Wastl Witt, ein bayerischer Volksschauspieler, schloss die provisorische Fensterwand seines Zeitungsladens. Eigentlich hätte Carola mit ihrer etwas zu dekorativen Baskenmütze umkehren müssen, weil die letzten »Reisenden« (damals fuhr man, man reiste nicht) den Bahnhof schon verlassen hatten. Aber dann dieser Mann in der Flieger-Uniform am Ende des Bahnsteigs wie eine Erscheinung.

Meine Mutter saß mit Lisl Karlstadt zusammen, die eine handfeste Lebensmittelhändlerin spielte. Die Karlstadt hatte mit Karl Valentin, ihrem neurotischen Rollenpartner, der zeitweise auch ihr Lebenspartner und Quälgeist war, viel durchgemacht. Darüber redete sie mit meiner Mutter und später meine Mutter mit Paul, der davon nichts wissen wollte. Beziehungsdramen anderer Leute, selbst enger Freunde, wehrte er ab. Vielleicht eine Abwehr der Vorstellung, dass andere über sein eigenes Privatleben sprechen könnten. »Aber dein geliebter Valentin hat der armen Frau das Leben zur Hölle gemacht!«, sagte meine Mutter. Paul zuckte die Achseln: »Vielleicht war es seine eigene Hölle!« Als junger Schauspieler am Münchner Schauspielhaus hatte er den grantigen Exzentriker kennen gelernt und sich freiwillig Valentins bösartigen Attacken ausgesetzt, aus Bewunderung für seine Schauspielkunst. Valentin saß in der Kantine mit anderen Schauspielern zusammen. An Valentins Tisch wurde nicht gesprochen, Valentin war kein Unterhalter, er hasste Schauspieler, die Schwänke erzählten und Mittelpunkt sein wollten. Es gab nur einen Mittelpunkt, und das war er selbst, selbst wenn er schwieg. Paul setzte sich also artig grüßend an den Tisch des Schweigens und konnte den Blick nicht abwenden von Valentins Uhrkette, die einen Blick wert war. Es war eine Klokette, wenn auch ohne Spülgriff. An dessen Stelle hing eine unauffällige Taschenuhr, die Valentin so oft aus der Westentasche zog und dabei die Klosettkette schwingen ließ, bis er sicher sein konnte, dass Paul die Merkwürdigkeit wahrgenommen hatte. Paul starrte auf die Klokette. Valentin strafte ihn mit einem langen bösen Blick. »Hams da noch nix davon gehört, junger Mann, dass man einem Menschen nicht so unverschämt auf sein Herz draufstiert, bis es am Ende stehen bleibt!« Paul hat einen roten Kopf bekommen und sich entschuldigt, er habe nicht auf Valentins Herz geschaut, sondern nur auf die Uhr. »Wenn die stehen bleibt, das is ja noch schlechter!«, sagte Valentin und bekam ebenfalls einen roten Kopf. »Jetzt stehn's auf und schleichen sich!«, sagte Karl Valentin. Paul nahm die Blicke der anderen am Tisch auf, die ihm zu raten schienen, ganz schnell den Tisch zu verlassen.

Paul verließ den Tisch und wagte ein paar Tage später das Experiment, sich wieder zu Valentin an den Tisch zu setzen, freundlich grüßend, als sei nichts gewesen.

Valentin erwiderte den Gruß nicht. Und Paul ignorierte diesmal Valentins Spiel mit der Uhrkette, das nach einer Zeit einsetzte. Als Paul die Verweigerung durchhielt, stieß Valentin ihn mit dem Ellbogen an, hielt ihm die Uhr an der Klokette hin und sagte: »Eine schöne Uhr, gell?« Paul nickte. »Ja, sehr schön!« Valentin setzte mit grimmigem Gesicht nach: »Und zu der schönen Kette sagen Sie gar nix?« Paul mit Erstaunen: »Welche Kette?« Da stand Karl Valentin auf und ging.

Als Paul uns die Geschichte erzählte, schüttelte meine Mutter den Kopf. Dieser seltsame Valentin, den sie beharrlich Walentin nannte, war nicht ihr Fall.

Am Ende der Dreharbeiten haben die Mitarbeiter von Paul ein ledernes Etui für Zigaretten, die man schon wieder ganz legal kaufen konnte, bekommen. Das Etui ziert das eingravierte V-Film, »V« nicht für Victory, sondern für Verhoeven.

Pauls damaliger Regieassistent Rolf von Schmidt-Pauli, später einer der kreativen Werbe-Bosse bei Proctor & Gamble, dem größten Filmhersteller der Welt, hat mir nach Pauls Tod das Zigarettenetui mit dem V-Zeichen zurückgeschenkt. 30 Jahre lang hat Rolf das praktisch wertlose Schächtelchen wie ein Kleinod aufbewahrt. Und ich bewahre es weiter auf. Wie das kupferne Firmenschild »Jürgens«, das an der Fabrik von Otto Wernicke hing, des *Herrn Mensch* aus Wilders Stück »Wir sind nochmal davongekommen«.

Paul ist mit diesem Film nicht gut davongekommen. Er musste bei der Dresdner Bank für den Herstellungskredit persönlich bürgen. Jede Mark, die er als Regisseur in den nächsten Jahren verdiente, ging an die Bank.

Viele Inszenierungen und Filme in den Folgejahren hat Paul nur deshalb gemacht, damit die Bank nicht das Klavier und die Bilder an der Wand pfänden lässt. Der Gerichtsvollzieher ging bei uns ein und aus. Paul hat ihn nie gesehen. Meine Mutter schob den Mann im grauen Kleppermantel immer sofort ins Nebenzimmer, Gunda machte ihm eine Tasse *echten* Bohnenkaffee, und der freundliche Dauergast pfändete verzichtbare Dinge wie Perserteppich und chinesische Vasen.

Die Courage meiner Mutter

Paul bekam in dieser kritischen Zeit ein Angebot aus der DDR, die in den Springer-Zeitungen (aber nicht nur dort) mit »Gänsefüßchen« versehen war.
Das gab einen mächtigen Auftrieb aus dem Schlamassel.
Während Paul mit der Ost-Berliner Defa über das Projekt, eine Verfilmung des Hauff-Märchens »Das kalte Herz«, verhandelte, kämpfte meine Mutter mit den Banken. Die Courage meiner Mutter, auch ihr Talent zum Organisieren und Improvisieren, hielt die Sorgen in Grenzen und die Familie zusammen.

1995, fast fünfzig Jahre später, bin ich in eine ähnliche Lage geraten wie Paul mit seinem ersten Nachkriegsfilm. Das war bei meinem Tabori-Film »Mutters Courage«, und natürlich muss ich bei diesem Titel an meine Mutter denken.
Als mein Film durch die Umbesetzung der Hauptrolle und vor allem durch den Zusammenbruch der Koproduktion mit Ungarn, dem Land, in dem der Film spielt, plötzlich zum Stillstand gekommen war, musste *ich persönlich* für die Fortsetzung des Projekts bürgen. Nicht als Produzent wie damals mein Vater, sondern als Drehbuchautor, denn es gab drei Produzenten, aber nur einer hatte die Rechte am Drehbuch, und das war ich.
Also weitermachen und ein Ersatzland suchen, in dem wir Budapest 1944 einrichten konnten. Es kam nur ein Land infrage, in dem es noch alte Gebäude und Straßenzüge in unrenoviertem Zustand gab. Solche »Motive« hätte ich auch in den neuen Bundesländern finden können. Aber der Hauptspielort war der Deportationsbahnhof.
Der Bahnhof, in dem im August 1944 die Juden zusammengetrieben wurden, um nach Auschwitz abtransportiert zu wer-

den, musste aussehen wie ein halb zerstörter Bahnhof aus den Kriegsjahren. Er musste aber technisch vollkommen intakt sein, weil auf drei Geleisen Züge bewegt werden sollten. Zugleich musste er einige Wochen wegen der Filmarbeiten für den normalen Reiseverkehr gesperrt werden. Solche Konditionen konnte man in Europa nur im ehemaligen Ostblock finden.

Unsere Produktionsleiterin Christine Rothe hatte vorher mit Tom Toelle in Prag gedreht. Sie machte sich zusammen mit Wolfgang Hundhammer auf den Weg nach Prag zu Verhandlungen mit Etamp-Film, die als Dienstleister die Toelle-Produktion durchgeführt hatten. Der Bahnhof wurde gefunden. In Liberec, ehemals *Reichenberg*, woher Sentas Großvater stammte, dessen Familie ursprünglich *Reichenberger* hieß. Angeblich ließ die Familie, die alles andere als reich war, die erste Hälfte des Namens weg.

Der kirchenhohe Wartesaal war für mein Konzept ideal, weil er den direkten Zugang zu nur zwei Gleisen ermöglichte. Links ging es zu dem Zug, auf den die Masse der Deportierten warten muss, rechts zu dem »schwarzen Zug«, zu dem die prüfenden Ärzte die selektierten »Objekte« für Menschenversuche abschoben.

Drei Wochen drehten wir auf dem Bahnhof. Der Reiseverkehr von und nach Liberec wurde auf Busse verlagert.

Die Dreharbeiten waren nicht einfach, zeitweise hatten wir fast tausend Komparsen am Set. Nach einer anonymen Bombendrohung kamen nicht mehr alle. Sie verzichteten lieber auf das so notwendige Honorar.

In der Mittagspause bemerkte ich eine ältere Frau, die immer sehr abseits von den anderen ihre kleine Essensration zu sich nahm. Eines Tages fragte ich sie, warum sie nicht mit den anderen essen wolle.

Sie sagte, sie sei als Kind selbst in einem solchen Transport gewesen und ertrage es nur schwer, diese Szenen zu spielen.

Warum sie dann doch ihre Hemmungen überwunden habe, will ich wissen. Sie sagte: »Ich brauch ein paar neue Schuhe!«

Der Kameramann Theo Bierkens kam sehr schlecht mit meiner spontanen Art, Regie zu führen, zurecht. Und ich sehr schlecht mit seiner Fixation auf die Skizzen, die wir bei den »Auflösungsbesprechungen« gemacht hatten.

Auflösung, also Festlegung, wie eine Szene gegliedert werden soll, ist hilfreich, aber dann vor Ort muss auch der Kameramann noch die Lust und die Kraft für spontanes Handeln haben.

Bei einer anderen Szene wollte er dann wieder *zu viel* Freiheit. Eine Szene aus Claude Lanzmanns »Shoa« wollte ich als Zitat nachspielen: Der Lokführer gibt durch ein Vorbeistreichen der Hand an seiner Gurgel das Zeichen, der Zug ist geleert, ich will zurückfahren.

Hier wollte Bierkens es beim Ungefähren lassen, die Kamera fixieren, während sie im Lanzmannschen Original beweglich gehalten wird.

Bierkens weigerte sich, am Vorabend die Original-Lanzmann-Szene noch einmal anzuschauen.

Da musste ich, was ich in dreißig Jahren Praxis noch nie getan hatte, mich von meinem Kameramann trennen.

Vor den entscheidenden Szenen am Bahnhof Liberec, für die Bierkens bereits das Grundlicht auf den Dächern gesetzt hatte, sprang Michael Epp, mein Vertrauter von der »Schnellen Gerdi«, ein.

Der Wechsel brachte im Team, das die Hintergründe nicht genau kannte, erhebliche Unruhe. Leider kam es auch zum Zerwürfnis mit der umsichtigen und vorausblickenden Christine Rothe, die durch die Dreieckkoproduktion, bei der wir die Federführung hatten, zur Herstellungsleiterin aufgestiegen war.

Sie hatte Bierkens in unser Projekt eingebracht, er war *ihr* Mann, *ihre* Wahl, *ihr* Schützling. Sie reagierte verbittert.

Der Kreis meiner Vertrauten wurde enger: meine Assistenten Christine Ruppert und Jochen Nitsch, Wolfgang Hundhammer, Michael Epp, der Tonmeister Johannes Rommel, die Kostümbildnerin Rosemarie Hettmann und natürlich unsere langjährige Produktionsassistentin Barbara Bauermeiser, die sich allerdings im Büro von Etamp-Film ein bisschen isoliert sah.

Die englische Schauspielerin Pauline Collins spielte die Mutter und Uli Tukur, der Willi Graf in meinem »Weiße Rose«-Film, spielte den SS-Offizier mit intelligenter Schärfe. Bei seiner ganz und gar Taborischen Erzählung vom grausamen Abendmahl war ich so erschüttert, dass ich nicht weiterdrehen konnte.

Mein Sohn Simon spielte den jungen Adjutanten des Offiziers, es war unsere erste Zusammenarbeit für einen Kinofilm, und ich beobachtete seine Fähigkeit, eine Vorstellung, die er sich von einer Szene gemacht hatte, fallen zu lassen und sich beim Drehen ganz auf den Moment, auf die Situation einzustellen.

Tabori kam an die entlegensten Drehorte in bester Verfassung, in bester Laune. In Budapest drehten wir nur die Sequenzen, die in seinem Geburtshaus an der Josephstraße 16 spielen.

George beobachtet in dieser Sequenz, wie sein Vater, den Robert Giggenbach spielte, von der ungarischen Geheimpolizei aus der Wohnung geholt und im Hof des Mietshauses ins Auto gestoßen wird.

Hier bat mich George, nicht in dem Treppenaufgang zu drehen, in dem es tatsächlich stattgefunden hatte, sondern ein paar Aufgänge daneben. Er wollte den wirklichen Ort in einem Film nicht preisgeben.

Der Film wurde zwiespältig aufgenommen, zumindest in Deutschland, wo einige Taborikenner mit meinen Veränderungen und Eingriffen, die allesamt mit George abgesprochen waren, nicht einverstanden waren.

George gefiel der Film. Allerdings änderte ich nach der Premiere auf dem Festival in Toronto einiges, nahm sehr geglückte Szenen heraus, drehte sogar Sequenzen nach. Das alles aus einem schwerwiegenden Grund. In Kanada hatte man sich mit dem sehr besonderen, mit nichts vergleichbaren Werk von George Tabori offenbar nicht auseinander gesetzt. Jüdische Zuschauer reagierten auf Szenen, die sie für böse Witze hielten, gekränkt.

Als einer der Deportierten fragt, ob es in dem Zug einen Speisewagen gibt, lachten im Saal die einen, die anderen versteinerten.

Dabei ist diese Frage kein Witz des Autors, sondern der authentische Beleg, dass die Juden mit dem falschen Versprechen von einer *Umsiedlung*, »vielleicht nach Schweden«, hinters Licht geführt wurden. Ich nahm den Satz heraus, George war darüber betrübt.

Noch eine Szene nahm ich heraus, sie war besonders schön und dezent gedreht: ein Mann, dessen Gesicht Taboris Mutter im dunklen Viehwaggon nicht sieht, flüstert ihr eine in dieser Situation *schockierende* Bitte zu. Er bittet sie, zuzulassen, dass er ihr inmitten der zum Untergang Verurteilten sein Glied zwischen die »Hinterbacken« drängt. Die Mutter ist nicht schockiert. Wer bin ich, dass ich einem Menschen angesichts des Todes seine letzte Bitte ablehnen kann. Sie lässt den Mann gewähren. In Toronto Entsetzen. Überall hörte und las ich *rape*. Wenn diese traurige, zärtliche, einsame Szene als »rape«, als Vergewaltigung missdeutet werden konnte, musste ich sie herausnehmen. Mein Film wollte nicht Angehörige oder Überlebende des Holocaust beleidigen.

George war über meine Kürzungsmaßnahme traurig. »Das war eine schöne, sehr menschliche Szene«, sagte George. »So ist das Leben!«, soll seine Mutter gesagt haben.

Als George Tabori nach etwa einem Jahr die gekürzte Fassung unseres Films im Kinocenter am Potsdamer Platz ein zweites Mal gesehen hatte, legte er den Arm um mich und sagte: »Der Film ist doll! ... Hast du was geändert?«

Nein, George, hab ich nicht.

Die neue, sagen wir »rücksichtsvollere« Fassung ging auf so viele Festivals wie keiner meiner Filme zuvor. Das Festival in Jerusalem zeichnete ihn mit dem Preis der Stadt als »Bester Film« aus. »Mutters Courage« bekam den Bayerischen Filmpreis als bester Film, Michael Epp den Bayerischen Filmpreis für die beste Kamera.

Der Bayerische und der Deutsche Filmpreis, den mein Film ebenfalls erhielt, waren mit hohen Geldsummen dotiert. Außerdem nahm »Mutters Courage« an der automatischen Filmförderung teil, weil er die notwendige Zuschauerzahl erreicht hatte. Diese Rückflüsse milderten die finanzielle Katastrophe, die sich daraus ergeben sollte, dass »Miramax« als US-Verleih im entscheidenden Moment die Unterschrift verzögert hatte. In der Branche hieß es, Miramax habe eine Reihe von Filmen produziert, die sich auf dem amerikanischen Markt nicht durchsetzen konnten.

Miramax setzte ganz auf ein außerordentlich teures Projekt, von dem niemand wusste, wie es ausgehen wird. »Der englische Patient«. Wir wurden vertröstet. Aber bis Miramax sich entscheiden würde, mussten wir eine Zwischengarantie aufbringen. Um das Projekt nicht zu gefährden, sprang ich ein. Im Gegenzug zur Zwischengarantie standen dem Drehbuchautor Verhoeven sämtliche Einkünfte aus allen Teilen der Welt zu. Miramax sprang endgültig ab.

Der Weltvertrieb Icon vermarktete unseren Film auf der ganzen Welt, auch in Amerika, aber dort betreut kein großer Verleih den Film, sondern das National Center of Jewish Film in Waltham, Massachusetts, das zwar sehr effizient ist, aber keine Garantie wie etwa Miramax zahlen kann.

Acht Jahre hat es gedauert, bis wir in der Lage waren, meine persönliche Vorleistung, für die auch meine Frau Senta aufgekommen ist, restlos abzuzahlen.

Senta versuchte, meine Ausdauer und, ja, meinen Fanatismus für Projekte, die mir wichtig sind, positiv zu sehen. »Sonst hättest du damals gegen all die Widerstände deinen Film über die ›Die Weiße Rose‹ niemals durchsetzen können.«

Natürlich hatte sie Recht und dass ich mich 1997 an einem Projekt festgebissen habe, an dem ich nun schon über acht Jahre arbeite, bestätigt dieses eigenartige Durchhaltevermögen, das mir selbst manchmal wie ein Zwang vorkommt.

Die V-Film nahm damals bei »Du bist nicht allein« keinen Schaden. Den hatten allein Paul und die Familie zu tragen. Denn das Publikum blieb dem Film fern. Man wollte nichts vom Krieg wissen. Man wollte jetzt Flitter sehen und Frauen, die die Beine schwingen. Aber meine Mutter war nicht zu erschüttern. Sie dachte nur an Paul. Es ging ihr allein darum, Paul die Tragweite der Katastrophe, so gut es ging, zu verschleiern. Briefe von Rechtsanwälten, Mahnungen, selbst die ganz normalen Rechnungen, aber vor allem jeder Brief, der den Aufdruck »Dresdner Bank« trug, wurde von meiner Mutter schon an der Haustür abgefangen.

Die Auseinandersetzung mit den Anwälten, der Bank, dem Finanzamt nahm meine Mutter ganz in ihre Obhut. Paul bekam nur die wenigen Briefe zu sehen, von denen eine Spur von Optimismus ausging.

Filmangebote kamen nicht. Auch als Schauspieler war Paul offenbar vergessen. Von den Kammerspielen keine Regieanfrage, vom Staatstheater schon gar nicht. Aber es hatte sich am Max-II-Denkmal am Ende der Maximilianstraße ein kleines Boulevardtheater unter dem Intendanten Gerhard Metzner etabliert, die »Kleine Komödie«. Dort inszenierte Paul im August 1949 das Kriminalstück »Gefährliche Gäste«. Natürlich folgten Pauls Ruf hervorragende, berühmte Schauspieler an die kleine ambitionierte Bühne: Luise Ullrich, Kurt Meisel, Ernst-Fritz Fürbringer.

Lis, die gerade die Abiturprüfungen bestanden hatte, war Pauls Assistentin. Und als das Stück in neuer Besetzung Ende 1949 in anderen Städten gastierte, übernahm Lis die Inszenierung allein. Das war unmittelbar nach ihrer Aufnahmeprüfung in die Schauspielschule.

In den Ankündigungen hieß es »eine Verhoeven-Inszenierung«, und das war es ja, auch wenn der Vorname des Regisseurs nicht Paul, sondern Lis war.

Lis hatte ein großes Selbstbewusstsein entwickelt. Schon vor dem Abitur, als Präsidentin des Schülerparlaments. Trotzdem hatte sie die Aufnahmeprüfung in die Falckenbergschule, die den Münchner Kammerspielen angegliedert ist, ohne Wissen meiner Eltern gemacht. Sie wollte keine guten Ratschläge bekommen.

Dass Lis nach der kurzen Probezeit in der Falckenbergschule das erste Jahr überspringen konnte, dafür hat Peter Lühr gesorgt.

Das fragwürdige *Nachspielen* von Gemälden etwa der »Roten Pferde« von Franz Marc und andere *Etüden* sind ihr erspart geblieben.

In der neuen Klasse waren ihre Lehrer Friedrich Domin und Charles Regnier. Lis war mit Ruth Drexel zusammen, einer bayerischen Schönheit mit dem Ziel »Mutter Courage«. »Wenn jemand aus meiner Klasse sein Ziel erreicht hat, dann Ruth.« – »Was war *dein Ziel*?«, frage ich sie. »Die Regie!«, sagt sie. Und das hat sie wahr gemacht. Während der Schauspielschulzeit hat Lis beim Kammerspielintendanten Harry Buckwitz eine der »Frauen in New York« von Claire Boothe Luce gespielt. Das waren 48 Rollen. »Für so viele Damen gab es nicht genug Garderoben!« sagt Lis. Sie wurde in die Herren-Schneiderei einquartiert. Ihre Abendgage betrug 5 DM, das war viel Geld. Trotz ihrer Emanzipation als Schauspielerin wurde sie von Paul in ihrer Freiheit eifersüchtig eingeschränkt. Paul verlangte, dass sie immer sofort nach der Vorstellung nach Hause kommt. Deswegen war Lis von meinem Weihnachtsgeschenk für Paul wenig begeistert. Ich hatte ihm in aller Unschuld ein Glockenspiel für die Haustür geschenkt, das ihn unweigerlich wecken musste, wenn Lis zu spät nach Hause kam. Meine Mutter hat dann vorsorglich die kleinen Klöppel ausgehängt, bevor sie schlafen ging.

Immer gab es Geheimnisse vor Paul, dabei hätte er eine Auseinandersetzung mit uns sehr geschätzt und in den meisten Fällen nachgegeben. So wie im Fall des Schauspielverbots für meine Mutter. 1950 fragte Axel von Ambesser meine Mutter, ob sie nicht Lust hätte, unter seiner Regie in »Mein Freund Harvey« als Partnerin von Heinz Rühmann zu spielen. Wieder in der »Kleinen Komödie«, die damals offenbar eine Lücke im Spielplan der großen Theater füllte. Meine Mutter hatte ein bisschen Angst vor Ambessers Angebot. Erstens hatte sie seit 20 Jahren nicht mehr auf der Bühne gestanden und zweitens hatte sie mit Paul vor der Ehe die Verabredung getroffen, den Beruf aufzugeben.

Paul war in Ost-Berlin. Meine Mutter meldete ein Ferngespräch an. Wie würde Paul reagieren? Lis sagt, Paul war sehr erleichtert, offenbar habe ihn das Gewissen geplagt.

Er hob das Verbot in dem Telefongespräch auf. Lis stand neben meiner Mutter am Telefon in der Rabenkopfstraße und hörte mit. Als meine Mutter den schweren Hörer mit der trichterförmigen Sprechmuschel am Telefonkasten im Flur aufgehängt hatte, war sie verunsichert. Durfte sie die Aufhebung des Verbots annehmen? Gerade jetzt, wo Paul in der Krise war?

Als Paul aus Berlin zurückkehrte, war er erstaunt, dass meine Mutter von seiner *großzügigen* Erlaubnis tatsächlich Gebrauch machen wollte. Er zog sich in tagelanges Schweigen zurück. Meine Mutter erwog, die Rolle zurückzugeben. Sie konnte ja Krankheit vorschützen. Lis bedrängte sie. »Auf keinen Fall!« Also spielte meine Mutter mit Heinz Rühmann die Geschichte des Mannes, der sich einbildet, einen *Hasen namens Harvey* zum Freund zu haben. James Stewart hat diesen Mann, den jetzt Rühmann darstellte, in den fünfziger Jahren im Film gespielt.

Paul flog im Frühjahr 1950 nach Berlin zurück, begann mit den Dreharbeiten des Hauff-Märchens »Das kalte Herz« bei der Defa.

DIE SCHLANGE

Kay hieß die kleine Blonde vom Eckhaus Menterschweigstraße, Benediktenwandstraße. Sie war zehn und sprach besser deutsch als alle Amerikaner, die ich kannte. Kay und ich waren ein Paar. Von ihr bekam ich jede Menge Bubblegum und sogar alte Jeans. Buntkarierte Hemden und Ringelsöckchen hatte ich schon, weil wir aus Amerika ein Care-Paket bekommen hatten, in dem Schokolade, Trockenmilch, Kaffee und für jeden von uns etwas zum Anziehen war. Für mich eine Krawatte mit Gummizug, die man nicht binden musste. Die Spender in Amerika hatten uns aus einer Namenliste ausgesucht.

Mit Kays Jeans, den Söckchen und dem Karohemd aus dem Carepaket gelang es mir ein paarmal, mit Kay ins amerikanische Kino in der Menterschwaige zu gelangen. Der Eintritt kostete 15 Cent. Deutsche hatten keinen Zutritt, deshalb die Verkleidung. Ich machte mit dem Bubblegum eine extra große Blase, damit mich der deutsche Kartenabreißer nicht erkannte. Ein anderes Mal setzte ich eine Sonnenbrille von Kays Mutter auf, um an der Kontrolle vorbeizukommen.

Trotz Gummizugkrawatte und »Sneakers«, die wir damals *Turnstiefel* nannten, und im Schatten von Kay, bei der ich eingehängt war, flog ich auf. Meine Haare waren einfach zu lang für einen Amijungen. Aus Protest verließ auch Kay das Kino. Wir gingen vor zum Wäldchen am Schmorellplatz und schnitzten unsere Initialen plus Herz in eine Ahornrinde.

In den 60er-Jahren suchte ich mit Senta nach dem in die rissige Ahornrinde geschnitzten Herzen und den Initialen M und K. Wir fanden sie einen halben Meter höher als damals und etwas unscharf wie eine verblasste Erinnerung.

Wem der Schmorellplatz gewidmet ist, sagte mir meine Mutter. Das sei einer der Hand voll Studenten gewesen, die Flugblätter gegen die Nationalsozialisten verfasst hatten. Die Nazis hätten ihn umgebracht, sagte meine Mutter, die Familie hat in der Benediktenwandstraße gewohnt, sagte sie und erzählte ungenau das Wenige, das sie über »Die weiße Rose« wusste. Ich erzählte es meinen Freunden weiter.

Die Eltern von Hans Wagner, der mit mir die Prüfung fürs Theresiengymnasium gemacht hat, nahmen die wenigen Stichworte, die ich von meiner Mutter über »Die weiße Rose« gehört hatte, zum Anlass für ein Gespräch, das meinen Horizont bei weitem überstieg. Zwischen Wagners und meinen Eltern trug ich Informationen, eigentlich Meinungen hin und her, die ziemlich gegensätzlich waren. Auch bei meinen Freunden in der Menterschwaige brachte ich mein kindliches Wissen über den Nationalsozialismus an, das ich zu Hause aufgeschnappt hatte. Die Folge war, dass manche Eltern es nicht gern sahen, wenn ihre Kinder mit mir spielten. Einige Kinder ließen mich sowieso spüren, dass ich ein »Verräter« war, weil die Amis wegen uns eine deutsche Familie auf die Straße gesetzt hatten und weil ich immer mit Amimädchen herumzog.

Im Sommer musste ich mich für ein paar Wochen von Kay trennen. Die ganze Familie fuhr nach Berlin, um Paul beim Drehen zu besuchen. Wir wurden vom Produktionsleiter Fritz

Klotzsch, der Paul 1944 vor dem Volkssturm versteckt hatte, auf Zehenspitzen durchs Atelier geführt. Es war die größte Defa-Halle. Wir befanden uns in einem beeindruckend *echten* Wald mit hohen Bäumen. Ein junger Schauspieler fing einen Ast, der ihm aus dem »OFF« von einem Requisiteur zugeworfen wurde. Der Ast verwandelte sich in eine Schlange, gegen die der junge Schauspieler kämpfen sollte. Er hieß Lutz Moik und spielte den armen Köhler, der für Reichtum sein Herz beim »Holländer-Michel«, den Erwin Geschonnek überwältigend darstellte, gegen einen kalten Stein tauscht.

Ich beobachtete, wie Paul Regie führte. Es war ganz anders als bei »Du bist nicht allein«, weniger intim. Alles war groß, im Atelier waren mindestens 50 Mitarbeiter, deren Funktionen mir nicht klar wurden. Aber alle waren im Einsatz, Paul leitete sie.

Wir wohnten bei Pauls jüngster Schwester Hetta in Zehlendorf, in der Argentinischen Allee 201. Meine Mutter war zu Paul ins Hotel gezogen, aber Gunda und wir drei Kinder waren eine Menge Gäste für die kleine Wohnung, die für Hetta und ihre drei Kinder gerade groß genug war. Hetta und ihr Mann, Onkel Edi, waren geschieden. Er wohnte im Osten der Stadt und Tante Hetta wunderte sich, dass man ihm die Hühnerfarm noch nicht weggenommen hatte.

Während Paul in Berlin blieb, weil die Dreharbeiten noch nicht beendet waren, fuhren wir mit meiner Mutter und Gunda ins Ostseebad Bansin. Man hatte uns im »Haus Ina« untergebracht, einer verwinkelten Gründerzeit-Villa, direkt an der Promenade vor dem Strand. Das Haus Ina war den politischen Kadern vorbehalten, aber die Staatsfirma Defa machte es möglich, dass wir den oberen Stock bezogen. Wir frühstückten auf der Holzveranda, hoch über der Promenade mit Blick auf Strand und Meer. Der alte Aalverkäufer hielt jeden Morgen vor dem Haus Ina an, weil er wusste, dass wir schon auf seine frischen Aale warteten.

Seit dem Sommer 1944, den wir im Ostseebad Kölpinsee verbracht hatten, gibt mir das Meer mit seinem salzigen Geruch und dem weißen Strand eine Vorstellung vom Paradies. Meine Erlebnisse in Bansin waren allerdings der stinknormale Ferienalltag. Wie die anderen Kinder habe ich einfallslose Sandburgen gebaut, mit Muscheln verziert und mich in die nicht sehr hohen Wellen geworfen. Schon am ersten Tag habe ich in einem Souvenirladen, der hauptsächlich kleine Holzschiffe mit Segeln fürs Regal und die Badewanne anbot, ein Handtäschchen aus Perlen für meine Kay gekauft.

Das große Plakat, direkt vor unserem Haus Ina, das den amerikanischen Präsidenten Harry S. Truman als Schlange darstellte, war mir ein Rätsel. Meine Mutter musste mir den Sinn des Plakats und die dargestellte Person als den ideologischen Feind erst einmal erklären. Ich gab mich damit zufrieden, schließlich passt das Bild der Schlange nicht schlecht ins Paradies. Allerdings weiß ich seit kurzem aus der Fernseh-Reihe »Biblische Gestalten« mit der jüdischen Theologin Ruth Lapide, dass sich die Schlange im Alten Testament weder als das Böse noch als das Sexuelle, was ja viele für das Gleiche halten, durchs Paradies schlängelt. Die Schlange ist vielmehr ein Sinnbild der Weisheit.

Das haben die Ideologen im Osten damals offenbar auch nicht gewusst, sonst hätten sie den »imperialistischen Kriegstreiber« Truman anders dargestellt.

Das Strandburgen-Dasein hatte bald ein Ende, und wir landeten tatsächlich im *Paradies*. Es hieß »Abessinien«, war durch ein paar Holzpfähle und ein Warnschild vom übrigen Strand abgeschieden und war das Paradies vor dem Sündenfall. Denn die vielen Evas und Adams mit und ohne Kinder trugen noch nicht einmal Feigenblätter.

Statt einer Sandburg baute ich mir ein Auto, in dem ich meine Blöße verstecken konnte. Meine Mutter, die keine FKK-Erfahrung hatte und sich vor allem an den wohlerzogenen

Umgangsformen im Paradies erfreute, kam zu mir ans Auto und machte mich auf die kleinen Absurditäten des guten Benehmens aufmerksam. Wir beobachten die höflichen Rituale, etwa wenn zwei ältere Herren aufeinander zugingen und sich mit Verbeugung und Händeschütteln begrüßten, wobei andere bewegliche Glieder ebenfalls ins Schütteln gerieten.

Allmählich gewöhnte ich mich ein bisschen an den Anblick der vielfältigen Eva und konnte – wenigstens zeitweise – das schützende Auto verlassen. Wir machten die Bekanntschaft einer Frau Oschließ, die mit den abessinischen Besonderheiten schon vertraut war. Allerdings war ich von ihrer Schönheit so sehr berührt, dass ich mich für den Rest des Tages in mein Auto zurückziehen musste.

Als Paul nach Beendigung der Dreharbeiten uns nach Bansin folgte, blieb nur noch das Sandburgenbauen und Muschelverzieren vom paradiesischen Glück übrig, weil die Ankunft des »bekannten Künstlers aus dem Westen« sich schnell herumsprach und Abessinien damit für uns vorbei war. Aber die schöne Frau Oschließ wohnte vis-à-vis von uns und lief in ihrer Wohnung ohne Feigenblatt herum, so dass sich für kurze Momente hinter dem Fenster der Garten Eden auftat.

Wir trafen die schöne Frau Oschließ gelegentlich zum gediegenen Tee im Strandpavillon. Meine Mutter unterhielt mit ihr noch jahrelang einen damenhaften Briefwechsel, bis ein schwarz umrandetes Kuvert kam mit der Nachricht, dass meine heimliche Geliebte an Krebs gestorben ist. »Erinnerst du dich noch an sie?«, fragte mich meine Mutter, nichts ahnend. Ich nickte stumm, mir stiegen die Tränen auf und ich dachte, dass das ewige Leben im Garten Eden auch nur ein leeres Versprechen ist.

Die schönen Ferien an der Ostsee waren vorbei. Braun gebrannt stand ich vor Kays Haustür, um ihr mein Mitbringsel, das Perlentäschchen, zu bringen. Da sah ich meine kleine Kay mit dem großen Peter Meier, der eigentlich Monikas Freund war, um die Ecke kommen. Eingehängt und kichernd. Ich versteckte mein Geschenk unter dem Pulli und tat so, als sei es mir wurscht, dass die beiden miteinander »gingen«.

Eines Tages war Kay verschwunden. Ihr Vater war versetzt worden. Es zog eine andere amerikanische Familie ein. Eine Weile reichte noch der Kaugummi von Kay, den ich einige Wochen mit Zucker verlängerte.

Und eine Weile hob ich noch das Täschchen auf, dann zerschlug ich die Perlen mit einem schweren Hammer aus Pauls Werkzeugkasten.

Der Pfadfinder

Ich habe eine Geschichte und ihre Folgen übersprungen, die sich im Winter 1948/49 ereigneten.

Weil Paul gehört hatte, dass es im GYA Club eine Pfadfindergruppe gab, meldete meine Mtter mich dort an. Für Paul war es eine Reminiszenz an seine katholische Jugendgruppe.

Unser Pfadfinderführer war klein und drahtig und wegen seiner markigen Autorität von den Jungens im Club geachtet. Er hieß »Struppi«, weil er eine struppige, pechschwarze Mähne hatte. Er sprach viel von männlichen Tugenden, Ritterlichkeit und war Ersatzvater für viele von uns, deren Väter nicht aus dem Krieg heimgekehrt waren.

Dass ich nach Weihnachten mit den Pfadfindern in die Berge fahren durfte, war die absolute Ausnahme. Paul wollte uns immer zu Hause haben, sogar dann, wenn er selbst nicht da war.

Die Pfadfindergruppe unter dem »Führer« Struppi zuckelte mit dem ersten Frühzug, als es noch tiefe Nacht war, nach Garmisch. Dann stiegen wir auf, die christlichen Pfadfinder.

Die Sonne war schon aufgegangen, zwar nicht strahlend. Einen Skilift, wie wir ihn heute als Selbstverständlichkeit nehmen, exisitierte nicht.

Kurze Strecken konnten wir mit untergeschnallten Fellen bewältigen. Die Großen, ich schätze sie auf 16 oder 18, schleppten mich, den Kleinsten, über die steilsten Strecken nach oben, zum Krottenkopf. Ein paar Atempausen mit Tee aus der Thermoskanne und Margarinebroten von Gunda. Dann wieder weiter den ausgewitterten Holzschildern nach. Und endlich die Umrisse der Krottenkopfhütte.

Struppi hatte den Schlüssel. In der Hütte waren graue Wolldecken. Es wurde Holz aus dem Schuppen hineingetragen, Feuer gemacht, Schnee in großen Töpfen aufgetaut und mit dem heißen Schneewasser Suppe gekocht.

In der Nacht lagen ein knappes Dutzend Kinder und junge Männer auf Strohsäcken und Militärdecken. Die Strapazen des Aufstiegs machten das Schlafen auf hartem Lager zur einfachsten Sache der Welt. Davor noch ein kurzes Gebet. Ich wurde wach, weil mir im Rücken kalt wurde. Hatte ich mich im Schlaf aufgedeckt? Nein, nicht ich, sondern Struppi, der hinter mir lag, hatte es getan und meine lange, dunkelblaue Trainingshose hatte er mir heruntergezogen, so dass mich die kalte Zugluft aufweckte. Struppi rückte nah heran, vielleicht um mich zu wärmen. Aber dann grub sich ein warmes unbekanntes Etwas in mein Popofleisch. Ein kräftiger Männerarm umklammerte mich, zog mich an sich, und das unbekannte Ding rubbelte und bohrte an meinem Po herum. Erst wußte ich nicht, was da hinten an meinem Rücken geschah. Ich versuchte, meinen Arm freizukriegen, was mir nicht gelang. Ich verdrehte den Kopf, sah nichts in der dunklen Hütte, spürte nur den sauren Geruch von Struppis Atem. Bizeps und Unterarm des Pfadfinders klemmten meinen Arm fest, seine schwitzige Männerhand packte mein Kinn, meinen Kiefer, presste mir den Mund zu. Ich bekam Todesangst, aber mein Schrei blieb in Struppis feuchter Umklammerung hängen. Ich schlug mit den Füßen aus wie ein Fohlen, ohne freizukommen. Keiner aus dem verschlafenen Dutzend nahm es wahr oder gar ernst. Dann spürte ich einen nassen Schwall auf meinem Hintern. Mir war nicht klar, was geschehen war, aber Struppis Würgegriff erlahmte, ich wälzte mich herum und schlug dem »Führer« mit der Faust aufs Gesicht. Struppi gab keinen Laut von sich, atmete nur schwer. Auch ich atmete schwer. Ich zog meine Trainingshose hoch, und fasste in klebrigen, inzwischen kalten Schleim. Ich versuchte, meine Finger an der rauhen, muffelnden Decke abzuwischen. Ich weinte nicht, dafür war der Schrecken zu groß. Ich rollte mich mit unendlichem Ekel von der Pritsche, zerrte meine Decke hinter mir her, stolperte durch die stickige Dunkelheit und legte mich in der Nähe des Ofens quer zu den anderen. Trotz der Hitze vom Ofen zitterte ich vor Kälte. Obwohl ich nicht genau wußte, was passiert war, wußte ich es doch.

Am nächsten Morgen wunderten sich die Pfadfinder, warum ich nicht auf meinem Platz lag. Ich weigerte mich, zu antworten, ich weigerte mich, aufzustehen.

Als ich wieder zu Hause war, fragen mich alle, wie es da oben in den Bergen war. »Schön!«, sagte ich. Kein Wort von Struppis Überfall. »Du bist ganz schön braun geworden!«, sagte meine Mutter. Als ich mit ihr allein war, hätte ich ihr alles erzählen können. Aber ich brachte kein Wort heraus. Nicht einmal Gunda, der ich immer alles sagen konnte, berichtete ich davon.

Warum ich nicht mehr in den GYA-Club, zu den Pfadfindern, gehen wollte, konnte ich nicht erklären. Paul nahm an, weil ich so viel jünger war als die Gruppe. Er fand es schade, dass ich die Pfadfinderei aufgab.

Plötzlich, für mich selbst überraschend, habe ich mich der Mutter von Peter Meier anvertraut. Eigentlich hab ich nur auf den Peter warten wollen. Monika hatte mich mit einem Briefchen zu ihm hingeschickt. Peters Mutter, deren Beine immer mit weißem Verbandsstoff umwickelt waren, konnte ich das Erlebte plötzlich erzählen. Ich hörte mir dabei selber zu, und als es gesagt war, wollte ich es am liebsten zurücknehmen. Aber ich saß nur still da, und als Peter in der Tür stand, wechselte seine Mutter sofort das Thema.

Als ich nach Hause kam, war meine Mutter schon informiert. Gunda nahm meine Hand: »Wieso hast du uns nichts gesagt?« Ich zuckte mit den Achseln.

Meine Mutter ist sofort in die Holzkirchener Straße gefahren und hat den Fall gemeldet. Mehr weiß ich nicht, ich habe den Club nie mehr betreten.

Dass meine Eltern mit meinen Schwestern darüber gesprochen haben, merkte ich daran, dass Lis und Monika mir die letzten Plätzchen von ihrem Weihnachtsteller schenkten.

Wenn ich später daran dachte, dass ich über mein Pfadfindererlebnis damals nicht sprechen konnte, verstand ich, warum so viele Fälle von sexuellem Missbrauch verborgen bleiben. Ich habe 1986 zu diesem Thema mit unserer Sentana-Produktion fürs ZDF einen Fernsehfilm gemacht. Dabei ging es um den Missbrauch eines Mädchens, weil nach meinen damaligen Recherchen überwiegend Mädchen die Opfer sind.

»Gundas Vater« hieß mein Film. Karin Thaler war diese *Gunda*, es war ihr erfolgreicher Einstieg in den Beruf der Schauspielerin. Und die erstaunliche Monika Baumgartner spielte ihre Mutter, die den Täter, ihren Lebensgefährten, deckt, weil sie von ihm abhängig ist.

Nach dem Erlebnis auf der Krottenkopfhütte war ich verändert. Ich war im Theresiengymnasium am Kaiser-Ludwig-Platz. Vor dem Unterricht saß ich auf den Stufen des Denkmals und holte meine Hausaufgaben nach. Ich war aggressiv, prügelte mich auch mit Stärkeren und wurde verprügelt. Den Lehrern hörte ich nicht zu, störte den Unterricht. Meine Mutter wurde in die Schule zitiert, sie erfuhr das ganze Ausmaß meiner Verweigerung. Man zeigte ihr konfiszierte Hefte, in die ich statt der aufgegebenen Rechenaufgaben und lateinischer Verben Verwünschungen hineingekleckst hatte. Da ich mich weigerte, band Lis liebevoll und entnervt meine Hefte mit dem vorgeschriebenen Einbandpapier ein. Meine Aggression ließ ich mit schlechtem Gewissen an Lis aus, und ohne jeden Gewissensbiss an Mitschülern, die mich ärgerten. Das war oft und immer wieder der fette sommersprossige Franz Währmann, der leider nicht selten der Stärkere war. Unser Klassenbester Helmut Zöpfl, der über jede »2« bitterlich weinen musste, hatte kein Verständnis für meine Rauflust.

Meine Mutter unterschrieb kopfschüttelnd die vielen Strafzettel, die »Verweise« genannt wurden. Sie nahm auch die vielen Arrestzettel nicht weiter ernst, die mich zu Extrastunden ins Lehrerzimmer zitierten, an Samstagen, wenn die anderen Fußball spielten.

Plötzlich wurden meine Leistungen in der Schule besser. Das war weder der Einfluss meiner Mutter, die kaum einmal zu einem Elternabend ging, weil die Schule *meine* Angelegenheit sei, noch war es die ständige Hilfestellung meiner Schwester Lis. Es war das Werk eines Kinofilms mit zwei fast identischen Mädchen, den »doppelten Lottchen«.

Der Film von Josef von Baky, nach dem Buch von Erich Kästner, war meine persönliche Besserungsanstalt. Immer wenn ich den Film, wenn ich die beiden Mädchen Isa und Jutta Günther gesehen hatte, befiel mich ein unbändiger Eifer, alles gut und richtig zu machen, was weder mein strenger Vater, noch die alles verzeihende Gunda, noch die Zehn Gebote erreicht hatten. Ich habe den Film 13mal gesehen. Aber die Besserung hielt nie lange an. Oft nicht einmal bis zum nächsten Kinobesuch.

Eines Tages wurde meine Mutter wieder ins Gymnasium einbestellt. Und gerade als sie das Zimmer des Rektors betrat, der direkt aus der »Feuerzangenbowle« stammte, war im Schulhof großes Geschrei. Der Rektor führte meine Mutter ans Fenster. Was sie sah, war ein Kreis von johlenden Knaben, in deren Mitte ich den Franz Währmann im Schwitzkasten hatte. Der Rektor übergab meiner Mutter den blauen Brief, der schon bereitlag.

Das Zeugnis spielte keine Rolle mehr. Ich war geflogen. Das Geschenk zu meinem 12. Geburtstag fiel mager aus. Ich bekam einen neuen Fahrradschlauch, nicht etwa einen ganzen Reifen, nein, nur den schlaffen Gummiarm fürs Vorderrad. Was Monika bekommen hat, die ebenfalls ein Julikind ist und ebenfalls von der Schule geflogen war, weiß ich nicht.

Wohin mit uns? Da half der Zufall. Meine Mutter fand einen Zeitungsartikel über den katholischen Priester Ernst Adam aus der berühmten Münchner Künstlerfamilie. »Ach, der lebt noch?«, sagte sie zu Paul. »Warum nicht, er war ja damals ein ganz junger Mann!« – »Der hat eine Privatschule!«, sagte meine Mutter. Paul las den Artikel, nickte. »Das ist ein fabelhafter Mann, dieser Adam.« Meine Mutter verabredete mit dem Geistlichen einen Termin. Nach seinem Besuch bei Dr. Adam war Paul sehr gerührt. »Er sieht noch aus wie damals!« Wir saßen am langen Tisch, Monika und ich blickten mit ernsten Gesichtern auf unsere Eltern. Sie hatten uns ins *Privatgymnasium Ernst Adam* in Nymphenburg eingeschrieben, das von ebendiesem Priester Adam geleitet wurde, bei dem Paul in seiner Anfängerzeit am Münchner Schauspielhaus gewohnt hatte. Dr. Adam war damals Direktor eines Wohnheims für *Katholische Junge Männer*. Das Heim lag beim Englischen Garten. Bei Pauls Schilderungen mussten wir einige Male lachen. Das milderte meine verdrossene Stimmung. Ich hatte keine große Lust, in ein Katholisches Priesterseminar zu gehen. So stellte ich mir das von meiner Mutter geschilderte Unternehmen in Nymphenburg vor. »Und was wird aus der Monika? Kommt die jetzt auch in ein Katholisches

Männerheim?« – »Ja, das wird vielleicht ein Problem!«, sagte Paul. »In Monikas Klasse ist sie das einzige Mädchen!« – »Das macht mir gar nichts! Mir sind Jungens sowieso lieber!«, sagte Monika.

Paul erzählt VI

»Wie kann ich Ihnen helfen?«, fragte der Leiter des Kolpinghauses, den hatten Willi Werkmeister und ich mit unserem Empfehlungsschreiben des Prälats aufgesucht. »Na ja«, hab ich gesagt, wir bekommen Unterricht von einem Schauspieler hier am Schauspielhaus, aber die Wohnungsfrage ist nicht geklärt!« – »Wir wollen an unserem Talent weiterarbeiten!«, sagte Willi. Das gefiel dem älteren Herrn. »Soso, und wo wohnen Sie jetzt?« – »In einem Hotel im Tal, aber die finanzielle Seite ...« Der Kirchenmann breitete begütigend die Arme aus. »Das Essen ist kein Problem. Das können Sie bei uns im Gesellenhaus bekommen! Aber warten Sie mal!« Er hat dann sofort im katholischen Heim für junge Männer angerufen, da war der Direktor eben unser lieber Adam. Ich seh noch, wie der ältere Herr immer nickt. »Das ist ja schön. Gut. Ja, sehr gut. Ich schicke Ihnen die jungen Leute vorbei!« Wir sind dann in das katholische Jugendheim gegangen. Das war nicht weit. In der Königinstraße, neben der Rückversicherung, einem riesigen klassizistischen Gebäude.

Der Dr. Adam sah sehr vergeistigt aus, ein schönes schmales Gesicht. Es stellte sich heraus, das Heim war für die bayerische adlige Jugend gedacht, da waren junge Barone und Grafen untergebracht, die in München studierten. Aber auch junge Künstler, aber so durften Willi und ich uns ja noch nicht wirklich nennen. Da wohnte ein junger Maler und ein angehender Konzertpianist, die in München ihre Ausbildung hatten. Der Adam stammte aus einer Künstlerfamilie, sein Vater oder der Großvater, das weiß ich jetzt nicht, war ein berühmter Maler, und er selbst, der Adam, spielte wunderbar Cello. Da gab es große künstlerische Abende, der Adam begleitete den Pianisten auf dem Cello, und natürlich mussten wir auch etwas Großartiges beisteuern. Ich habe das Gedicht »'s ist Uwe, mein Sohn!« vorgetragen, ein sehr dramatisches Gedicht. Ich hab es mehr gespielt als, wie sagt man, rezitiert. Alle waren sehr beeindruckt. Ich selber auch.

Der Adam hat uns das Geld gegeben, um unsere Schulden in dem Hotel zu bezahlen. Erst hat er gesagt, wir können nur kurz bleiben, aber er gab mir dann immer Gedichte, die ich »spielen« musste, und später hab ich die Rollen vorgetragen, die mir Karl Wüstenhagen zum Lernen gab. Jedenfalls durften wir bleiben. Willi und ich haben im Schauspielhaus Komparserie gemacht, dadurch konnten wir dem Adam sein Geld zurückzahlen. Gegessen und gewohnt haben wir kostenlos. Das hat die Kirche bezahlt. Mein Zimmer im Heim wurde allmählich der künstlerische Treffpunkt. Da wurde diskutiert, da wurde geraucht, da gab es auch was zu trinken. Eines Tages bat mich der Adam in sein Zimmer und sagte, die Nonnen hätten ihm berichtet, wir seien außer Rand und Band. Er bat mich, die Disziplin wiederherzustellen. Das tat ich dann.

Die Komparserie im Schauspielhaus war sehr schön. Aber mir hat das nicht genügt. Ich wollte richtige Rollen spielen.

Das Schauspielhaus, wo heute die Kammerspiele drin sind, hatte sogar eine Drehbühne. Der Zuschauerraum war genauso, wie er heute wiederhergestellt ist. Jugendstil. Die Farben habe ich ein bisschen anders in Erinnerung. Das Haus hat nach der Körner der Falckenberg übernommen, der zuerst in den alten Kammerspielen gearbeitet hat, in der Augustenstraße.

Ganz am Anfang fragte mich der Inspizient: »Verhoeven ... Verhoeven ... das ist doch holländisch. Bekommen Sie denn auch Briefe aus Holland?« – »Jaja«, hab ich gesagt, »nicht oft, aber doch!« Der Inspizient war leidenschaftlicher Briefmarkensammler. Es war ganz klar, ich musste in ein Briefmarkengeschäft und ein paar holländische Briefmarken kaufen. Die hab ich ihm dann überreicht. Dabei war auch eine antike Marke, das war mir gar nicht aufgefallen. Er bewunderte die Marke, sie war ein edles altes Stück. »Sammeln Sie auch?«, fragte er mich. »Nein nein, die ist noch von meinem Großvater.« Er war sehr hingerissen von der schönen Marke und hat dafür gesorgt, dass Willi und ich bei der Komparserie, sagen wir, »gehobene« Aufgaben bekamen.

Der Willi kam dann über den Dr. Adam in eine katholische Laiengruppe, und ich wurde am Schauspielhaus engagiert. Wenn ich spätabends, als im katholischen Heim längst tiefe Nacht war, vom Spielen und den anschließenden Gesprächen zurückkam, hatten die Nonnen mir unter der Treppe einen Teller mit Wurstbroten hingestellt. Das durfte nicht mal der Adam wissen. Ich hatte dort ein großes Privileg. Und bei der Körner im Theater auch. Unter den Schauspielern war ein gewisser Reinhold Bauer. Ein sehr sympathischer Schauspieler, der nur kleine Rollen spielte, weil er nebenher Theaterdirektor einer Schmierengruppe war, die rund um München Dialektstücke spielte. Einmal kam er auf die Idee, ob ich ihn für einen Abend am Schauspielhaus vertreten könnte, weil er irgendwo in Bayern spielen musste. Er hat mir genau erklärt, was ich machen muss. Ich sollte auf der Damenseite stehen, warten, bis die Körner aus dem Korridor käme, ihr folgen, also auf die Bühne folgen und darauf warten, dass sie mich dann *anspricht. Dann sollten meine paar gelernten Antworten kommen in dem Dialog mit der Körner, und dann kam schon mein schneller Abgang. Es war ein historisches Stück, ich wurde mit großer Sorgfalt angekleidet. Ich stand nun unten auf dem Korridor zur Bühne und wartete auf die Körner. Sie sagte: »Nanu, was spielen Sie denn?« – »Ja, der Herr Bauer hat mich gebeten ...« Weiter kam ich gar nicht. Draußen fiel das Stichwort, die Körner ging auf die Bühne, ich hinter ihr her. Ich sagte meinen ersten Satz. Sie sagte ihren Text und gleich meine Antwort mit und ihre Antwort drauf und wieder meine Antwort. Sie spielte meine Rolle mit, ich kam gar nicht zu Wort, und dann sagte sie: »Danke! Gehen Sie!« Und runter war ich von der Bühne. Immerhin hab ich an dem Abend vier Mark verdient.*

Wenn ich beim Adam nicht umsonst hätte essen und wohnen können, wäre ich durch die erste Zeit am Schauspielhaus gar nicht durchgekommen.

Das »Adam«

Nachdem wir so viel über den »lieben Adam« gehört hatten, waren wir natürlich sehr gespannt, das Gymnasium kennen zu lernen. Es stellte sich heraus, dass meine Eltern nur die Adam-Villa am Canaletto kennen gelernt hatten, ein schönes großes altes Haus, den Sitz der Familie, in dem eine Art Internat untergebracht war. Aber in ein Internat wollten und sollten wir nicht. Die eigentliche Schule war eine Baracke.

Meine Mutter fuhr mit Monika und mir nach Nymphenburg, um die Schule zu besichtigen. Wir waren wenig begeistert. Die Baracke aus dunkelgebeiztem Holz war mit Dachpappe gedeckt. Die Holzwände waren mit Karbolineum imprägniert, das einen beißenden Geruch ausströmte.

Wirklich unangenehm am Wechsel ins Adam war für Monika und mich, dass die Schule Geld kostete, 55 Mark pro Monat, also für uns beide 110 Mark, das war viel und machte uns ein schlechtes Gewissen.

Im Herbst 1950 hatten wir im Adam unseren ersten Schultag.

Es waren rauhe Jahre, die uns auf bestimmte Art bildeten und erzogen. Viele der Lehrer waren wegen ihrer Nazivergangenheit von den staatlichen Schulen ausgeschlossen worden. Mein Biolehrer, ich glaube er hieß Wagner, hatte den Spitznamen »Watschnbaum«. Die nachhaltigeren Ohrfeigen bekam ich vom Musiklehrer Künzel, der nie lange fackelte. Paul hatte auf dem *Fragebogen* unter der Rubrik »Prügelstrafe erwünscht?« das NEIN angekreuzt. Das hinderte im akuten Fall die Lehrer nicht am Prügeln.

Unser Religionslehrer, Pfarrer Huber, zog auf einer 500er BMW im schwarzen Räuberzivil eine dicke Fahne aus Staub und öligem Rauch hinter sich her.

Er gab die eindrücklichsten Ohrfeigen, die ich zu Hause verschwieg, obwohl man noch am Abend seine großen Hände auf meinem Gesicht sehen konnte.

Monika wurde nie geschlagen, Mädchen schlug ein deutscher Mann nicht, mit Ausnahme des Deutsch- und Lateinlehrers Chmiel. Wenn er Hofaufsicht hatte, verwandelten die Schüler sich in schweigende Lämmer. Herr Dr. Chmiel soll im Dritten Reich Lehrer an der berüchtigten »Napola« gewesen sein. Monika mochte ihn, obwohl sie von ihm einige Boxhiebe einstecken musste. Er war überhaupt ziemlich beliebt. Ich weiß das nur von Monika. Meine Klasse unterrichtete er nicht. Unser weißblonder, sehr junger Geschichtslehrer ließ die Klasse bei seinem Eintreten strammstehen. Und war ihm unser Antreten nicht stramm genug, mussten wir unter den schnarrenden Kommandos Auf! ... Setzen! ... Auf! ... Setzen! ... so lange militärische Haltung üben, bis er zufrieden war.

In der »Studierzeit« am Nachmittag herrschte Ruhe. Schwätzen war streng verboten. Wer eine Frage hatte, musste nach vorn zum Lehrer gehen. Wer mit seiner Hausaufgabe fertig war, durfte lesen.

Was sollte ich in so einer Lage, in der alle stumm über ihren Hausaufgaben saßen, anderes tun als es selber auch zu versuchen. Da alle arbeiteten, tat ich mir plötzlich nicht mehr Leid.

Ich war in ein Projekt »Ganztagsschule« geraten. Ich wurde ein ziemlich guter Schüler, so dass Paul sagte: »Eins musst du mir versprechen. Du darfst niemals Klassenbester werden.« Aber diese Gefahr bestand nicht. Einige Schüler wohnten im *Adam*, das waren die »Internen«, wir waren die »Externen«.

Wir aßen zwar um 13 Uhr mit den Internen zu Mittag, was ein Privileg war, schliefen aber nicht wie sie im Heim, der großen Villa an der Nördlichen Auffahrtsallee,

Das Mittagessen wurde von der Heimleiterin Fräulein Corona beaufsichtigt. Die Externen aßen im Gerner Bräu. Für Studierzeit und Mittagstisch mussten unsere Eltern für uns monatlich zusätzlich 200 Mark aufbringen, viel Geld.

Externe und Interne trafen sich nach dem Essen auf der »Ballauf«-Wiese. Je schneller wir mit dem Essen fertig waren, desto schneller waren wir beim Fußballspielen.

Auf der Ballaufwiese, die längst verschwunden ist, hatten wir keine Tore, es genügten Jacken oder Schultaschen als Pfosten.

Wie jeder Torwart liebte ich die halbhohen Bälle ins lange Eck, mit denen man »fliegen« konnte.

Inzwischen spielte ich beim FC Bayern in der Schülermannschaft. Aber nicht im Tor, sondern als Mittelläufer, als »Stopper«, eine Position, die es im heutigen Fußball nicht mehr gibt. Die Fahrten im Bus des FC Bayern führten nicht sehr weit. Zur »Alten Heide«, zum »Hasenbergl«, zum »Vogelweideplatz«.

Unser großer Sohn Simon, der es bis in die oberbayrische Auswahl gebracht hat, kam ein bisschen weiter herum als wir damals. Mit vierzehn hat Simon auf einem Asienturnier in Shanghai, Peking und Hongkong gespielt. Allerdings nicht auf seiner Lieblingsposition als Außenstürmer. Die spielte er beim TSV Grünwald, wo er mit sechs Jahren in der E-Jugend begonnen hatte.

Bei seinen Spielen wurde er von Senta und mir und natürlich von Resi, Sentas Mutter, und später von seinem kleinen Bruder Luca angefeuert. Es gibt unzählige Super-8-Filme, bei denen ich Simons Tore meistens sehr schlecht oder gar nicht erwischt habe, aber doch wenigstens die Umarmung seiner Mitspieler.

Als auch Luca Torschützenkönig beim TSV Grünwald wurde, war das schon in der Videozeit, da war auch der Torjubel auf den Bändern.

Ich wäre damals in der Schülermannschaft des FC Bayern glücklich gewesen, wenn mein Vater oder meine Mutter sich nur ein einziges Mal eins meiner Spiele angeschaut hätten.

Mein Idol beim FC Bayern war Jakl Streitle mit der Rückennummer 5, die ich selber auch hatte, das war aber auch die einzige Ähnlichkeit. Er war einfach ein Genie.

Meine Mutter machte sich Sorgen, weil ich eines Nachts mit einem Küchenmesser den überlebensgroßen Kopf von Jakl Streitle aus einem Zigarettenplakat herausgeschnitten hatte, um es in meinem Zimmer an die Wand zu hängen.

Sie stand vor dem Streitle-Foto und schüttelte den Kopf. Aber da ich auch Fotos der »Doppelten Lottchen« und von Maria Schell im Zimmer hängen hatte, hielt sich ihre Besorgnis in Grenzen.

Der Schulweg mit der Straßenbahn war ein Vergnügen. Wir unterhielten uns, über den ganzen Waggon hinwegbrüllend, von Plattform zu Plattform oder rauchten im ersten Wagen, was nur in den Anhängern erlaubt war. Das Rauchen war eigentlich schrecklich, und wir wurden weiß wie die Wand, aber der Zorn, den die Erwachsenen auf uns hatten, war uns die Übelkeit wert.

Monika und ich hatten die Alternative, vom Starnberger Bahnhof mit der Linie 4 zum Danteband zu fahren oder mit den Linien 3 und 30 zur Dall'Armi-Straße.

Das Adam lag genau in der Mitte. Beide Strecken waren in unserer Monatskarte eingezeichnet.

Mit der Linie 4 fuhren viele interessante Mädchen aus einer Berufsschule am Dom-Pedro-Platz. Sie stiegen an der Waisenhausstraße aus. In der 3 oder 30 fuhren ebenfalls interessante Mädchen zu den Englischen Fräuleins, den Nonnen des Maria-Ward-Gymnasiums. Allmählich stellten sich Vorlieben ein. Ein Mädchen aus der Linie 4, das ich schon lange im Auge hatte, sprach ich schließlich an und fragte sie, was man denn in der Berufsschule lerne. Meine Frage war ernst gemeint, und ihre Antwort war für mich erschütternd. Das Mädchen im roten Niki-Pulli, mit den frischen blauen Augen und der braven Schultasche sagte: »Lernen müssen wir nix mehr, weil *Wichsen* können wir schon!« Wie bitte? »Ja, hast schon richtig g'hört!«, sagte sie grinsend beim Aussteigen und lachte mich an: »Beim nächsten Wichsen denkst an mich!« Den ganzen Tag war ich wie benommen, hörte immer wieder ihre frechen Derbheiten, sah ihr hübsches Gesicht mit dem provozierenden Grinsen und ließ den Schulunterricht leer an mir vorbeiziehen.

Die nächste Zeit nahm ich nur noch die Linie 3 oder 30, oder fuhr mit Monika, die immer spät dran war, so dass ich vom Hausmeister ebenfalls aufgeschrieben wurde.

Waren sexuelle Bedürfnisse, die mein Religionslehrer dem Teufel zuschrieb, etwas allgemein Menschliches, überhaupt etwas Menschliches? Ich war fest davon überzeugt, dass sich *das Weib* der »männlichen Fleischeslust« (immer Begriffe aus dem Religionsunterricht) quasi aus reiner Nächstenliebe hingibt.

Irgendwann zu Hause erzählte ich Monika von meinem Erlebnis in der Linie 4. »Die wollte dich halt in Verlegenheit bringen!« – »Ja, das schon, aber ... ich meine ... ich weiß nicht ... ich meine ... tun Mädchen das auch?« – »Natürlich!«, sagte Monika, »was denkst du denn? Glaubst du, nur Jungens haben eine ... wie sagt man ... eine Sexualität?« Ich war ganz verwirrt, ich hatte wirklich geglaubt, das sei ein rein *männliches* Problem. »Wie alt war sie denn?«, fragte Monika. »Was? Wer?« – »Na, das Mädchen aus der Trambahn!« – »Dreizehn oder vierzehn!« – »Das ist ganz normal«, sagte Monika und schob mich aus dem Zimmer, weil sie ihren Karl May weiterlesen wollte.

WIR BEKOMMEN EINEN BRUDER

Ich bin ins »Adam« sehr gern gegangen, weil ich die Schüler mochte, das waren interessante Persönlichkeiten, die über die Schuljahre hinaus mir nahe standen.

Klaus Aidelsburger war der beste Fußballer unserer Schule und einer der Intelligentesten.

Eine Weile waren wir mit hübschen Zwillingen befreundet. Sie waren zweieiige Zwillinge, Anita, die »seine«, war einen Kopf größer als Christel, die »meine«. Wir machten Radausflüge zu viert oder fünft, wenn die aparte Uschi Osterwind dabei war. Die Christel hatte eine weiße Haut mit einem hellen Haarflaum an den Armen, der in der Sonne leuchtete. Ich trug noch immer die Ringelsöckchen aus dem Care-Paket und sah aus wie Christels kleiner Bruder.

Als Erwachsener trug der Klaus Aidelsburger einen schwarzen bayerischen Vollbart, war jahrelang 1. Bürgermeister von Oberhaching und gab mir 1970 die Drehgenehmigung für das dortige Schulhaus zu unserem Film »o. k.«

Mein zeitweiliger Banknachbar war Prinz Max von Bayern, den die Lehrer mit »Königliche Hoheit« ansprechen mussten. Er war sehr beliebt in der Klasse, weil er sich beim Fußballspielen alle Mühe gab und in der Schule nicht der Fleißigste war und einfach ein guter Kumpel. Es hörte sich hübsch an, wenn eine Lehrkraft zu ihm sagte: »Königliche Hoheit, halten Sie jetzt mal die Klappe!« oder: »Königliche Hoheit, Sie fangen jetzt gleich eine …!«

Allzu viele Strafen bekam der Max nicht, weil der Wittelsbacher Fonds immer großzügig für die Schule spendete. Und weil er im Schulchor einer der Besten war. Ich stellte mich immer in seine Nähe, um den richtigen Ton abzunehmen. Prinz Max von Bayern ist kein Prinz mehr, er wurde nach den Regeln der Erbfolge von seinem Onkel adoptiert und ist heute »nur« noch ein Herzog. Aber einer, der das stolze Imperium der Herzoglichen Brauerei Tegernsee regiert.

Noch einer aus meiner Klasse ist zu einem bayerischen Bierbaron aufgestiegen, der Gerhard Ohneis. Er war Klassensprecher, immer schon ein Vorzeichen für spätere Karrieren. Er war am Ende der Boss der Augustinerbrauerei. Sein Foto mit rot gerahmter Brille war oft in der Zeitung neben seiner zweiten Frau, die ich nur von diesen Fotos kenne.

Mein bester Freund war Horst Ziegler, der heute Arzt in Celle ist. Wir hatten am meisten Spaß. Er war der Darling meiner Mutter, die immer behauptete, er sähe aus wie eine griechische Statue, was ihm äußerst peinlich war.

In der Klasse unter mir war Peter Vogel, der Sohn des berühmten Kammerspielers Rudolf Vogel. Als wir an der Brücke über dem Canaletto standen und ins schmutzige Wasser blickten, sagte er: »Weißt du eigentlich, dass du einen Bruder hast?« Ich sah ihn lange an. »Einen Bruder?« – »Ja«, sagte Peter Vogel, »den Thomas! Er heißt Schultze-Westrum, weil seine Mutter so heißt. Kennst du die Schultze-Westrum?« – »Nein«, sagte ich.

Zu Hause fragte ich sofort meine Mutter. »Ja«, sagte sie, »aber ich möchte nicht, dass Paul erfährt, dass es dir jemand gesagt hat!« – »Wer ist diese Frau Schultze-We …?« – »Eine Schauspielerin, du kennst sie nicht und Schluß jetzt.«

Ich fragte Gunda. »Es ist besser, du sprichst darüber nicht!«, sagte sie. »Und woher weißt du es?«, fragte ich sie. »Ich hab das Drama ja damals mitbekommen … Der Junge, der Thomas, ist genau zwischen Monika und dir geboren, 1937.«

Ich überlegte. »Weiß es die Monika?« – »Ich glaube nicht.« – »Hast du den Thomas schon mal gesehen?« Gunda schüttelte den Kopf.

Am nächsten Tag holte meine Mutter Monika und mich in die Küche und erzählte uns, wie schwer es für sie war, damit fertig zu werden, dass Paul mit einer anderen Frau ein Kind hatte. »Ich würde den Thomas gern kennen lernen!«, sagte Monika. »Das musst du mit Paul besprechen, da mische ich mich nicht ein!«, sagte meine Mutter.

Und wir hatten natürlich nicht den Mut, ihn darauf anzusprechen. »Ich will den Thomas gar nicht sehen«, sagte ich »ich will keinen Bruder haben!« – »Ich auch nicht«, sagte Monika. Nach einer Zeit dachten wir nicht mehr darüber nach, dass wir nicht drei Geschwister waren, sondern vier.

Ein sehr liebenswerter Junge aus meiner Klasse war Ansgar Förtig, der Sohn unseres rabiaten Turnlehrers. Er hatte eine unerschütterliche Frömmigkeit, um die ich ihn beneidete.

Ansgar war oft bei uns in der Rabenkopfstraße und wurde von Gunda verwöhnt. Sie sagte immer: »Dass es solche anständigen Menschen noch gibt! An dem können sich andere ein Beispiel nehmen!« Vermutlich meinte sie mich.

Ansgar wurde später Arzt, und nachdem Professor Zenker vergebens versucht hatte, in der Chirurgischen Klinik Gundas Magenkrebs zu entfernen, war Ansgar ihr unermüdlicher Betreuer am Krankenbett.

Die kleine Freiheit

Durch den schließlich unaufhaltsamen Erfolg seines Defa-Films »Das kalte Herz« hatte Paul eine gute Zeit, konnte sich die Angebote aussuchen. Der erste Film, für den er sich entschied, war ein Plädoyer gegen die Todesstrafe, die gerade in der Gesellschaft heiß diskutiert wurde. Er hieß »Die Schuld des Dr. Homma« und hatte seine Berliner Premiere an der »Film-Bühne Wien« am Kurfürstendamm.

Die Nürnberger Prozesse, die für einige mit Todesstrafen geendet hatten, waren erst fünf Jahre her.

Das Böse war neu definiert, der Eiserne Vorhang trennte zwei feindliche Bühnen, auf denen spiegelverkehrt das Recht des Stärkeren als das stärkere Recht aufgeführt wurde.

Leider wagte Pauls Film nicht, die politische Dimension des Themas anzusprechen, er zog sich zurück auf die private Studie eines Menschen, dem in einem Mordprozess Gerechtigkeit widerfahren sollte.

Der Film war vorsichtig. Noch vorsichtiger war die Begründung der Jury, die Pauls Film »mutig« nannte (Mut wogegen? Mut wofür?) und mit dem höchsten deutschen Filmpreis des Produktionsjahres 1951 auszeichnete.

Gegen die Todesstrafe mochte sich die Jury nicht bekennen, sie ließ aber »die Fragwürdigkeit der Todesstrafe wenigstens beim Indizienbeweis« gelten.

Plötzlich war im Haus Verhoeven ein kleiner Reichtum zu spüren. Paul erwarb einen Ford Vedette mit gelbem Scheinwerferlicht, woran man schon von weitem französische Autos erkennen konnte. Monika und ich durften uns ein Fahrrad kaufen. Monika entschied sich für ein Rabeneick-Rad beim Edler am Authariplatz, ich für ein blaues Bauer-Rad beim Distler, ich glaube, beim Sechziger-Stadion.

Der Schulweg von der Menterschwaige ins Adam war nicht gerade kurz, fünfzehn Kilometer, hin und zurück also dreißig, aber wir waren schneller als mit der Tram. Um sechs Uhr mussten wir aufstehen. Meine Mutter hatte Mitleid mit uns Frühaufstehern und versuchte immer wieder, uns zum Schwänzen der ersten Schulstunden zu überreden.

Trotz schnellem Fahrrad wurde ich in der Folgezeit viele Male vom Hausmeister aufgeschrieben, weil ich jeden Tag einen Umweg über die Renatastraße machte, in der die Günther-Zwillinge wohnten. Ich stand dann vor ihrem Haus und sah ihnen nach, wenn sie die paar Schritte in ihre Schule am Winthirplatz gingen. Irgendwann hab ich sie angesprochen.

Die Zwillinge hatten drei Schwestern, waren also fünf Mädchen, Isa und Jutta, Pia, die älteste, die in Kanada verheiratet ist, Annemarie und Gerdi, die jüngste der Schwestern, die früh verstorben ist.

In der Günther-Familie drehte sich alles um die Kinder. Für mich war das eine neue Erfahrung, bei uns drehte sich alles um Paul. Im Wohnzimmer war ein Tischtennistisch aufgebaut, der den ganzen Raum ausfüllte. Bei einem Match, bei dem ich mein geringes Pingpongtalent einsetzte, fand im Nebenzimmer ein Gespräch mit der Regisseurin Trude Kolman statt. Es ging um eine Aufführung von Kästners »Pünktchen und Anton«. Ich hörte meinen Namen. Die Regisseurin fragte mich, ob ich Lust hätte, in der geplanten Aufführung im Theater »Die kleine Freiheit« den Anton zu spielen. »Frag deine Eltern!«, bat Frau Kolman. Paul sagte, ich sollte das selbst entscheiden. Er wollte immer unsere Selbständigkeit fördern.

Paul praktizierte deshalb mit uns Kindern eine Erziehungsmethode, die er »trainieren« nannte. Wenn die Familie etwa in einem Restaurant beisammen saß und es sollte der Ober an den Tisch gebeten werden, dann musste immer Monika oder ich aufstehen, durchs Lokal gehen und den Ober, wo er gerade war, ansprechen: »Wir wollen bitte zahlen ...« oder: »Wir möchten bitte bestellen«, etc. Und, wenn es schlimmer kam, etwa: »Kommen Sie bitte an unseren Tisch ... mein Vater möchte sich beschweren ...« Dieses Trainieren von unangenehmen Aufgaben war wahrscheinlich sehr sinnvoll, wenn wir es auch gehasst haben.

Ich begann kurz vor den Weihnachtsferien 51/52 mit den Proben in Trude Kolmans renommiertem Kellertheater unter dem *Opernespresso*. »Die kleine Freiheit« war eigentlich ein Kabarett mit Beiträgen von Erich Kästner, Ursula Herking und anderen widerständigen Künstlern.

Das Theater war klein, die Zuschauer der ersten Reihe saßen praktisch mit auf der Bühne.

Erich Kästner war oft bei den Proben dabei. Er sprach nicht viel, rauchte Kette und hatte eine bestechende Ironie, wenn man ihn zum Sprechen gebracht hatte.

Meine ganze Familie war in der Premiere und erregte mehr Aufsehen als mein Debüt. Dass mir das Spielen Spaß machte, hatte vor allem viel mit den doppelten Lottchen zu tun, die das »Pünktchen« abwechselnd spielten.

Manchmal holte Vater Günther die Mädchen nach der Vorstellung ab, er hatte als Gewandmeister an den Kammerspielen meist um die gleiche Zeit Feierabend.

Aber oft brachte ich die Zwillinge nach Hause. Wir fuhren mit der Linie 3 oder 30, die mir von meinem Schulweg vertraut war. Es kam aber immer öfter vor, dass ich nur *einen* der Zwillinge heimbegleitete, und es stellte sich schnell heraus, dass meine Wahl auf Jutta fiel.

Nach Beendigung unserer gemeinem *kleinen Freiheit* gingen wir mit sentimentaler Leere auseinander, die die Zwillinge und mich eine Weile auf Distanz hielt. Mit Jutta entwickelte sich meine Freundschaft nach Jahren neu.

Als Erwachsener habe ich mich darüber gewundert, dass meine Eltern damals bei »Pünktchen und Anton« nie mit mir über meine Rolle gesprochen haben. Immerhin war es die »männliche« Hauptrolle, auch wenn ich erst dreizehn war.

Dass meine Mutter mich frei laufen ließ, war normal, sie ließ uns Kinder immer frei laufen: »Die machen das schon!« Aber Paul, unser pädagogischer Vater, wieso kein Wort, kein Rat, keine Frage? Ich habe ihn das irgendwann beim gemeinsamen Rasieren im schwarz gekachelten Bad gefragt.

Er sagte, er wollte nicht, dass ich so früh berufliche Schlüsse daraus ziehen würde. Es sollte ein Spiel bleiben. Wenn es wirklich so war, dann war es klug.

Eine »Romanze« in Heidelberg und anderswo

Im Sommer 1951 drehte Paul einen Film »Von Liebe und Glück«.

Am Drehbuch hatte er wie immer mitgeschrieben, an Dialogen kaute er immer so lange herum, bis das »Papier« raus war und die Texte sprechbar wurden.

Der Film hatte zwei Hauptpaare: O. W. Fischer und Lieselotte Pulver einerseits und Gunnar Möller und Gardy Granass andererseits.

Der renommierte Komponist Werner Richard Heymann hat auf Pauls neuem Klavier in der Rabenkopfstraße ein paar Melodien angeboten, und wir Kinder durften mitwählen.

Das Klavier hatte Paul von seinen Diäten des »Kalten Herzens« in einem HO-Laden in Ost-Berlin gekauft.

Die Filmmusik ist einer der Gründe, warum ich die »Heidelberger Romanze« von Zeit zu Zeit gern wieder sehe. Ein anderer ist die fabelhaft dezente, aber auch herausfordernd witzige Komödiantin Lieselotte Pulver, die vor der Kamera alles kann und immer glaubwürdig ist.

Gunnar Möller kannte ich von Kindheit an. Eine Zeit lang war er mit Monika zurückhaltend zärtlich verbunden, meine Mutter hätte ihn gern als Schwiegersohn gesehen. Das ließ sie auch durchblicken, was ihm vermutlich etwas verfrüht vorkam. Monika war 16. Auch Gunnar hatte in seinem Spiel eine verblüffende Natürlichkeit.

Die Pulver und der Gunnar waren in dieser Hinsicht ein ideales Paar. In diesem Film hatte Gunnar eine andere Partnerin, Gardy Granass, sehr weiblich, das »süße Mädl« mit Grübchen in der Wange und immer lieb.

Die süße Gardy war nach der Drehzeit oft bei uns in der Rabenkopfstraße, und da sie sich gern mit uns zu unterhalten schien, hockten wir viel zusammen und sprachen über alles Mögliche. Aber ich kam bald dahinter, dass unsere bemühten Unterhaltungen ein Alibi waren. Gardy und Paul waren ein Liebespaar.

Wann meine Mutter dahinter gekommen ist, weiß ich nicht. In einem nächsten Film von Paul mit dem Titel »Ein ganz großes Kind« spielte meine Mutter neben Gardy eine wenn auch kleine Rolle. Es gab Auseinandersetzungen, die uns Kindern nicht verborgen bleiben konnten. Wir lebten in der Angst, unsere Eltern würden sich trennen. Aber immer, wenn die Dissonanz am heftigsten war, kamen uns unsere Eltern am anderen Morgen als Liebespaar entgegen. Die erotische Anziehungskraft zwischen den beiden war so groß, dass uns ihr Leben oft wie ein dramatisch aufgebauschter, mitunter kitschig-schöner Liebesroman vorkam. Aber auch wie eine frivole Komödie.

Danach drehte Paul einen seiner schönsten und wichtigsten Filme aus dem Jahr 1953 mit dem beziehungsreichen Titel »Vergiss die Liebe nicht«. Das Originaldrehbuch stammte von Juliane Kay, Paul schrieb wie so oft mit.

Ein Kritiker schrieb: »Eine ganz simple Affäre, der Krisenpunkt in einer Ehe nach 20 Jahren.«

Meine Eltern waren zu diesem Zeitpunkt 22 Jahre verheiratet.

In einer Kritik hat jemand (meine Mutter?) den Satz angestrichen: »Diese wunderbare, verrückte, gewöhnliche, hundsgemeine und streitende Familie ...«

Pauls Film (mit Luise Ullrich, Will Quadflieg und Paul Dahlke) bekam den deutschen Filmpreis, wurde als bester deutscher »Problemfilm« ausgezeichnet, dabei war er eine federleichte Komödie. Eine junge Schauspielerin fiel auf, deren zweite Filmrolle es war. Die Schauspielerin hieß Lis van Essen. Meine Schwester gab sich diesen Namen nach Pauls Mutter, die eine geborene *van Essen* war.

Sie war bei Harry Buckwitz am Schauspielhaus Frankfurt engagiert und war es leid, immer als »Tochter« angesehen zu werden. Deshalb nannte sie sich seit ihrem Debüt in der Verfilmung des Zuckmayer-Stücks »Der fröhliche Weinberg« Lis van Essen. Ihr Regisseur war der Theaterriese Erich Engel.

Noch in einigen anderen Filmen blieb Lis bei ihrem Pseudonym, in »Ewiger Walzer« mit Bernhard Wicki und Gert Fröbe und in »Eine Frau von heute« mit Luise Ullrich und Curd Jürgens.

Aber da sie bei jedem Interview zuerst gefragt wurde, wie es sei, die Tochter des berühmten Paul Verhoeven zu sein, ließ sie den schönen Mädchennamen meiner Großmutter wieder fallen.

In unserem Vedette fuhren meine Eltern, Monika und ich einige Male zu Lis nach Frankfurt, um ihre Vorstellungen zu sehen.

Lis spielte das Blumenmädchen in Giraudoux' »Die Irre von Chaillot«. Die Protagonisten waren Bernhard Minetti und Hilde Hildebrandt. Minetti zischte Lis bei den Proben immer zu: »*Schneller ... leiser!*« Von unten rief Buckwitz: »*Langsamer ... lauter!*«

Wir sahen auch ihre erste Arbeit mit Rudolf Noelte als Regisseur. Hier holte sie nach, was die Schauspielschule ihr nicht vermitteln konnte. Noelte machte Shaws »Pygmalion«. Der immer verwirrte oder sich verwirrt gebende Werner Finck spielte diesen Pygmalion und sprach in einer Mischung aus Erfindungsgeist und Merkschwäche jeden Abend einen anderen Text. Beim Verbeugen reichte er die Hand dankend in den Souffleurkasten. Lola Müthel war die Eliza. Lis war die Clara, eine komische Rolle. Noelte legte punktgenau fest, was sie zu denken hatte, während sie den Partnern zuhörte. Sie musste Ansätze machen zu antworten, während sie noch nicht dran war. Das war schwierig für die anderen, denen *reingesprochen* wurde. Lis hatte bisher gelernt, ihren Text zu sagen, wenn sie dran war. Bei Noelte lernte sie *zuhören, denken, ins Wort fallen*.

Das Wissen aus ihrer reichen Schauspielpraxis gab Lis später als Lehrerin weiter. Sie unterrichtete viele Jahre an einer Münchner Schauspielschule.

Es war für Lis ein frühes Glück, in Frankfurt mit Regisseuren wie Buckwitz und Noelte zu arbeiten. Und mit Paul. Auch unter seiner Regie hat Lis in ihren Frankfurter Jahren gespielt. Er inszenierte 1952 noch einmal die Weltkriegsparabel »Wir sind noch einmal davongekommen« mit Bernhard Minetti als *Herr Mensch*. Lis spielte die *Gladys*, seine Tochter.

Etwa zu dieser Zeit hatte Lis eine sehr ernsthafte Liebschaft mit dem Frankfurter Generalmusikdirektor Georg Solti. Wir alle wussten das, es war ja eine äußerst dramatische Affäre. Nur Paul durfte es nicht wissen. Denn Georg Solti wollte sich von seiner Frau trennen, um meine Schwester zu heiraten. Aus Gesprächen, bei denen es nicht um Lis und ihren verheirateten Geliebten ging, war Pauls Einstellung zur Scheidung in der Familie bekannt. Pauls Credo war: wenn eine Ehe gescheitert war, musste eine Scheidung erwogen werden. Aber von außen als »Einbrecher« eine Ehe zu gefährden, fand Paul unverantwortlich.

Das war vermutlich ein Relikt seiner katholischen Erziehung. Auch ohne Pauls Rat wollte Lis die Verantwortung als Außenstehende nicht tragen. Sie trennte sich von Solti.

Ich glaube, Paul hat von dieser Liebschaft nie etwas erfahren. Aber er hatte seine eigene: die Schauspielerin Gardy Granass. Als wir wieder nach Frankfurt gefahren waren, um Lis in einer Vorstellung zu sehen, wohnten wir im gerade eröffneten »Hessischen Hof«, in dem es nach frischer Farbe roch, und alles strahlte, auch das Personal. Es war vor Ostern und in Frankfurt blühten schon die Mandelbäume.

In der Feiertagsidylle, die in unserer Familie immer etwas Gefährliches an sich hatte, eskalierte ein Streit, bei dem es natürlich um Gardy ging, so sehr, dass Paul den Aufenthalt in Frankfurt abbrach und auf der Rückfahrt kein Wort sprach. Wir hatten große Angst, Paul könnte uns wegen Gardy verlassen.

In der Rabenkopfstraße wurden wir von Gunda erwartet, die das ganze Haus geschmückt hatte.

Sie stand in der Haustür und lachte, sie hatte ja keine Ahnung von der dramatischen Situation. Der Tisch war österlich gedeckt, überall Blumen. Gunda hatte Eier ausgeblasen und bemalt.

Paul stand lange Minuten still vor dem geschmückten Ostertisch. Ich umarmte Gunda, zerdrückte sie beinah. Es war gut, nach Hause zu kommen. Gunda bemerkte unsere Niedergeschlagenheit. »Was ist denn?« – »Pssst!«, sagte meine Mutter. Wir trugen leise, fast schleichend das Gepäck nach oben. Da hörten wir Paul in die Hände klatschen und rufen: »Wo bleibt ihr denn?« Wir sahen uns überrascht an.

Meine Mutter schob mich voran ins geschmückte Zimmer. Paul zählte die Salzsäuretropfen in sein Wasserglas, trank. »Herr Verhefen!«, sagte Gunda (sie sagte immer »Verhefen«), »Sie sollen doch die Salzsäure nicht vorher nehmen!« »Ich war in Gedanken«, sagte Paul und wischte sich den Mund mit der noch im Ring steckenden Serviette ab. »Und Sie sollen nach der Salzsäure nicht die Stoffserviette nehmen!«, setzte Gunda nach. »Entschuldige«, sagte Paul. Und zu uns »Entschuldigt bitte ...«

Irgendwann in der Nacht kam Lis mit einem Ferngespräch aus Frankfurt durch. Wir alle hörten die Klingel im Flur. Meine Mutter ging ran. Sie war über die Besorgnis von Lis verwundert. »Wieso?«, sagte meine Mutter, »es ist alles in Butter!« Monika und ich schlossen beruhigt unsere Türen. Es war wieder alles in Butter. Ich kann mir vorstellen, dass Lis noch eine Weile mit Herzklopfen am Telefon ihrer Zimmerwirtin stand.

Lis blieb noch ein Jahr in Frankfurt. In Arthur Miller's »Hexenjagd« spielte sie die Betty, die 35 Jahre später ihre Tochter Stella unter der Regie von Lis spielen wird. Miller hatte das Stück als Antwort auf die McCarthy-Affäre in Amerika geschrieben. Die Hauptrolle spielte Hans Christian Blech gleichzeitig an den Münchner Kammerspielen und am Frankfurter Schauspielhaus.

Also Frankfurt und Paul. Er war 1929 vom jüdischen Intendanten Erwin Kronacher ans Schauspielhaus engagiert worden. Kronacher, einst Volontär bei Max Reinhardt, wurde von der konservativen Presse wegen seines undeutschen Spielplans angegriffen. Er hatte »Zyankali« von Friedrich Wolf aufgeführt, das den umstrittenen Abtreibungsparagraphen angreift. Es gab Tumulte. Dann Zuckmayers »Hauptmann von Köpenick«. Das war zwar eine Komödie, aber das Publikum lachte auch über den deutschen Militarismus, in dem die bloße Uniform zum Fetisch geworden war. Das war ein bitteres Lachen, das die Deutschnationalen dem Juden Kronacher verübelten. Trotzdem konnte Toni Impekoven als erster Darsteller des Hauptmanns, der ein kleiner Schuster ohne Papiere war, Triumphe feiern.

Impekoven war Pauls Lehrmeister als Darsteller des *Komö-*

diantischen. Als Schauspieler wurden sie ein beliebtes Gespann. Mit Impekoven, der eine ganze Generation älter (und erfahrener) war, schrieb Paul die Stücke »Liebe in Not« und »Das kleine Hofkonzert«, von dessen umwerfendem Erfolg beide Autoren überrascht waren. Alle größeren Städte, die über eine Protagonistin verfügten, die zugleich Sängerin war, führten es auf. Fünfmal wurde das Stück verfilmt. Die erste Filmversion (»Das Hofkonzert«) inszenierte Detlev Sierck, der in der Nazizeit nach Amerika emigrierte und unter dem Namen Douglas Sirk in Hollywood Karriere gemacht hat. Die Darsteller der Hauptrollen waren Jan Kipura und Martha Eggert, die Stars ihrer Epoche.

Die zweite Verfilmung machte Paul 1943/44 selbst. Für die Hauptrolle, eine Sängerin, die auf der Suche nach ihrem Vater ist, fand Paul eine ideale Besetzung: Elfie Mayerhofer, eine Ausnahmekünstlerin im leichten Fach der Musik.

Paul hat in Frankfurt viele Inszenierungen gemacht, in denen er nicht selten auch spielte. Einer seiner liebsten Partner war der Charakterkomiker Wilfried Seyferth. Er wurde Pauls Freund, vielleicht der einzig wirkliche Freund in diesen Jahren und der ersten Zeit nach der Befreiung 1945. Für Pauls anderen Schauspielerkollegen, Joachim Gottschalk, gab es keine Befreiung. Er ist wegen seiner Ehe mit einer Jüdin in den gemeinsamen Selbstmord getrieben worden.

1933 wurde der jüdische Intendant Kronacher abgesetzt.

Paul blieb noch zwei Spielzeiten in Frankfurt. Er war der *Narr* in Shakespeares »Was ihr wollt«, den er Jahre später im Fernsehen wieder spielen sollte und Wilfried Seyferth war der Frankfurter *Bleichenwang*.

In meinen eigenen Schauspielerjahren, es muss 1969 gewesen sein, führte der bekannte Münchner Fernsehproduzent Helmut Ringelmann in den Hallen der Bavaria für eine Verfilmung von »Was ihr wollt« ein erstaunliches Ensemble zusammen. Der *Bleichenwang* war Boy Gobert, den *Malvolio* spielte Theo Lingen, Bruni Löbl die *Marie*, Wolfgang Völz und Walter Richter waren die *Rüpel*, Siegfried Lowitz war der *Narr*. Johanna von Koczian spielte die *Viola*, Erika Pluhar die *Olivia*, Martin Benrath den *Orsino*. Ludwig Cremer, der sich an den Drehtagen nur von Bananen ernährte, weil sie ihm angeblich Energie gaben, die er bei diesem anspruchsvollen Ensemble von Solisten auch nötig hatte, führte Regie. Ich spielte den *Sebastian*, also den Zwillingsbruder von Johanna von Koczian. Mit der langhaarigen Perücke ging das einigermaßen.

Eine der interessantesten Rollen, die Paul am Frankfurter Schauspielhaus spielte, war der *Spiegelberg* in Schillers »Die Räuber«. Paul rief Wilfried Seyferth, als der uns mit seiner neuen Frau Eva-Ingeborg Scholz in der Rabenkopfstraße besuchte, einen kleinen Theaterstreich in Erinnerung.

Paul sollte bei diesem Streich, den Seyferth ausgeheckt hatte, das Opfer sein. Paul wurde im 4. Akt in der Rolle des *Spiegelberg* als Verräter entlarvt und erstochen. Karl Moor befahl: »Schafft mir diesen aus den Augen!« Der *tote Spiegelberg* wurde dann jedes Mal von der Bühne getragen. An diesem Abend war Paul nervös, er hatte es sehr eilig, weil er unbedingt den Nachtzug nach München erreichen musste. Er bat also die Kollegen, heute etwas »schneller« zu spielen, damit er den Zug nicht versäumt. Karl Moor ließ den Befehl, ihm den Verräter aus den Augen zu schaffen, an diesem Abend weg. Da wurde Paul schon stutzig. Und wirklich, die schäbigen Räuber ließen ihn einfach an der Rampe liegen und spielten die Szene weiter.

Paul dachte an den Nachtzug, kam plötzlich zu sich, rief röchelnd »Wasser ... Wasser!« und kroch von der Bühne.

Die Hochzeit

Paul und meine Mutter haben am 28. Juli 1930 in Frankfurt geheiratet. Paul musste nach der kurzen Feier auf dem Standesamt sofort zurück auf die Probe. Für eine Hochzeitsreise war keine Zeit, die haben sie etwas später nachgeholt.

Paul erzählt VII

Zuvor waren wir fünf Wochen unterwegs in der Schweiz und in Italien gewesen, und hatten viele schöne Tage erlebt. Unser Zug hielt auf einer Schweizer Station, nachmittags, und ich war nicht rasiert, wollte aber in Köln in absoluter Schönheit erscheinen. Nun ist ein still stehender Zug natürlich die beste Gelegenheit für ein solches Unterfangen, man schneidet sich nicht so häufig und so tief. Ich begann also mit meinem Werk, hatte meine Jacke im Abteil gelassen und hatte ein kleines blaues Sommerhemdchen an. Es gehörte eigentlich nach dem damaligen Brauch ein Sakko darüber. In der Hand hatte ich ein blaues Gummibeutelchen, in dem mein Rasierzeug, Seife und solche Scherze waren. Ich rasierte mich, bekam dann auch mal einen heftigen Stoß, was aber nicht weiter schlimm war. Ich hörte das Klopfen an den Rädern, es wurde rangiert, aber all das störte meine Rasiererei nicht weiter. Dann bekam ich plötzlich ein komisches Gefühl, schaffte es, das Fenster so weit herunterzuziehen, dass ich einen kleinen Sehspalt hatte. Ich sah dann nach rechts hinaus, aber sah hinter mir keinen Zug, ich befand mich also jetzt im letzten Wagen. Ich sah drüben den Stationsvorsteher und rief zu ihm rüber, wo die anderen Wagen seien. Er schrie zurück, dass der Zug gleich kommen würde. Da dachte ich mir, dass es eigentlich schon seltsam war, dass man den Zug erst mit großem Aufwand wegrangiert, um ihn danach wieder dran zu hängen. Auf alle Fälle wurde dann der andere Zug wieder angehängt, und ich merkte, aus Rufen und Gesprächen am Bahnsteig, dass mein Zug durchaus nicht nach Köln fuhr, sondern ganz woandershin. Ich schnappte mir meinen Toilettenbeutel und stieg schnell aus, stand dann am Bahnsteig wie ein verhungernder Spatz.

Dadurch, dass ich so aufgeregt war, mochte mich der Stationsvorsteher überhaupt nicht leiden. Ich bekam dann heraus, dass der Zug wirklich weg war, und wollte natürlich sofort telefonieren, meine Frau saß ja schließlich im abgehängten Teil des Zuges. Sie hatte kein Geld, keine Fahrkarten, all das hatte ich bei mir. Ich sagte also dem Stationsvorsteher, dass er für mich unbedingt Nachricht geben musste. Er nahm mich mit auf die Stationsstube, dort wurden dann über Bahntelefon Stationen verständigt, dass man dem Zugführer das Unglück mitteilen sollte. Ich lief ein bisschen auf dem Bahnsteig herum und machte einen neuen Plan. So war ja das Ganze nicht geplant gewesen, so frisch verheiratet, und schon kam die große Trennung. Ich überlegte, wie ich diese neue Freiheit verbringen sollte. Ich ging in die Stadt, sah mir einen Film an und habe auch ein wenig gegessen, bezahlen konnte ich ja Gott sei Dank. Ich wusste, dass Doris am nächsten Bahnhof auf mich warten würde. Nun soll mal die Mami erzählen, wie das für sie abgelaufen ist.

Doris erzählt:

Na ja, ich saß da nun im Zug und las einen Krimi. Außer mir saßen nur ein ganz dicker katholischer Pfarrer, zwei Frauen und ein Herr in meinem Abteil. Auf einmal hörte *ich auf dem Bahnsteig einen Beamten etwas schreien, von dem ich kein Wort verstand. Da sagte eine Dame, da hat wohl einer seine Frau verloren. Wir haben uns alle köstlich darüber amüsiert, wie jemand so dämlich sein kann, seine Frau zu verlieren. Ich las also weiter, aber dann hatte ich das Buch zu Ende gelesen, da wurde mir mulmig. So lange konnte der Paul doch nicht wegbleiben, so lang war der Bart ja dann doch noch nicht. Ich hab dann im ersten Klo geguckt, niemand. Im zweiten Klo, niemand. Ich durchsuchte alle Toiletten, aber Paul war nirgendwo zu finden. Nun merkte ich, ich war die Frau, die ihren Mann verloren hat. Du lieber Gott, ich hab mich so geniert, das zu sagen. Ich ging dann zurück ins Abteil und fing ganz schüchtern an zu erklären, ich hätte meinen Mann verloren. Die haben alle wieder angefangen fürchterlich zu lachen, sie wussten ja nicht, in welcher Not ich war. Ich hatte keinen Pfennig Geld, zwei große Koffer, die Mäntel. Ich wusste, in Pauls Mantel war noch ein volles Päckchen Zigaretten, eine fehlte. Nun wusste ich ja, Tante Trude würde mich in Köln abholen, das tröstete mich. Wir kamen in Köln an, abends um halb 8 Uhr. Ich habe mich nicht getraut auszusteigen, der Pfarrer im Abteil hatte mir kein Geld angeboten, obwohl ich gesagt hatte, dass ich nicht mal einen Pfennig dabei hatte. Niemand hatte mir etwas angeboten. Ich hab gewartet, bis alle ausgestiegen waren, die Koffer konnte ich nicht nehmen, sie waren für mich viel zu schwer. Nun ging ich auf den Bahnsteig und sah, keine Tante Trude da. Sie war da gewesen, mit ihrem großen weißen Königspudel, hatte niemanden von uns gesehen und ist wieder nach Hause gegangen. Ich sah aber einen Gepäckträger, der dann so freundlich war, mir mit den Koffern zu helfen. Als wir an die Treppe kamen, sagte ich ihm, dass ich aber nun kein Geld hätte, um ihm seine Dienste zu bezahlen, ich hätte leider unterwegs meinen Mann verloren. Aber ich* hätte ein Päckchen Zigaretten, falls er damit einverstanden sei. Er trug mir die Koffer bis zur christlichen Bahnhofsmission. Da hab ich die Koffer hingestellt und fragte bei der Mission, ob man mir Geld zum Telefonieren geben könnte. Nun war ich ja braun gebrannt, hatte noch einen Fotoapparat um den Hals hängen, aber trotzdem sagte mir die Dame von der Mission, ich könnte ja auch ein Straßenmädchen sein. Ich könnte die Koffer ja auch geklaut haben, das könne sie ja nicht wissen. Sie hat mir keinen Pfennig Geld gegeben. Ich gehe also zehn Meter weiter, dort war ein kleines Kassenhäuschen. Ich sagte zu dem Herrn dort, was mir passiert war, und bat ihn um Geld zum Telefonieren. Ich bot ihm auch an, meinen Fotoapparat als Pfand zu hinterlegen, ich würde ihn dann später wieder auslösen. Er gab mir dann so 20 Pfennig. Ich ging also wieder in die Mission, telefonieren durfte ich, aber es meldete sich bei Tante Trude niemand. Nun bin ich in dieser großen Enttäuschung zu Fuß gegangen, habe mir kein Taxi genommen. Tante Trude hat bloß gelacht. Morgens um sieben Uhr kam Paul dann an, auch völlig aufgelöst. Jetzt kann Paul weitererzählen.

Paul:

Viel gibt es nicht mehr zu berichten. Auch wenn ich mir ziemlich sicher sein konnte, dass ich die Mami irgendwann wieder sehe, so war die Zeit doch lang, denn der Zug, mit dem ich weiterfahren konnte, fuhr erst um 3 Uhr nachts los. Gegen 11 Uhr wurde der Wartesaal zugemacht und ich musste mich auf dem Bahnsteig aufhalten. Es war nun auch schon empfindlich kalt geworden, ich ging öfter auf und ab, um mich ein bisschen zu erwärmen. Ich erregte schon das Aufsehen einiger Beamten, die ja nicht wussten, ob ich in meinem Toilettenbeutel nicht eine Bombe ver-

steckt hatte. Aber immerhin, dann kam der Zug, und ich kam am anderen Morgen in Köln an.

Ich werde nun mal langsam zum Ende kommen, ich hätte zwar noch ein paar Geschichten zu erzählen, aber ich schließe den Bericht heute am 23. Juni 1972 ab, zur Feier meines Geburtstages werden Mami und ich heute bei Sacher zu Abend essen. Im Übrigen freuen wir uns, euch alle plus eins bald wieder zu sehen.

Mit »plus eins« meinte Paul unseren gerade geborenen Sohn Simon.

Das gute Feuer

1952 starb mein Großvater, der Vater meiner Mutter.

Ein verschnürtes Paket in braunem Packpapier kam in der Rabenkopfstraße an. Mein Großvater hatte einen herzzerreißenden Brief an seine Tochter – meine Mutter – hinterlassen und eine 16-mm-Kamera in einem schwarzen Lederkoffer.

Meine Mutter hat still in sich hineingeweint, und erst später hat sie uns Kindern erzählt, wie das mit ihr und ihrem Vater war, der nun unter der Erde lag, ohne dass meine Mutter von ihm Abschied genommen hatte. Sie hatte es schon als Kind schwer mit ihm. Er war ein »Zwölf-Ender«, also ein Mann, der sich durch zwölf Jahre Militärdienst zum mittleren Beamten hochgebuckelt hatte. Er wollte höher hinaus, und immerhin schickte er seine Dorothea aufs Lyzeum, ließ sie Gesang und Klavier studieren und war schließlich doch enttäuscht, als sie nicht Opernsängerin werden wollte, sondern zum Theater ging.

Die Familie war schon vorher auseinander gebrochen.

Meine Mutter bewahrte ein Foto auf, das sie mit der zarten hübschen Mutter und dem kahlköpfigen Vater in Uniform zeigt: Dorothea mit großer weißer Schleife im Haar.

Dem Kahlkopf auf dem Foto, das meine Mutter mit der weißen Haarschleife zeigt, war ich 1943 als Fünfjähriger in Köln ein einziges Mal begegnet. Wir waren mit meiner Mutter in Duisburg bei Pauls Bruder Fritz und Tante Paula, die jede Situation wie im besten Kabarett kommentieren konnte. Sie machte politisch freche Bemerkungen, so dass Onkel Fritz angesichts der Wände, die Ohren hatten, »psssst!« zischte.

Von Duisburg aus fuhr meine Mutter mit meiner Schwester Monika und mir zum Hauptbahnhof von Köln, der Geburtsstadt meiner Mutter. Offenbar hatte unser unbekannter Opa um dieses Treffen gebeten. Monika trug eine Schleife im Haar, wie meine Mutter auf dem ovalen Foto. Wir trafen unseren Großvater im Bahnhofsrestaurant des Kölner Hauptbahnhofs.

Mein glatzköpfiger Opa hatte ein rotes Gesicht, tätschelte Monika und mir die Wangen und nach der Bestellung musste ich mich auf den Schoß des gerührten fremden Mannes setzen, der sich gelegentlich eine Träne aus dem Gesicht wischte.

Worüber er mit meiner Mutter gesprochen hat, weiß ich nicht. Ich weiß nur, dass ich auf einem dicken Teller, der mit dem Zeichen der Deutschen Reichsbahn versehen war, eine Ochsenschwanzsuppe serviert bekam, die ich wegen des lustigen Namens bestellt hatte und deren süßlich scharfer Geschmack mich überraschte, mir aber dann ziemlich angenehm war. Diese Begegnung ist auch für meine Mutter die letzte mit dem Opa gewesen, zu dem es die obligatorische Oma nicht gab, weil sie – wie meine Mutter sagte – aus Gram darüber, dass er sie wegen einer anderen Frau hatte sitzen lassen, gestorben war. Sein Vermächtnis also war eine aufziehbare Kamera der Firma Agfa.

Mit der Kamera meines verstorbenen Großvaters habe ich einen Film gedreht, der als Geschenk zu Pauls Geburtstag herhalten musste. Sein Titel war »Das gute Feuer«. Das wohl ziemlich furchtbare Drehbuch, das ich in halb volle Mathe- und Bio-Hefte hineingeschrieben hatte, habe ich unter der Mitwirkung von Walter Kaseder und anderer Freunde – und nicht zuletzt von Gunda – verfilmt. Das Filmmaterial stammte vom Fotohaus Schaja in der Maximilianstraße, wo ich mir immer die nach dem Verfallsdatum verbilligten Filmrollen abholte.

Die Geschichte handelte, wenn ich mich richtig erinnere, von einem brennenden Haus, aus dem die Hauptperson, also ich, durch einen Freund gerettet wird, wodurch die zerrüttete Freundschaft wieder ins Lot kam.

Paul hatte die Geburtstagspremiere geduldig durchgestanden, aber sich jedem Kommentar der cineastischen Qualität enthalten. Ich gebe zu, dass ich über das betretene Schweigen verbittert war.

Nur Gunda, die immer Lobende, fand den Film außerordentlich gut. Anders als in der Filmhandlung ist die Freundschaft zu meinem Freund Walter durch die Dreharbeiten jäh zerbrochen. In seiner zweiten Rolle, ich glaube nämlich, er spielte gleichzeitig auch noch seinen Vater, trug er den etwas zu großen Mantel seines wirklichen Vaters, des Herrn Kaseder, der ein Baugeschäft hatte, und zur besseren Unterscheidung von der eigentlichen Rolle des Sohnes hatte ich Walter eine Brille zugedacht. Dafür sehr geeignet schien mir Pauls Hornbrille »aus echtem Horn«, die er im Nachttisch aufbewahrte, weil sie für den Alltag zu wertvoll war. Unglücklicherweise ist die Brille nach Drehschluss versehentlich im Mantel des Herrn Kaseder geblieben. Ich klingelte also im Nachbarhaus an der oberen Glocke. Am Fenster des ersten Stocks erschien Herr Kaseder, wie er es immer machte, wenn ich Walter zum Fußballspielen abholen wollte. Herr Kaseder, mit kurzer Schrecksekunde im offenen Fenster erstarrend, hatte Pauls kostbare Hornbrille auf. Ich dachte, wunderbar, alles gerettet. Sie war also doch im Mantel, Herr Kaseder weiß nicht, wie die da reinkommt, ich wollte hinaufrufen: »Entschuldigen Sie bitte, aber ...« Da tauchte Herr Kaseder ab und erschien nach längeren Sekunden mit einer wunderlich engen Sonnenbrille mit weißem Gestell und schwarzen Gläsern wieder am Fenster und fragte mich, was ich bitte wolle. »Ich möchte die Hornbrille von meinem Vater abholen.« Grußlos schloss Herr Kaseder das Fenster. Mein Freund Walter ließ sich nicht mehr sehen, und das war das Ende einer wunderbaren Freundschaft.

Der Märchenprinz

1952, als Paul »Philomena Maturano« von Eduardo di Philippo inszenierte, mit der Giehse, dem stillen Vulkan Friedrich Domin, mit Melanie Horeschovsky, den übermütigen Buben Hans Clarin und Gunnar Möller und der unvergleichlichen Gertrud Kückelmann, spielte ich am anderen Ufer der Maximilianstraße im Residenztheater den Prinzen in Andersens »Schneekönigin«.

Die Proben hatten wenig Ähnlichkeit mit der intimen liebevollen Arbeit, die ich an der »kleinen Freiheit« erlebt hatte. Alles kam mir hier ungemütlich und bedrückend vor, das große Haus, die hohen Gänge, die riesige Bühne, der große Zuschauerraum, der ganze gewaltige Theaterapparat, in dem ich ganz verloren war.

Ich besprach mich mit Paul. Er las die Dialoge, fand sie nicht schwierig, ja, das waren sie nicht, der Text war klar. Paul gab mir einen seltsamen Rat. Er sagte: »Geh allein durch die Gänge. Wenn noch keine Probe ist ... Gehe alle Wege ab, von der Pforte über die Treppen zur Garderobe, zur Bühne, ganz langsam, schau alle Ecken und Stufen genau an. Merke dir den Klang deiner Schritte und den Geruch der Räume und Gänge!«

Ich hatte nicht gleich verstanden, was Paul mit dem Rat bezweckte. Aber ich befolgte ihn, und er wirkte Wunder.

Besonders das Herumgehen auf der leeren Bühne, nicht die *einstudierten* Wege des Prinzen, sondern jedes Fleckchen des Bühnenbodens viele Male betreten zu haben, war wie eine Eroberung. Ich achtete auf den Klang meiner Schritte, der sich vollkommen veränderte, wenn ich meine Schuhe gegen die des Prinzen austauschte.

Ich achtete auf die Geräusche, die aus dem Schnürboden, den Seitenbühnen und dem Zuschauerraum kamen. Das Knistern der Scheinwerfer, das Hämmern und Sägen in den Werkstätten. Wenn ich Glück hatte, begegnete mir niemand oder nur wenige. Allmählich gewöhnten sich die Techniker, die meist auf der Bühne mit dem Abbau und Aufbau von Dekorationen zu tun hatten, an den jungen Wanderer. Das Schönste an meinen Erkundungen des Residenztheaters waren die Gerüche, vor allem auf der Bühne, die ich zu unterscheiden lernte, den Geruch von Farbe, Holz und Leim, Staub und Stoff und den Seilen aus Stahl, die über geschmierte Räder gezogen wurden.

Irgendwann gehörte das Residenztheater mir. Wenn ich heute das Foto als Prinz mit der Krone sehe, die von einem Gummiband unter dem Kinn gehalten wird, muss ich lächeln.

Die Prinzessin hieß Karin Dürrschmidt und wurde von ihrer Mutter, manchmal von beiden Eltern ins Theater gebracht und nach der Vorstellung wieder abgeholt. Einen solchen Komfort boten mir meine Eltern nicht. Nein, ich ging über die Trümmergrundstücke zum Sendlinger Torplatz zur Linie 25.

Der »Böse« im Stück, ich hab vergessen, welche Funktion er am Hof der Schneekönigin hat, war ein hagerer Mann mit einer kratzigen Sprache und Augen zum Fürchten.

Meine Mutter sagte, er sei ein berühmter Mann, der schon

beim Stummfilm oft den Bösen gespielt hatte. Ich begann, mich für ihn zu interessieren. Er war der Freundlichste von allen. Sein Name war Fritz Rasp.

Wieder Erich Kästner

Während meiner Zeit als Märchenprinz bekam ich in dem Film »Das fliegende Klassenzimmer« die Rolle des jungen Beethoven, der den ganzen Tag am Klavier sitzt und mit verbundenen Augen übt.

Ich hatte mich auf eine Zeitungsmeldung an der angegebenen Adresse in der Leopoldstraße eingefunden und schon von weitem die dicke Traube von Buben meines Alters mit ihren Müttern und Vätern gesehen. Da wurde ein Kästner-Roman verfilmt, da musste ich dabei sein. Zu Hause hatte ich den Zeitungsartikel meiner Mutter hingelegt, und sie hatte gesagt: »Sag dem Kästner einen schönen Gruß.«

Nach ein paar Stunden Wartezeit kam ich dran, irgendwo in einem oberen Raum des Bürogebäudes wurden mein Name und meine Adresse notiert. Auf dem Fragebogen musste ich unter »Klavier« ein *ja* oder ein *nein* ankreuzen. Ich entschied mich für »ja«.

Mein Klavierspiel war so schlecht, dass ich sehr überrascht war, als ich die Rolle bekam. Erich Kästner habe ich während der ganzen Drehzeit nur einmal kurz getroffen. »Ach, mein Anton!«, sagte er.

Wir drehten in einem kleinen Filmstudio in der Tulbeckstraße, auf der *Schwanthaler Hochebene*, wie das Glasscherbenviertel damals genannt wurde. Kurt Hoffmann war ein guter Psychologe, führte uns Kinder mühelos, stachelte nie unseren Ehrgeiz an, sondern immer unsere Spiellaune.

Bei einer Massenszene im Turnsaal des Internats in Marquartstein wurde meine Brieftasche, die im Mantel steckte, geräubert. Unser erster Aufnahmeleiter, Gustl Gotzler, ein kerniger Bayer mit Witz und Charme, löste das Problem auf seine Weise. Er schrieb mich noch tagelang auf die »Dispo«, also den Tagesplan, so dass ich weiter Tagegelder bekam, obwohl ich schon abgedreht war.

Der Produzent Klaus Stapenhorst ließ mich weiter zum Residenztheater nach München bringen und nach der Vorstellung abholen, obwohl er das Spiel durchschaute. Stapenhorst wusste, dass ich schon einige Male mit Pauls Vedette »erwischt« worden war, er kannte also meine Leidenschaft fürs Autofahren.

Ohne mir etwas davon zu sagen, schrieb er an die Münchner Verkehrsbehörden und bat, mich für den Autoführerschein zuzulassen, da ich demnächst in einem Film selbständig fahren müsse. Ich war völlig überrascht, als er mir den Brief in die Hand drückte. »Ist das wahr? Krieg ich die Rolle?«, fragte ich. Er zuckte die Achseln. »Worum geht's dir? Um die Rolle oder ums Autofahren?« – »Ums Autofahren!«, antwortete ich prompt, »aber, wenn die das nachprüfen …?« – »Dann muss ich dir die Rolle geben!«, sagte Stapenhorst. Ich bekam die Rolle nicht. Es gab ja gar keinen Film. Aber ich bekam den Führerschein, da war ich noch nicht sechzehn.

Liebe Melanie

Melanie Horeschovsky, Freundin von Paul und meiner Mutter seit den Dresdener Jahren am Alberttheater, hatte Paul 1952 an die Kammerspiele geholt. Melanie wohnte in der Liebigstraße 17, in einem Maleratelier. Dort habe ich viele Abende verbracht und diskutierte mit ihr über das »moderne Theater«. Sie gab mir viel zu früh »Die Sprache« von Karl

Kraus zu lesen und »Die Blendung« von Elias Canetti, dem späteren Literatur-Nobelpreisträger, und befragte mich nach dem Gelesenen ab wie eine Lehrerin in der Schule.

Auf dem Weg zu Probeaufnahmen zu einem Film stieg ich zufällig in einen Straßenbahnwagen, in dem Melanie saß. Sie ließ sich von mir den Text für die Probeaufnahmen geben, schob mich auf die Plattform hinaus und fing an, mich für die Szene »abzurichten«, wie sie es nannte. Sie spielte mir vor, in voller Lautstärke, alle Leute schauten her, ich musste nachspielen. Melanie duldete nicht, dass ich den Bemerkungen der Fahrgäste Beachtung schenkte. Leute stiegen aus, andere zu, befremdliche Reaktionen. »Hier wird gearbeitet!«, belehrte Melanie in strengem Ton den Schaffner, der sich über das seltsame Schauspiel in seinem Waggon aufregte. Ich war heilfroh, entkommen zu sein, als ich endlich aussteigen musste.

Aber ich habe Melanies Lehrstunde befolgt und die Rolle bekommen.

In Melanies »Häusl« in Dreistetten war ich in den Sommerferien. Wir saßen uns halbe und ganze Nächte in schwedischen Liegestühlen gegenüber und lasen uns moderne Stücke mit verteilten Rollen vor, von ihrer Haushälterin, Frau Ödendorfer, mit Knoblauchbroten, Milch vom Bauern Karl und starkem Kaffee versorgt. Im Föhrenwald hinter ihrem Häuschen hatten in den letzten Kriegstagen grauenvolle Kämpfe stattgefunden. Man sah noch die Spuren der Schützengräben, jetzt zugeschüttet und verwachsene, rostige Stacheldrähte ragten aus der warmen Erde. Der Wald duftete angenehm nach Harz, das aus flügelförmigen Einschnitten der Föhrenrinde in Tongefäße tropfte.

Melanie erzählte mir von ihrem Bruder und seinem sinnlosen Tod, den sie nie überwunden hat.

Die Männer im Dorf versteckten sich vor den Russen. Melanies Bruder hastete von einem Versteck zum anderen. Melanie zeigte mir, wo sie ihn erschossen fand. Sie ging nicht ganz an die Stelle hin, nur in die Nähe, deutete in eine Richtung, den Blick abgewandt. Melanie und ihre Mutter hatten sich, als die Russen durchs Dorf und durch die Wälder zogen, im Haus eingesperrt. Die Russen drangen ein, vergewaltigten und erschlugen die Mutter vor Melanies Augen. Auch Melanie wurde vergewaltigt, einer der russischen Soldaten griff ihr in den Rachen, um ihr Geschrei zu ersticken. Melanie verstummte für lange Zeit, musste das Sprechen neu lernen.

Melanie hat in meiner Kindheit die Liebe zu Paul auf mich übertragen. Sie bestärkte mich in meinen Auseinandersetzungen mit Lehrern, Freunden und deren Eltern, bei denen es immer wieder um die dunkle deutsche Vergangenheit ging, in die sie die österreichische bewusst einbezog.

Überall im Haus hatte sie Zettel und Notizen angebracht, zum Beispiel an der Haustür: »Bewusst absperren!« An der Bettwand im Schlafzimmer waren die rot und blau angestrichenen Rollentexte mit Reißnägeln oder Klebestreifen, die man anlecken musste, befestigt, Seite für Seite. »No ja«, sagte Melanie, »das schau ich immer vor dem Einschlafen an. Da brauch ich keine Brille und muss nicht umblättern.« In ihrem Waldhaus brannte sie gemeinsam mit dem Revierförster Schnaps, was niemand wissen durfte und alle Welt wusste. Aus Gräsern und Kräutern, die sie auf den Wiesen vor der »Hohen Wand« pflückte, machte sie Brotaufstrich, den sie in Marmeladegläsern an ihre Freunde verteilte. Einer meiner Abschiede bescherte mir außer Melanies selbstgemachter Mirabellenmarmelade, Nussschnaps, Grasaufstrich, Büchern und Ratschlägen fürs Leben ein paar kräftige Ohrfeigen in der Bahnhofshalle, weil ich so taktlos war und die Fahrkarte nach München selbst bezahlen wollte.

Anfang der achtziger Jahre probte Melanie in Berlin mit dem Regisseur Rudolf Noelte. Ihre Gesundheit war angeschlagen und sie mußte die Rolle zurückgeben, was sie mehr bedrückte als die Krankheit. Um sie zu trösten, versprach ich, ein Drehbuch für sie zu schreiben. Durch die Aussicht auf unsere gemeinsame Filmarbeit kam Melanie auf wunderbare Weise wieder zu Kräften. Natürlich habe ich den Film dann tatsächlich gemacht. Offenbar erschien ihr die Arbeit an unserem Film, der »Liebe Melanie« heißt und Elemente aus ihrem Leben enthält, wie ein Vermächtnis. Sie starb am letzten Drehtag.

Unterlassene Hilfeleistung

1953 fuhren wir mit dem Vedette, dessen Fahrgeräusche und weichen Stoffhimmel ich liebte, in die Sommerferien.

Meist fuhr meine Mutter und Paul sagte ihr, dass sie zu weit links oder zu weit rechts fahre. Wir waren auf dem Weg nach Jesolo, das wir ohne Paul voriges Jahr mit der Eisenbahn erkundet hatten, ein schöner, absolut unberührter Strand ohne Hotels, ohne Tourismus. Es gab nur das an »*Tod in Venedig*« erinnernde »Grande Albergo Bagni e Miramare«. Unter den Gästen waren wir die einzigen Deutschen. Damals war ich am Strand von der Polizei, die Tropenhelme trug, verhaftet worden, weil ich eine Dreiecksbadehose trug, die als Skandal angesehen wurde. Jetzt war ich schon 15 und hoffte, die blonde Maria Paola Pompeati aus der Via Ospedale 2 in Bozen wiederzusehen. Sie schrieb mir Postkarten. »Tanti auguri. Ti baccio! Biba.«

In Riva am Gardasee machten wir eine Pause. Zum Kaffeetrinken und Eisessen. Auf der Straße stürzte ein älterer Herr mit blassem Gesicht und rötlichen Haaren auf Paul zu und umarmte ihn. Paul und meine Mutter erkannten ihn sofort und lachten wie die Kinder. Der rothaarige Mann küsste meiner Mutter die Hand, dann umarmten sie sich ebenfalls.

Wir Kinder hatten den Mann noch nie gesehen und die Frau, die er jetzt meinen Eltern vorstellte, auch nicht. Paul und der Herr im offenen Hemd und beigen langen Hosen siezten sich trotz der herzhaften Begrüßung. »Also, ich bin ein alter Freund eurer Eltern!«, sagte der Herr mit kräftigem Berliner Klang, und dann wurden auch wir drei Kinder schmatzend geküsst.

Im Café mussten wir zwei Tische zusammenstellen. »Das ist Professor Ludwig Marcuse!«, sagte meine Mutter. »Er war der gefürchtetste Theaterkritiker in Frankfurt!« – »Ja, und heute möchte ich mich am liebsten bei allen entschuldigen, die ich damals verrissen habe!« Paul lachte: »Bitte! Entschuldigen Sie sich.« Marcuse hob empört die Hände. »Na hören Sie, Sie habe ich doch immer über den grünen Klee gelobt.« Marcuse packte Lis mit seinen großen, fleischigen Händen am Arm. »Und Sie sind die, die damals in Frankfurt zur Welt kam!« Er lachte sie an mit seinen lebhaften Augen hinter der hellen Brille. Dann wollte er, dass Paul erzählt. Aber Paul wollte, dass Marcuse erzählt. Wir erfuhren, wie er seine Frau Sascha kennen gelernt hat, wie es ihm in Los Angeles ergangen war, wo er an der University of Southern California deutsche Literatur lehrte.

Immer wieder patschte er beim Erzählen mit seinen großen Händen meiner Mutter und Paul auf Arm und Hände. Als Marcuse und seine zarte Frau Sascha uns zum Auto begleiteten, sagte ich stolz: »Wir haben einen Vedette!« Da sahen wir, alle vier Reifen waren zerstochen.

»Na ja, ein deutsches Kennzeichen!«, sagte Sascha Marcuse. »Die Italiener haben sich auch nicht gerade mit Ruhm bekleckert!«, sagte Marcuse.

»Immerhin haben die ihren Mussolini *selber* beseitigt!«, sagte Sascha Marcuse.

Marcuse kam in den nächsten Jahren oft zu uns, auch in unser neues Haus in der Mittenwalder Straße. Ich hatte mich inzwischen mit ihm angefreundet.

In den Jahren der Studentenbewegung war die euphorische

Sympathie zwischen uns in Gefahr. Nicht wegen der aufmüpfigen Jugend. Die gefiel ihm. »Die meisten Professoren sind denkfaul!«, sagte er. Was ihn störte, war die Kritik am Vietnamkrieg. Das störte ihn auch an mir. Meinen Film »o. k.« wollte er nicht sehen. »Da würde ich mich garantiert ärgern!«, sagte Marcuse. Manchmal war bei unseren sehr vorsichtigen Diskussionen auch Senta dabei. Sie sagte: »Die Amerikaner haben in Vietnam nichts verloren!« Marcuse klopfte mit der Faust auf den Tisch. »Wollen Sie vielleicht, dass der Kommunismus die ganze Welt erobert?« Nein, das wollten wir nicht. »Na also!«, sagte er und fügte hinzu: »Aber von Politik verstehe ich nichts. Und deswegen lassen wir das Thema jetzt!« Wir saßen eine Weile etwas verlegen da. Dann haute er wieder mit der Faust auf den Tisch: »Aber die Studenten verstehen genauso wenig davon! Das ist alles nur nachgeplappert!«

Die Verstimmung war schnell behoben, weil meine Mutter hereinkam. Sie brachte immer eine andere Stimmung in einen Raum.

Nachdem meine Schwestern die Suppe ausgeteilt hatten, sagte Marcuse. »Ich brauche keinen Löffel, meine Hände zittern! Und es braucht auch niemand wegzugucken!« Er schlürfte mit den Lippen vom Tellerrand die Suppe, bis er den Teller in beide Hände nehmen und die Suppe austrinken konnte. »Wie wird man so souverän?«, dachte ich mir und betrachtete den alten Mann.

Aber nach dem Tod seiner Frau Sascha sah ich, dass es mit Marcuses Souveränität bei den großen Dingen endete. Marcuse zog sich nach Bad Wiessee in den Jägerwinkel zu Professor Schimert zurück.

Auch Paul habe ich dort nach seinem zweiten Herzinfarkt öfter besucht.

Ludwig Marcuse nahm meine Hand, die zwischen seinen fleischigen Fingern fast verschwand.

»Sie sind doch Arzt!«, sagte er. »Sie kommen doch an jedes Medikament, auch an Gift. Ich bin zu feige, mich aufzuhängen. Ich möchte einen bequemen Tod haben. Ich bitte Sie, lieber Michael, Gift, Gift, Gift!«

Ich wusste nicht, was ich sagen sollte. »Na, ist das so schwer zu kapieren, Junge?«, sagte er. »Ohne Sascha will ich nicht leben. Wenn es einen Gott gibt, wird er es verstehen.«

»Ich traue mir das nicht zu. Das ist jetzt m e i n e Feigheit!«, sagte ich. Marcuse war verärgert, er sprach an dem Tag nicht mehr mit mir. Aber er ließ nicht locker. Ich sollte ihm tödliche Mittel besorgen. Inzwischen konnte ich seiner Bitte schon mit Argumenten begegnen. »Vielleicht täte es Ihnen eines Tages Leid!«, sagte ich. »Was für ein Quatsch!«, donnerte Marcuse. »Wenn ich tot bin, was soll mir da Leid tun?« – »Ich meine …«, stotterte ich herum. »Quatsch!«, sagte er.

Aber dann geschah das Überraschende. Eine junge Frau, Ehefrau und Mutter, hatte Marcuse im Radio gehört oder im Fernsehen gesehen. Auf der Stelle hatte sie sich in den alten Mann so sehr verliebt, dass sie Mann und Kinder verließ und plötzlich vor Marcuses Tür stand. Marcuse war erschüttert. Ich weiß nicht, wie lange Marcuse und die junge Frau ein Liebespaar waren. Jedenfalls hat er mir erzählt, wie schön sie sei und wie klug und wie sehr er sie liebe.

»Danke!«, sagte Marcuse, »dass Sie mir damals nicht geholfen haben!« Er tätschelte meine Hand, meine Wangen. »Das war keine große Tat«, sagte ich, »ich hatte nicht Angst um Sie, sondern um mich!« – »Egal!«, sagte Marcuse, »ich danke Ihnen.«

Ein Meister aus Frankreich

»Hör mal, Mami!«, sagte ich zu meiner Mutter, die gerade vom Viktualienmarkt gekommen war und das Pferdefleisch auf der Resopalplatte in kleine Gulaschstücke schnitt. »Ich stelle mich bei dem Regisseur da aus Frankreich vor, weißt schon ...« – »Aha!«, sagte meine Mutter, packte das Pferdegulasch in Wachspapier und stellte es auf einer Porzellanschale in den großen eintürigen Eisschrank, den wir seit neuestem hatten. Ich blieb noch einen Moment in der Tür stehen, vielleicht wollte sie mir ja einen Rat mit auf den Weg geben. Aber meine Mutter wandte sich mir nicht zu. »Das Gulasch gibt's morgen Abend ...«

Ich fuhr also im Frühsommer 1954 mit der Linie 25 zum Sendlinger Torplatz, und da standen an der Ecke Herzog-Wilhelm-/Kreuzstraße schon einige junge Burschen, die ebenfalls einbestellt waren.

Ich wurde in einen großen Büroraum zur *Audienz* eingelassen. Die Stimmung im Raum war eisig und angespannt. Auf einem hohen Sessel ein Mann mit viereckigem Kopf, schmalen Lippen und Hornbrille. Er beschaute mich wie bei der Musterung zum Militär, stellte keine Fragen.

Ein junger Mann mit Brille und schütterem Haar und zwei junge Frauen legten ihm Fotos auf den Tisch, gaben kleinlaut kurze französische Kommentare. Ich erkannte meine Szenenfotos vom Theater und aus dem »Fliegenden Klassenzimmer«. Ich verstand kein Wort, ich wurde nichts gefragt. Die Assistenten des französischen Meisters schienen alles über mich zu wissen.

Dann hatte der Meister doch eine Frage an mich. Der junge Mann mit Brille übersetzte: ob ich den Namen Peter de Mendelsohn kenne. Ich verneinte. Ob ich in den Monaten Juli, August, September, Oktober Zeit hätte, in einem Film mitzuspielen. Ich bejahte, obwohl ich ab September Schule hatte. Ich wurde von allen Seiten fotografiert. Ein Schneider nahm meine Maße. Der Nächste bitte ... Im Hinausgehen erfuhr ich den Filmtitel: »Marianne de ma jeunesse«.

Beim Abendessen am Refektoriumstisch in der Menterschwaige erzählte ich, wie das heute bei meinem Vorstelltermin war.

Paul sagte, dieser französische Regisseur sei ein bedeutender Mann, und fragte, wie es komme, dass ich den Namen eines so bedeutenden Mannes nicht kannte. Ich wusste keine Antwort. Er nannte ein paar Titel: »Anna Karenina«, »Unter dem Himmel von Paris«, »Don Camillo und Peppone«. Ich sagte zu Paul, er habe von diesen Filmen nie gesprochen. »Diese Filme kennt man ...«, sagte Paul.

Ich fragte ihn, ob er weiß, wer Peter de Mendelsohn ist. »Ein Dichter«, sagte Paul, »die Nazis haben ihn vertrieben!« Von ihm stammte der Roman, nach dem das Drehbuch geschrieben ist. »Wie heißt der Roman?« – »Ich weiß es nicht« – »Na ja ...«, sagte Paul und stöhnte leise. Schluss. Lis und Monika waren an der Reihe.

Ein paar Tage später die Nachricht, ich bekäme eine wichtige Rolle in dem Film. Ich sah den Namen des Meisters zum ersten Mal schwarz auf weiß: Julien Duvivier.

Ich ging weiter in die Schule, lernte nachmittags den Text.

Die Hauptrolle sollte ein junger Schauspieler aus Berlin spielen. Horst Buchholz. Es sollte seine erste Filmrolle werden.

Das Kuriose bei diesem Film: Jede Rolle war doppelt besetzt, es sollten zwei Filme entstehen. Wir wussten das schon von Anfang an, aber niemand konnte sich vorstellen, wie das funktionieren sollte.

Erst kamen die französischen Schauspieler dran, dann die deutschen. Unsere ersten Szenen spielten innerhalb der Bande, deren Anführer ich war. Mein französischer Vormacher spielte die Szene knallhart, sehr realistisch, wie in einem Gegenwartsfilm. Mir gefiel gut, was er machte, aber ich hatte mir diesen Anführer nicht so abgeklärt vorgestellt, sondern ein bisschen verrückt, weit weg von einem Jungen von heute.

»Tut mir Leid, ich kann das so nicht spielen!« Der Regieassistent Marcel Wall übersetzte, was ich dem Meister sagen wollte, aber der Meister winkte ab, als hätte er verstanden, ließ mich machen.

Endlich gab es eine Szene, wo wir mit Horst Buchholz zusammen spielten. Es hatte sich schon herumgesprochen, er sei fabelhaft, und der französische Darsteller sollte lieber ihm nachspielen als umgekehrt. Jetzt waren wir Zeugen. Zuerst war Pierre Vaneck dran, bereits berühmt. Er hatte die männliche Hauptrolle in »Thérèse Etienne« gespielt.

Pierre war hervorragend, spielte die Szene sehr emotional, bekam den Applaus der Umstehenden.

Vincent, so heißt die Hauptfigur, macht den jungen Quälgeistern der Bande klar, woher er kommt, wer er ist. Seine Familie besitzt in Argentinien eine riesige Hazienda, er ist mit Pferden groß geworden. Er fürchtet sich nicht vor uns infantilen Kerlen. Er kann jedes Pferd zähmen.

Jetzt also Horst Buchholz. Er verweigerte eine Probe, bestand darauf, sofort zu drehen.

Wie dieser Schauspieler, dessen erster Film das war, in dieser Szene die *wilden Pferde zähmte* und uns alle mit, auch den Meister, das hat einen festen Platz in meinem Gedächtnis.

Als ich die Szene später auf der Leinwand sah, musste ich mit den Tränen kämpfen.

Noch einer aus der Schauspieltruppe hat die deutsch-französische Notgemeinschaft hingerissen. Ein Achtjähriger, darstellerisch erwachsener als die meisten von uns. Ein Kind mit dem Namen Michael Ande.

Ein Jahr drauf, also vielleicht gerade neun Jahre alt, stand er mit Maria Nicklisch, Peter Pasetti und meiner Schwester

Lis auf der Bühne der Münchner Kammerspiele in Tennessee Williams' »Steinernem Engel«. Und die älteren Großen, Paul Bildt und Melanie Horeschovsky, von der ich diese Beobachtung habe, standen Abend für Abend in der Gasse und bewunderten Michael. Nicht, wie man ein niedliches Kind bewundert, sondern stumm vor Staunen über so viel frühes Wissen.

Der Kameramann war ein alter humorvoller Berliner, der in Hollywood und Frankreich lebte.

Es war Eugen Schüfftan, eigentlich Schufftan.

Bei seinem Namen hatte Paul die Augenbrauen und den Finger erhoben und gesagt: »Da wirst du einmal ein Genie kennenlernen!« Eugen Schufftan konnte sich als deutscher Jude durch Emigration vor den Nazis in Sicherheit bringen. Er hatte 1929 in Berlin bei dem legendären Film »Menschen am Sonntag« als Kameramann mitgearbeitet.

Als 1970 Senta bei Wim Wenders in Spanien im »Scharlachroten Buchstaben« (»The scarlett letter«) von Hawthorne spielte, sagte Wenders zu seinem Kameramann Robby Müller: »Das machen wir à la Schüfftan!« Ein gewaltiges Segelschiff sollte in der Ferne auf dem Meer durchs Bild fahren. An einem Faden, so dünn, dass man ihn nicht sah, wurde ein Schiffchen, nicht größer als ein Spielzeug, durchs Bild gezogen. Eine Frage von Distanz, Licht, Belichtung und Schärfe.

Meister Duvivier war mit dem Meister Schüfftan nicht zufrieden. In der zweiten oder dritten Drehwoche oder sogar schon früher, nach vielen *merde alors*, an die sich das Team inzwischen gewöhnt hatte, schleuderte Duvivier auf Schüfftan eine Tirade von Verachtung und Zorn und – nein, das kann nicht wahr sein – er spuckte Schüfftan in sein Kameraobjektiv.

Entsetzen. Stille. Schüfftan nahm das schwarze Kontrollglas vom Auge, drehte sich wortlos um, ging und kam nie wieder. So verstört wir jungen Schauspieler waren, so sehr gefiel es uns, dass wenigstens *einer* dem Duvivier die Stirn bot.

Bei der Premiere im Münchner Filmcasino stellte ich meiner Mutter den Regieassistenten vor. »Das ist Marcel Wall!« – »Ach so«, sagte meine Mutter in ihrer direkten Art, »dann sind Sie ja der Sohn von Max Ophüls!« Marcel nickte, wie immer ein bisschen schüchtern. »Ihr Vater hat Ihre Mutter vermutlich verlassen, und das können Sie ihm nicht verzeihen ... Deshalb tragen Sie den Namen Ihrer Mutter.« Marcel ließ die Geschichte so stehen, er lächelte.

Der Film bekam in seiner deutschen Fassung den Titel »Marianne, meine Jugendliebe«.

Paul war auf dem Heimweg von der Premierenfeier sehr still. Er war mit meiner Darstellung nicht einverstanden und schonte mich nicht. »Du bist in diesem Film kein ganzer Mensch, du hast dich in deine Rolle eingesperrt, du bist nicht frei!« Meine Mutter nahm mich in Schutz. »Er hatte ja keine Regie, er ...« Paul ließ meine Mutter nicht ausreden. »Als Schauspieler hat man die Pflicht, seine Freiheit zu behaupten.«

Den bösen Meister Duvivier habe ich 1967 wieder getroffen. Senta spielte unter seiner Regie mit Alain Delon in dem Krimi »Diaboliquement votre«. Auch der mir seit einer Theatertournee sehr vertraute Peter Mosbacher spielte mit. Als ich Senta bei den Dreharbeiten in Paris besuchte, freute ich mich zwar, ihm zu begegnen, aber die Wiederbegegnung mit Duvivier war eine Enttäuschung. Der Titan war zahm geworden.

Von Alain Delon, der während der Probe unkonzentriert mit seinem Schäferhund spielte, ließ Duvivier sich auf der Nase herumtanzen. Ich verdrückte mich, konnte seine Schwäche nicht mit ansehen.

Bei einem großen Diner mit Senta und Delon traf ich den Produzenten Ralph Baum wieder, wir sprachen über alte Zeiten, über unseren Doppelfilm, über Horst Buchholz, und Baum sagte: »Ja der! ... Der war formidable ...« Warum er uns damals vor ihm gewarnt hatte, fragte ich ihn. Er konnte sich nicht erinnern. »Hab ich das?« Dann fiel es ihm wieder ein. »Das waren andere Zeiten damals!« Er hatte doch die Verantwortung für uns halbe Kinder, und in Berlin hatte man ihm angedeutet, dass er mit Männern ...« »Na, Sie wissen schon ...« – »Verstehe!«, sagte ich. Wir sprachen auch über Duvivier. Baum zuckte die Achseln. »Kein *merde alors* mehr.«

Nicht viel später erfuhr ich, dass Duviviers Schwäche die eines Kranken war, er starb, noch ehe er seinen Film fertig geschnitten hatte.

Alles Anders

Die Rückkehr aus der romantischen Märchenwelt von Peter de Mendelsohn in die Wirklichkeit brachte viele Veränderungen.

Meine Eltern hatten das liebe Reihenhaus in der Rabenkopfstraße aufgegeben und für 55 000 DM, was sehr viel Geld war, eine hübsche Walmdach-Villa zwischen Harras und Waldfriedhof gekauft. Natürlich baute Paul als unbefriedigter Architekt alles um und setzte sogar einen Pool in den Garten, zeitgerecht in Nierenform. In die Hausfassade ließ er ein großes breites Loch schlagen für das damals übliche Panoramafenster. Wenn ich heute Fotos vom Umbau sehe, erscheint mir das Fensterloch wie eine Wunde.

Lis war nach vielen Rollen in Frankfurt wieder in München. Sie spielte die »Gigi« an den Kammerspielen. Alle »lebhaften« und »frischen« jungen Schauspielerinnen in Europa wollten zu dieser Zeit die »Gigi« von Colette spielen.

Einer ihrer Partner war der liebenswert zittrige Gustl Waldau und eine ihrer Partnerinnen war Doris Kiesow, meine Mutter. Lis hat die »Gigi« danach auch in Frankfurt gespielt. Sie sagt heute, eigentlich habe sie sich das Frankfurter Publikum und die Frankfurter Kritik erst mit dieser Rolle erobert.

Meinen altvertrauten Freundeskreis im »Adam« musste ich mir nach den Dreharbeiten von »Marianne, meine Jugendliebe« ebenfalls erst wieder »erobern«. Alles war plötzlich anders. Die Scherze meiner Freunde, bei denen ich früher so gern mittat, kamen mir albern vor, der Unterricht einschläfernd.

Auf die Freundschaft mit meinem Klassennachbarn Horst Ziegler war ein Schatten gefallen. Horst hatte beim Fußballspielen das Amulett seines verstorbenen Vaters verloren. Ich wusste, wie es aussah, ließ es beim Juwelier Schober am Radlsteg nachmachen, behauptete, ich hätte es gefunden. Horst freute sich nicht, war verärgert. Ich erst recht.

Ich teilte Paul mit, dass ich mich entschlossen hätte, das neue Schuljahr allein zu Hause zu machen.

Meine Schwester Monika machte auch mit, wir hatten schon lange den Eltern gegenüber ein schlechtes Gewissen, weil das Privatgymnasium Ernst Adam Monat für Monat so viel Geld kostete. Das Lernen zu Hause nach eigenem Stundenplan war sehr vergnüglich.

Ein Jahr später ging ich aufs Ludwigs-Gymnasium in der Albrechtstraße. Monika schaffte den Übergang in die Pasinger Oberrealschule ebenfalls, obwohl sie ein Jahr übersprungen hatte. Aber vor dem Abitur sagte der Rektor Dr. Brixle, nach ihren Leistungen könnte sie das »Reifezeugnis« allenfalls mit »ausreichend« schaffen. Das würde den Notendurchschnitt des ganzen Jahrgangs drücken. Es wäre nett von ihr, den Sprung rückgängig zu machen und freiwillig in die Klasse darunter zu wechseln.

Monika packte wütend ihre Sachen und ging an die Meisterschule für Grafik nach Berlin. Sie zog in unser Elternhaus am Wannsee, in die kleine Gärtnerwohnung neben Garage und verwaistem Hühnerstall.

Seit Monika weg war, war Paul noch angespannter als sonst. Sie fehlte ihm, obwohl er gerade mit ihr immer die größten Auseinandersetzungen hatte.

Vor kurzem hatte man Paul eine schwarze Liste zugespielt, die unter den Filmproduzenten kursierte. Dort waren alle Regisseure notiert, die fürs »Fernsehen« arbeiteten, damals noch die ARD allein auf weiter Flur. Diese »Abtrünnigen« sollten von den Produzenten keine Arbeit mehr bekommen.

Paul hatte Angst. Wie sollte er die Schuldenlast von »Du bist nicht allein« abtragen, die noch immer nicht getilgt war.

Eine Arbeit am Staatstheater, dessen Intendant er vor zehn Jahren war, diesmal als Schauspieler, baute ihn auf. Fritz Kortner, der aus der Emigration zurückgekehrte Jude, inszenierte Shakespeares »Julius Caesar« mit Paul in der Titelrolle. Ernst Ginsberg, auch ein Verbannter, spielte den Marc Anton, der beinamputierte Gerd Brüdern, den Paul nach dessen Heimkehr aus dem Lazarett ans Staatstheater engagiert hatte, den Brutus. Viele große Namen. Zuallererst Kortner. Paul schätzte seine Arbeit.

Kortner war öfter privat bei uns und war entgegen den bärbeißigen Anekdoten unwiderstehlich charmant. Aber Jahre später überwarfen sie sich.

Die Proben zum »Zerbrochenen Krug« ließen sich erst mal gut an. Zwei eigenwillige Künstler mit gegenseitiger Achtung und Zuneigung schonten den anderen nicht und nicht sich selbst. Paul schrie: »Sie sind ein Dompteur, ich mache Ihnen nicht den gezähmten Löwen!«

Aber sie versöhnten sich wieder. Bis Kortner auf die Idee kam, der Dorfrichter Adam solle mit dem einen Fuß »hinken« und mit dem anderen »humpeln«. Der Gedanke war eigentlich nicht unamüsant. Adam hat einen Klumpfuß, also hinkt er. Aber nun ist er bei seinem missglückten Liebesabenteuer abgestürzt und hat sich das Bein verstaucht. Das andere. Paul fand wenig Gefallen an der Idee. »Ein krankes Bein kann ich nur sichtbar machen, wenn das andere gesund ist.«

Er gab die Rolle zurück, offiziell aus gesundheitlichen Gründen. Kortner brach die Inszenierung ab.

Unter Pauls Regie spielte ich 1955 in der *Kleinen Komödie* in dem Stück »Die erste Frau Selby« von John Ervine den unbekümmerten Sohn von Käthe Haack. Die Arbeit war für mich ein einschneidendes Erlebnis. Paul musste bei den Proben immer über mich lachen. Er kritisierte kaum. Ich wollte nach der Premiere von ihm wissen, warum er mich so wenig geführt hatte. Seine Antwort war für mich verblüffend. »Du hast von selbst alles richtig gemacht.« Das irritierte mich. Die Schauspielerei fiel mir offenbar zu leicht.

Aber ich hatte nicht wirklich wie Paul schon als Kind diesen »Heißhunger« auf Theater, diese unbezwingbare Sehnsucht. Meine Kräfte haben sich immer aus Widerständen entwickelt und tun es noch. Als Schauspieler fiel mir alles zu. Das wollte ich nicht.

Als Paul mir später eine kleine Rolle in den »Abenteuern des braven Soldaten Schwejk« anbot, die er fürs Bayerische Fernsehen inszenierte, lehnte ich ab. »Ich werde mich nach dem Abitur wahrscheinlich für einen ganz anderen Beruf entscheiden!«

Dass ich den Soldaten im »Schwejk« abgelehnt hatte, tat mir später Leid. Es ist bestimmt die beste Schwejk-Verfilmung, die je gemacht wurde. Heinz Leo Fischer ist in dieser Rolle nicht zu überbieten, auch nicht von Heinz Rühmann, der ein sehr guter *Schwejk* war. Paul ging in seiner Inszenierung das Wagnis ein, auf reale Dekorationen zu verzichten. Häuser, Bäume, Straßen, alles Konkrete war nur gemalt wie in einem Skizzenbuch. Vielleicht war Paul inspiriert von Thornton Wilders Stück »Unsere kleine Stadt«, das auf ein Bühnenbild verzichtet. Lars von Trier hat nach diesem Konzept 50 Jahre später in der kleinen Stadt »Dogville« Nicole Kidman ohne Häuser zwischen Grundrissen, die auf den Studioboden gemalt waren, agieren lassen.

Die Mamselle und die Geigerin

Es war der Dezember 1955. Paul hatte das französische Singspiel »Mamselle Nitouche« von Meillhac und Millhaud für die Kammerspiele mit Schauspielern der ersten Garde in Szene gesetzt. Nach der traditionellen Silvesterpremiere zwängte ich mich neben die Schauspielerin Elfie Pertramer, die ich bisher nur aus dem Radio kannte.

Paul und meiner Mutter fiel das nicht auf. Sie waren mit der *unvergleichlichen* Gertrud Kückelmann im Gespräch, die mit ihrem mädchenhaften Liebreiz und ihrer frechen Komödiantik das Publikum hingerissen hatte. Neben ihr saß Mario Adorf, er war schüchtern und still, spielte eine kleine Rolle, aber er spielte sie groß.

Lis war an diesem Abend wunderbar komisch und durfte sich als Partnerin von Walter Sedlmayer dauernd mit Requisiten und dem Text verheddern.

Ich glaube, ich war bei der Premierenfeier für Elfie Pertramer nur der Sohn des Regisseurs Verhoeven.

Mit »der Pertramer«, wie sie allgemein hieß, hatte Paul bei der Arbeit seine liebe Not. Er war trotzdem von ihr angetan. »Man muss sie lassen. Sie ist nicht zu zähmen.«

Von dieser Premiere an war ich Abend für Abend in »Mamselle Nitouche«. Ich schätzte Elfi auf dreißig. Das stimmte fast. Sie war 31.

Da Lis und ich von Jugend an darin geübt waren, gegenseitig Postillon d'amour zu spielen, habe ich sie gebeten, ein Treffen zu arrangieren. Elfie bat uns nach der Vorstellung zu sich nach Hause, und Lis erfand einen Grund, um plötzlich gehen zu müssen.

Bald *gingen wir* miteinander, wie das in meinem Halbstarken-Jargon hieß. Sie war sogar bereit, meine Eltern zu besuchen.

Der Besuch kam nicht zustande, weil meine Mutter Liebesbriefe der jungen Geigerin Anna Eckel an Paul gefunden hatte. Paul hatte also wieder eine Geliebte.

Wie immer war meine Mutter ihm nicht im Geringsten böse. Es waren die Frauen, die schuld waren. In dem verdrehten Weltbild meiner Mutter konnte sich ein Mann gegen die Mittel einer Frau einfach nicht wehren. Meine Mutter verstand ihre Rivalinnen, denn sie fand Paul absolut unwiderstehlich. Nun also diese Anna Eckel.

Die Stimmung im Haus war angespannt. Paul wusste, dass wir wussten. Wie immer in diesen Situationen war er gefährlich reizbar. Wir fürchteten seine ungezügelten Wutausbrüche.

Paul wusste natürlich auch, dass ich mit Elfie ein Verhältnis hatte, aber er vermied es, das Thema anzusprechen. Ich vermied es auch.

Meine Situation mit Elfie war schwierig genug. Elfie hatte zwei Kinder, Dorle war 11, Wolfi 14. Zu Elfie nach Hause konnten wir nur gehen, wenn die Kinder in der Schule waren. Aber ich hatte dann selbst Schule. Es blieben nur gestohlene Stunden im Auto und auf Reisen, wenn sie außerhalb Münchens auf bunten Abenden und auf Kleinkunst-Bühnen auftrat.

Einmal war es Graz, eine schöne Stadt. Natürlich tat ich beim Hotelportier so, als hätte ich mit Elfie nichts zu tun, ähnlich wie Dustin Hoffman in »Die Reifeprüfung«. Ich bezahlte ein eigenes Zimmer, ohne es zu betreten.

Gelegentlich traf ich in Elfies Haus Walter Sedlmayer, weil sie viele Texte zusammen mit ihm erarbeitet hatte. Sie traten gemeinsam im Fernsehen auf. Sedlmayer betrachtete mich als Nebenbuhler, obwohl ich sein Verhältnis zu ihr, das keins war, gar nicht stören konnte. Es war offensichtlich, dass Sedlmayer an Frauen nicht interessiert war. An Elfie sehr wohl, denn er war auf sie beim Erfinden skurriler Texte angewiesen.

Als Mutter war Elfie *gespalten*. Zu sehen, wie liebevoll Elfie zu der Tochter war, die diese Liebe wert schien, aber zugleich wie hilflos ungerecht gegen den Sohn, war für mich schmerzhaft. Ich begann, mich um Wolfi über die Schularbeiten hinaus zu kümmern, denn das, was als Affäre begonnen hatte, hatte sich zu einer tiefen Beziehung entwickelt. Ich fühlte mich für die Familie Pertramer verantwortlich und für meine eigene Familie. Und ich fühlte mich verantwortlich für meine berufliche Zukunft, die vollkommen offen war. Ich hatte zwar seit langem den Plan gefasst, Arzt zu werden, war aber im Zweifel, ob ich den Beruf bewältigen würde.

Zu dieser Zeit befand ich mich in einer Phase der religiösen Auseinandersetzung. Über einige Fragen setzte ich mich mit Paul auseinander.

Die schwierigste Frage war für mich die Zurücksetzung, die Zweitrangigkeit der Frau. Für die Erschaffung der Frau sollte ein Stückchen Männerrippe genügt haben. Die Menschen, die sich vor Jahrtausenden ein Bild von der Schöpfung gemacht haben, verstanden den biologischen Zyklus der Frau nicht, schrieb ich in einem Aufsatz. Blut fließt aus der Frau wie aus einer Wunde, für die es keine Ursache gibt. Das Rätsel des weiblichen Zyklus hätte spirituell zum Wunder erhoben werden können, aber es wurde zu einem Zyklus der *Reinigung* erniedrigt, der die *Unreinheit des Weibes* voraussetzt.

So ungefähr argumentierte ich mit Paul.

Dass seine Ehe auch nach dem Muster der Unterwerfung der Frau funktionierte, wie es in der Bibel verheißen war, daran musste ich denken. Paul schien meine Gedanken zu lesen, denn er wehrte sie ab und suchte eine andere, höhere Ebene. Er sagte: »Es geht doch um Glauben, nicht um Wissen...« Als ich nach der »Enzyklika Humanae Vitae«, also dem Verbot der »Pille«, 1968 aus der Kirche austrat, war Paul entsetzt. Er bot mir an, meine Kirchensteuern zu übernehmen. Aber um Geld ging es mir nicht. Das Pillenverbot war für mich ein neuer Beleg für die Unterdrückung der Frau. Aber 1955 wäre ich zu einem solchen Schritt noch nicht in der Lage gewesen.

Ich war überfordert. Einerseits war ich der Geliebte einer Frau mit Kindern, die mir Sorgen machten, und der Sohn von Eltern, die mir Sorgen machten, andererseits hatte ich den ganz normalen Alltag als Gymnasiast zu bewältigen.

Mit den Schülern meiner Klasse, auch mit den Lehrern, hatte ich nichts zu tun. Wenn die älteren Lehrer in den letzten Stunden vor den Ferien vom Krieg erzählten, das bedeutete, sie erinnerten sich an die Erlebnisse, die man mit Stolz ohne kritisches Nachdenken erzählen konnte, dann bat ich, auf dem Hof spazieren gehen zu dürfen. Unser Mathelehrer Popp feierte mit der Klasse den »Sedanstag«, den letzten deutschen Sieg über die Franzosen. Ganz anders unser Schuldirektor. Er hatte mit uns in Latein das Horaz-Gedicht »*Dulce et decorum est*« durchgenommen: »Es ist süß und ehrenvoll, für das Vaterland zu sterben.« Dr. Mayr widersprach dem lateinischen Dichter. »Für das Vaterland zu sterben ist Unsinn. Tun Sie das bitte nicht! *Leben Sie für* das Vaterland, das ja, aber sterben, nein.«

Erich Kästner, der öfter bei meinen Eltern zu Besuch war, fragte, ob wir das dritte Reich schon durchgenommen hätten. Nein, sagte ich, das kommt erst im nächsten Jahr. Aber ich habe Abitur gemacht, ohne in der Schule einen einzigen Hinweis auf den *Holocaust* zu bekommen.

Eine Prüfung anderer Art

Am Tag nach der Abiturfeier ging ich in die Chirurgische Poliklinik in der Pettenkoferstraße und meldete mich als »Famulus«. Ich musste unbedingt prüfen, ob ich in der Lage war, an Operationen teilzunehmen. Als Famulus untersteht man nicht dem Chefarzt, sondern dem Oberpfleger.

Nach der »Einkleidung« stapfte ich ganz in Weiß mit viel zu

großen weißen Gummiüberschuhen in den OP-Vorbereitungsraum. Dort lag eine Frau um die 50.

Sie war nackt, hielt ihren schweren Arm in die Höhe und Herr Lagalles, der Oberpfleger, rasierte ihr mit einem altmodischen Barbiermesser die Achselhöhle. Nicht nur ihr Arm war schwer und dick, die ganze Frau war es. Als sie den Arm sinken ließ, fielen ihre gewaltigen Brüste seitlich über die Tischkante.

Ich machte eine Kehrtwendung, prallte gegen eine Nonne, die mit einem Stapel Tücher hereinkam.

Ehe ich fliehen konnte, hielt mich Herr Lagalles am Gürtel meines Kittels fest. »Wohin, junger Mann!«

Nach der Operation drückte mir Herr Lagalles einen großen Suppenteller in die Hände, der mit einem weißen geriffelten Tuch abgedeckt war. Er steckte mir einen Zettel in die Jacke und schickte mich durch das Klinikviertel, durch den Park bei der Kirche, über die Lindwurmstraße, wo ich zwischen den Autos auf die andere Seite rannte, immer den schweren Suppenteller vor mir her tragend, in das Pathologische Institut. Eine junge Laborantin nahm den Teller entgegen, zog das weiße feuchte Tuch ab. Noch wackelte die Brust mit der farblosen Brustwarze ein paar Sekunden auf dem Teller, dann kam sie zur Ruhe.

Ich stand auf der Straße, wieder mit dem Teller, der jetzt leer und leicht war. Ich ging durch Park und Straße zurück in die Poliklinik, die Treppe zum ersten Stock hinauf, wo mir eine Nonne Teller und Zettel abnahm.

Ich beschloss, den Kittel an den Nagel zu hängen, und zwar für immer. Da kam Herr Lagalles herein. »Was ist los?«, sagte er, »wir machen noch keine Pause!« Am nächsten Morgen um sieben Uhr meldete ich mich wieder bei ihm zum Dienst.

Herr im Haus

Paul konnte sich nicht damit abfinden, dass ich Medizin studieren wollte. Da ich beruflich eine Trennung herbeigeführt hatte, wollte ich ihm zeigen, dass unsere persönliche Beziehung von der Trennung nicht berührt war. Doch die Atmosphäre war angespannt. Meine Mutter war nervös und ungerecht, wehrte guten Rat ab. Ich sah es als meine Pflicht an, Paul zu maßregeln, obwohl meine Mutter ihn bei Kritik sofort in Schutz nahm.

Paul machte meiner Mutter Vorwürfe wegen der Geldschwierigkeiten, in denen wir noch immer steckten, dabei hatte nicht sie das zu verantworten, sondern allein er. Irgendeine Rechnung war angemahnt worden oder das Konto überzogen. Er solle meiner Mutter gefälligst die Scheckbefugnisse abnehmen und sich um diesen »Kram« selber kümmern, sagte ich Paul. Meine Mutter verübelte mir meine Einmischung. Sie hatte durch die Verwaltung des Geldes auch ein Stück Selbstbestimmung und Freiheit, die ich ihr nun genommen hatte.

Jeden Tag ein bisschen mehr war ich davon überzeugt, dass ich für dieses mühsam gegen die Eltern, vor allem gegen Paul, durchgesetzte Studium nicht geeignet war.

Ich geriet in eine Krise. Meine Flucht in den Beruf des Arztes war ein Heilversprechen, das mich selber retten sollte, nicht meine künftigen Patienten.

Ich wollte irgendwo in einer Krankenstation arbeiten, möglichst am Ende der Welt, wo ich gebraucht werde, weil es dort zu wenig Ärzte gab. Ich wollte Missionsarzt werden. Deshalb trug ich mein letztes Geld auf das Konto eines Krankenhauses, das in Südamerika unter den Ärmsten der Armen am Amazonas errichtet wurde.

Lis rief mich aus Berlin an, wo sie an der Freien Volksbühne in Raimunds »Alpenkönig und Menschenfeind« spielte, und fragte, ob ich Lust hätte, in der Komödie am Kurfürstendamm in dem amerikanischen Stück »Herr im Haus« zu spielen. Erik Ode, der spätere »Kommissar«, sollte Regie führen. Ich sagte sofort zu.

Das Stück hatte im Original den beziehungsvollen Titel »Life with father« und ist die autobiografische Geschichte des Autors Clarence Day. Ich spielte den jungen Clarence.

Paul war erfreut, er zeigte mir sehr dezent, dass er hoffte, ich würde das Studium aufgeben. Auf einmal sprach er von der berühmten Falckenberg-Schule, an der schon meine Schwester Lis ihr Studium absolviert hatte.

Ich erklärte meinen Eltern mit zornrotem Kopf, dass ich zwar nach Berlin gehe, um dort Theater zu spielen, dass ich mein Studium aber an der Freien Universität fortsetzen werde.

Ich packte die Koffer und reiste nach Berlin. Für Unterbringung war gesorgt. Paul hatte nach jahrelangen Prozessen mit den Pächtern das Casino-Hotel, unser Elternhaus, zurückbekommen. In einem kleinen Seitentrakt wohnte ich im ersten Stock mit Monika, die auch in Berlin studierte.

Aber was mache ich eigentlich hier in Berlin in der ungeheizten Wohnung? Wieso bin ich nicht in München? Wieso spiele ich nun doch wieder Theater, ganz gegen meinen festen Entschluss? Und wenn das Sommersemester beginnt, was erwartet mich dann? Und überhaupt, will ich jetzt Arzt werden oder Schauspieler bleiben. Ich verlor den Halt.

Die feuerroten Haare

Kurz nach Probenbeginn von »Herr im Haus« saß ich zwei Nächte im Wohnzimmer am kalten Ofen. Ich war allein. Ich hatte mich in Wolldecken eingerollt und schrieb eine Komödie zu Ende, die ich vor Monaten begonnen hatte. Es war ein höchst simples Stück, eigentlich sollte es eine kleine Überraschung für Paul werden, vielleicht auch eine Geste der Versöhnung und für meine Mutter eine ziemlich effektvolle komödiantische Bühnenrolle, die sie nie gespielt hat, weil ich das Stück nie veröffentlicht habe. Aber wenigstens fertig schreiben wollte ich es. Immer wieder hatte ich dabei eine LP des »Modern Jazz Quartett« aufgelegt.

Als das Wort »Ende« auf dem Papier stand, schrieb ich Abschiedsbriefe an Elfie, an meine Eltern, meine Schwestern, an Gunda und ein paar Freunde.

Am nächsten Morgen erschien ich nicht zur Probe.

Hilde Volk, die Frau von Erik Ode, rief besorgt bei unseren Hausmeistersleuten, der Familie Wendt, an. Das alles weiß ich nur vom Hörensagen. Ich lag drei Tage im Koma. Ich hatte 20 Phanodorm geschluckt, eine todsichere Dosis.

Die Feuerwehr brachte mich ins Wannsee-Krankenhaus.

Der zuständige Arzt, ein junger Doktor namens Holland, wich nicht von meiner Seite, und nach ein paar Tagen zwischen Leben und Tod zerschlug ich das hölzerne Fußteil des Krankenbetts. Ich hatte gemerkt, dass ich ins Leben zurückgekehrt war und randalierte.

Einige meiner Abschiedsbriefe in dieser Nacht, die ich am Bahnhof Wannsee wegen mangelnder Marken nicht hatte einwerfen können und die noch neben meinem Komödienmanuskript lagen, wurden von der Kripo beschlagnahmt.

Als ich in den »Opernsaal« verlegt war, der so hieß, weil dort ein Dutzend alte *Opas* untergebracht waren, die man mit jüngeren Patienten nicht zusammenlegen wollte, trafen Elfie und meine Mutter gleichzeitig, aber auf getrennten Wegen, bei mir ein. Meine Mutter stöhnte auf, Elfie stöhnte auf, ich stöhnte auf. Und beide Frauen werteten mein Stöhnen als Zeichen, dass mir die jeweils andere unwillkommen war. Wir schwiegen.

Für ein richtiges Gespräch war im Opernsaal nicht der richtige Ort und nicht der richtige Zeitpunkt.

»Wir sind noch einmal davongekommen« im Brunnenhoftheater 1946 mit v.l.n.r. Rudolf Vogel, Heidemarie Hatheyer, Paul, Luise Ullrich, Elfi Beyer, Otto Wernicke, Benno Sterzenbach
© *Staatsschauspiel*

»Wir sind noch einmal davongekommen« im Schauspielhaus Frankfurt 1953 mit Bernhard Minetti und Lis (Regie Paul Verhoeven)
© *Eduard Reuner*

oben:
Walter Sedlmayer und Lis in
»Mamselle Nitouche«,
Kammerspiele 1955
© *Hildegard Steinmetz*

links:
Tennessee Williams
»Endstation Sehnsucht« im
Hamburger Schauspielhaus
1968, mit Lis als Stella und
Rolf Boysen als Kowalski
© *Hilde Zehmann*

»Der Pauker«, 1958; vorn Heinz Rühmann und Michael
© *Kurt-Ullrich-Filmproduktion*

Johanna von Koczian, Michael und Martin Benrath in »Was ihr wollt«, 1969
© *Neue Münchner Fernsehproduktion*

»Endstation Sehnsucht«, 1962, mit Mario Adorf als Kowalski und Lis als Stella
© *Hilde Zehmann*

Das Ehepaar Mario Adorf und Lis mit Tochter Stella, 1967
© *privat*

Stella und Mario Adorf in der Synagoge »Der weiße Storch«, Breslau 2003, bei einer Lesung mit Texten von Judith und Alfred Kerr
© *Brendan Botheroyd*

Ulrich Tukur, Brigitte Obermeier, Sabina Trooger mit der Regisseurin Lis in »Krankheit der Jugend«, 1983
© *Sandor Domonkos*

Michael und Inge Meysel
in »Herr im Haus«
in der Komödie am
Kurfürstendamm,
Berlin 1958
© *Foto Kiehl, Berlin*

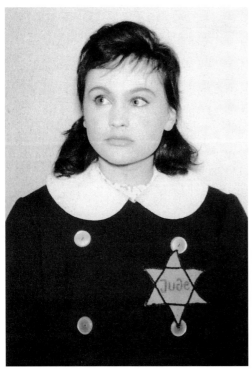

**Lis als Anne Frank 1959 im
Staatstheater Wuppertal**
© *Kurt Saurin-Sorani*

Paul und Therese Giehse 1952 in »Philomena Marturano«,
Münchner Kammerspiele
© *Hildegard Steinmetz*

Karl Valentin, Zeichnung von Simon,
ca. 1981
© *Original*

Paul und August Everding, ca. 1968
© *Tenbuß*

Victor Vicas, Marion Michael und Michael bei Aufnahmen zu
»Jack und Jenny«, 1963
© *Arca-Film Berlin*

Michael, Senta Berger und Brett Halsey in »Jack und Jenny«, 1963
© *Arca-Film Berlin*

Filmszene aus »Paarungen«, 1967, mit Lilli Palmer, Paul und Karl-Michael Vogler, Regie: Michael Verhoeven
© *Sentana*

Bei den Dreharbeiten zu »Paarungen« in Husum mit Senta, 1967
© *Eckelhaup-Verleih*

Vater und Sohn in einer Drehpause von »Paarungen«
© *Axel Scholtz*

Szene aus »Paarungen« mit Ilona Grübel und Dieter Klein
© *Eckelhaup-Verleih*

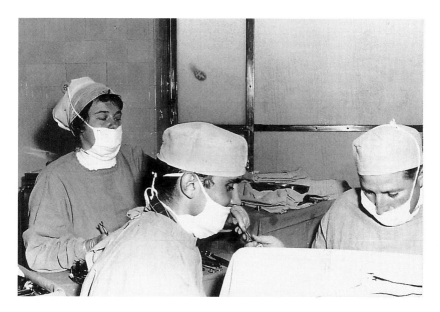

Im OP der Uni-Kinderklinik München mit Prof. Maier, 1963
© *privat*

Verlobung 1964
v. l. n. r. Lis, Stella, Doris, Paul, Senta, Michael, Resi und Josef Berger,
Heidi Miyao, Tante Hetta, Henri Henrion
© *Axel Scholtz*

Fritz Kortner und Paul bei Proben zu »Kabale und Liebe« Münchner Kammerspiele
© *Hildegard Steinmetz*

Paul und Doris 1970 am Klavier
© *privat*

Wolfi Fischer, Eva Mattes, Michael, Hartmut Becker (verdeckt) bei der Premiere auf der Berlinale 1970
© *Ludwig Binder, Berlin*

Michael und Rob Houwer bei einer Pressekonferenz auf der Berlinale 1970
© *Ludwig Binder*

Michael und Senta nach der Überreichung des Bundesfilmpreises 1971 für »o. k.« mit Hans-Dietrich Genscher
© *unbekannt*

Michael und Senta bei Willy Brandt, Bonn 1968
© *Burda-Verlag*

nach Sentas Drehunfall, 1971
© *privat*

Senta und Michael, 1972
© *Axel Scholtz*

Senta mit dem erstgeborenen Sohn Simon, 1973
© Dörthe Gröning, Axel-Springer-Verlag

Mein Vater schrieb mir einen sehr emotionalen Brief, nahm alle Schuld auf sich. Aber das war Unsinn. Niemand hatte Schuld außer ich selbst. Ich war zwischen zwei Berufen, zwischen zwei Leben gestanden. Ich beschloss, ab sofort *beide* Berufe voll und ganz auszukosten, beide Leben zu leben.

Meine Rolle in der »Komödie am Kurfürstendamm« probte inzwischen ein junger Schauspieler namens Wolfgang Koch. »Ein Glück, dass ich noch nicht beim Haarefärben war«, sagte er. »Wieso?« Das hatte ich ganz übersehen. Die gesamte Familie hat in dem Stück rote Haare. Für Hans Nielsen, der als junger Mann in der zweiten Verfilmung von Pauls Stück »Das kleine Hofkonzert« die Hauptrolle gespielt hatte, war das kein Problem. Auch für die Schauspielerin, die meine Mutter spielte, nicht. Beide waren von Natur aus rothaarig.

Die Frau, die meine Mutter spielte, war mir völlig unbekannt – wie den meisten. Sie kam aus Hamburg, wo man sie verehrte und schätzte. Ihr Name war Inge Meysel. Sie erzählte bei den damals noch luxuriösen Piccologläschen von ihrer Emigration nach England, wo sie als Jüdin überleben konnte, aber um ihre besten Jahre gebracht war.

»Aber das hole ich nach«, rief sie uns zu und hat es dann wahr gemacht. In London hatte sie ihren Mann, John Olden, kennen gelernt, der inzwischen Oberspielleiter beim Norddeutschen Fernsehen Hamburg war. In ihrem provokanten Humor zitierte sie kluge Sätze ihres Mannes meist mit der Einleitung: »John, auf mir, sagte ...«

Ich hatte sehr dunkle Haare und wurde in einen kleinen Friseurladen in der Bleibtreustraße geschickt, wo die hübsche Chefin schon ein komplettes Chemielabor vorbereitet hatte. Ich kam mit blutroten Haaren heraus. Die Menschen auf der Straße lachten, zeigten mit dem Finger auf mich, einige tippten sich an die Stirn, andere spuckten mich an.

Den Großteil des Sommersemesters 58 an der Medizinischen Fakultät der FU zog ich die Blicke der Studienkollegen auf meine Titus-Feuerfuchs-Frisur. Einige wussten, dass ich abends auf der Bühne stand, die anderen hielten mich für meschugge. Es war eine graue Zeit und das knallige Haar wirkte wie ein tätlicher Angriff auf die hehre Institution Universität.

Die roten Haare begannen mir zu gefallen und die Proben als Clarence Day in »Herr im Haus« auch.

Mit Paul und meiner Mutter hatte ich seit meinem Selbstmordversuch einen guten Briefwechsel.

Auch mit Lis, die an den Städtischen Bühnen Wuppertal die Rolle der Anne Frank spielte, entwickelte sich ein sehr intensiver Briefwechsel, der mir weiterhalf. Ihr Intendant war Helmut Henrichs, der dann bald das Münchner Residenztheater übernahm. Ich habe die Aufführung leider versäumt. Erst sehr viel später habe ich mich selbst mit dem Mädchen Anne Frank beschäftigt. Im April 2002 habe ich für einen Leseabend im Prinzregentheater die lebensfrohen und optimistisch kraftvollen Eintragungen aus Anne Franks Tagebuch den wehleidigen, nekrophilen Tagebucheintragungen von Joseph Goebbels entgegengestellt. Iris Berben hat diese so extrem gegensätzlichen Notizen, meist vom gleichen Tag, mit schöner Einfachheit gelesen, auf die beiden Charaktere vorsichtig eingehend, ohne sie auszustellen. Es sollte ein einziger Abend werden, es wurden viele, zwei davon am Berliner Ensemble.

In den großen Ferien vor dem Wintersemester 1958/59 war ich viel in München. Die Begegnungen mit Elfie waren bemüht und traurig, weil sie meinen Selbstmordversuch als Verrat empfand. Paul behandelte mich wie ein rohes Ei. Da ich mir vorgenommen hatte, über alles, was wir früher ausgeklammert hatten, zu sprechen, hielt ich ihm seine Frauengeschichten vor. Da war der Frieden zwischen Paul und mir wieder gebrochen. Das gehe mich nichts an, das sei allein seine Sache und die meiner Mutter. »Ich mische mich in deine Liebesangelegenheiten auch nicht ein.« Das war wirklich so. Er hatte mich nie auf mein Verhältnis mit Elfie angesprochen.

Das änderte sich nun. Wir sprachen darüber, und ich musste erkennen, dass ich selber nicht wusste, wie ich mir die Zukunft vorstellen sollte.

Einzelgänger

Paul hatte das Angebot, ab Oktober an den Kammerspielen den »Tollen Tag« von Beaumarchais zu inszenieren, ein Komödiendrama um »Figaro« und das Vorrecht des Grafen Alma Viva, die erste Nacht mit Figaros Braut zu schlafen. Es gibt darin die berühmte Rolle des jungen »Cherubim«, der die erste Liebe erfährt. Paul wollte, dass ich den *Cherubim* spiele. Ich kannte die Rolle und fand sie großartig. An den Münchner Kammerspielen diese Rolle zu erarbeiten, wäre eine große Herausforderung gewesen. Aber ich befürchtete, die Rolle könnte mich von meinem Studium wegführen. Ich war im Zwiespalt. Paul und meine Mutter wollten mich überreden. Meine Mutter lockte mit der Tatsache, dass die unvergleichliche Gertrud Kückelmann meine Partnerin sein würde. Gerade weil meine Eltern so stark auf mich einredeten, lehnte ich die Rolle ab. Aber der Entschluss kostete mich Kraft. Und in der Uni-Bibliothek, in der ich mich mit der Anorganischen und Organischen Chemie plagte, bereute ich den Entschluss.

Deshalb nahm ich sofort ein Angebot an, am Renaissancetheater in Berlin zu spielen. Das Stück ist berühmt. Elia Kazan hat es am Broadway inszeniert: »Tea and Sympathy« von Robert Anderson. Der deutsche Titel ist »Der Einzelgänger«. Der Einzelgänger Tom ist ein naher Verwandter von Cherubim, Octavian, dem Shaw'schen Marchbanks und dem Schillerschen Mortimer.

Tom ist ein Internatsschüler, der die brutalen Sexgeschichten seiner Schulkollegen nicht mitmachen will und deshalb in den Verdacht der Homosexualität gerät.

Um den Einzelgänger vor dem Mobbing der Mitschüler und ihres Ehemannes zu schützen, der eigene homosexuelle Neigungen verbergen muss, verführt die Lehrerin, gespielt von Heidemarie Hatheyer, ihren Schüler.

Die »Einzelgänger«-Zeit war eine gute Zeit, wenigstens am Theater. Ich war eingebettet in Freundschaft.

Ich hatte mehrere schöne Begegnungen mit Curt Goetz, einem Meister des aphoristisch-ironischen Dialogs. In einem »Miniaturen« genannten Abend von Einaktern, die er mit seiner Frau Valerie von Martens am Renaissance-Theater spielte und inszenierte, war auch »Die tote Tante«, der Entwurf zum »Haus in Montevideo«, das fünf Jahre später mit Heinz Rühmann in der Goetz-Rolle und Ruth Leuwerik in der Martens-Rolle verfilmt wurde. Unter Helmut Käutners Regie spielte ich den Schwiegersohn Herbert Kraft.

Curt Goetz hat in den dreißiger Jahren die Komödie »Ingeborg« geschrieben, die von dem Fernseh-Cineasten Peter Beauvais verfilmt werden sollte. Meine Agentin Elli Silman wollte, dass ich darin eine Hauptrolle spiele. Elli residierte *Im Dol 41*, einer feudalen Dahlemer Villa, in der sie Hof hielt und mit Ilse Alexander das deutsche Office der großmächtigen US-Agentur MCA leitete.

Im Dol bei Elli Silman traf sich tout Berlin zu Begegnungen der anstrengenden Art, bei denen Elli nach amerikanischem Muster eine Art Schauspielerbörse unterhielt.

Nicht selten folgte auf eine Begegnung mit Regisseuren Im Dol ein Vertrag.

Elli begleitete mich zur Ufa in Tempelhof zu Probeaufnahmen bei Peter Beauvais. Er nahm den kleinen Test so ernst wie tatsächliche Dreharbeiten. Beauvais inszenierte mit mir und der jungen Schauspielerin Ingrid Ernest, die auch als Fernsehansagerin gearbeitet hatte, die kleine Szene so detailliert und penibel, dass ich die Arbeit als Unterrichtsstunde nahm. Es war ein Crashkurs in Regie.

Elli Silman kam nach drei Stunden Wartezeit schnaubend ins Studio und wollte wissen: »Na, was is nu?« Beauvais sagte: »Er ist zu jung! Das hab ich sofort gesehen!« – »Und wozu dann die drei Stunden Arbeit?« Beauvais lachte. »Es hat mir Spaß gemacht!« Später engagierte er mich für den Fernsehfilm »Der Mann im Manne«, in dem meine Mutter eine meiner Partnerinnen war.

Paul inszenierte mit Lis und Mario Adorf als Liebespaar in München Gorkis »Nachtasyl«. Es war »live«. Ich wollte es unbedingt sehen. Monika und ich hatten keinen Fernseher. Wir klapperten gemeinsam mit unserem Freund Henri die Kneipen in Wannsee und Nikolassee ab. Endlich wurden wir fündig. Pauls Fernsehspiel hatte schon begonnen. Der Fernseher stand ganz oben in der Ecke, wo sich der Zigarettenrauch sammelte.

Ich meldete nach der Sendung ein Gespräch nach München an. Ich wollte mit Paul über seine »Nachtasyl«-Inszenierung sprechen. Ich wartete. Paul war noch mit seinem Fernsehteam zusammen. Das Gespräch kam mitten in der Nacht. Meine Mutter sprach begeistert von Pauls Plänen, ein Familientheater zu gründen. Die Verbindung war schlecht.

Wir sprachen aneinander vorbei. Ich beendete das Gespräch. Ein Familientheater? Ohne mich! Paul wollte wirklich in München ein Theater bauen.

Er stand bereits vor Vertragsabschluss mit einem Unternehmer, der das Theater in München am Kosttor, einen Steinwurf von den Kammerspielen entfernt, bauen wollte.

Paul schien fest mit mir zu rechnen. Ich machte ihm klar, dass ich mich an dem Familientheater nicht beteiligen werde. Das war genau die Falle, aus der ich herausmusste.

Ich wartete auf Post aus Südafrika. Ich hatte mich an der

Universität Johannesburg angemeldet. »Was willst du denn in Südafrika?«, fragte meine Mutter. »Ich möchte die Apartheid an Ort und Stelle kennen lernen. Ich will später in den schwarzen Slums als Arzt arbeiten.«
Paul war bitter enttäuscht. Er zerriss die Pläne. Er wollte mich dafür bestrafen, dass ich dem Familientheater eine Absage erteilt hatte. Für mich war es aber eine Befreiung.

Das Familientheater

Heute könnte Paul sein Familientheater ganz nach seinen damaligen Vorstellungen realisieren. Sogar mit einem wesentlich vergrößerten »Personal«. Denn inzwischen ist die Tochter von Lis und Mario, unsere Stella, die damals noch gar nicht geboren war, eine erfolgreiche Bühnenschauspielerin. Sie wäre in diesem fiktiven Familienbetrieb Pauls stärkste Stütze, weil sie ein abgeschlossenes Studium der Theaterwissenschaft hat.

Vor allem könnte Paul sie als Darstellerin einsetzen. Sie hat Ibsens *Nora* gespielt, die Lady Macbeth, *die Kunigunde* im »Käthchen«, die *Phöbe* in »Wie es Euch gefällt«.

Vier Spielzeiten lang hat sie an Pauls wesentlichem Theater, den Münchner Kammerspielen, in Franz Wittenbrinks Dauerbrenner »Das Leben wird schöner mit jedem Tag« gespielt und gesungen. Aus einer freien Zusammenfügung von Songs, Volksliedern und Schlagern gelang dem Regisseur mit seinem hochkarätigen Schauspielensemble ein Theaterabend, der den Zuschauern suggerierte, sie sähen ein richtiges Bühnenstück. Mario hat Stella nach der Vorstellung zum Italiener »Albarone« eingeladen und gesagt: »Du machst sehr viel aus dieser Figur. Du gibst ihr ein Schicksal.« Das hat sie mir am nächsten Tag froh erzählt.

Bestimmt hätte sich auch Pauls Exschwiegersohn überreden

lassen, am Unternehmen Familientheater mitzuwirken. Von Senta würde Paul sich vielleicht zu Schnitzler oder Horvath animieren lassen oder zu einigen ihrer Lesungen, Polgar, Tucholsky, Aichinger, Bachmann ...

Ich selbst würde mich zurückhalten. Zwar habe ich 1975 nach meiner Koinszenierung mit Therese Giehse an den Kammerspielen Horvaths *Kleinen Totentanz* »Glaube, Liebe, Hoffnung« mit den großartigen Hauptdarstellern Lisi Mangold und Karl Obermeier aufgeführt, aber ich habe nach einigen Inszenierungen erkannt, dass die Arbeit am Theater für mich nur dann einen Sinn hat, wenn ich sie kontinuierlich ausüben und weiterentwickeln kann. Wie meine Schwester Lis, die seit ihrem späten Regiedebüt über vierzig Inszenierungen gemacht hat.

Wenn ich nun schon die Idee des Verhoeven-Familientheaters fiktiv weiterverfolge, ist es auch erlaubt, meine Mutter einzubeziehen. Sie wäre mit ihrem Organisationstalent ohnehin unverzichtbar. Aber sie würde nur noch kleine Rollen spielen, wie sie es in den letzten Jahren ihres Lebens an den Kammerspielen, am Residenztheater, in Filmen von Ambesser und Käutner und in vielen Produktionen des Grandsigneurs Franz Seitz getan hat und vor allem in Fernsehfilmen von Peter Beauvais. Aber das Spielen hat ihr immer weniger Freude gemacht, die Stoffe haben ihr nicht gefallen, die Rollen haben ihr nicht gefallen. Sie selbst hat sich nicht gefallen.

Ich habe mit Senta und Luca vor ein paar Tagen den sw-Fernseh-Dreiteiler »Schiffer im Strom« auf DVD angeschaut. Meine Mutter spielte darin die sprichwörtliche »Mutter«. Luca, der seine Großmutter zu Lebzeiten nicht kannte, bekam zum ersten Mal einen Eindruck von ihrem Wesen, ihrem Temperament, ihrem Charme, wenngleich die Rolle mit dem Charakter meiner Mutter wenig zu tun hatte.

Nun also Luca selbst im Ensemble des fiktiven Familientheaters. Casting-scouts hatten ihn 1987 auf der Straße angesprochen und gefragt, ob er sich für eine Filmrolle vorstellen will. Er wollte nicht, aber seine damalige Freundin half ein bisschen nach. Luca bekam die Rolle. Seine Partnerin war sehr berühmt, wie er von allen Seiten hörte. Er rief seinen älteren Bruder Simon an, der in New York auf der Filmhochschule war, und fragte: »Kennst du eine Ornella Muti? ... Mit der soll ich eine Liebesszene spielen ...«

Simon wäre beinah *ausgeflippt*. Mit dieser »Leinwandgöttin« sollte sein *kleiner Bruder* eine Liebesszene spielen. Luca blieb gelassen. Auch die großen Namen seiner anderen Partner, Eva Mattes, die seine Mutter spielte, Martin Benrath, Uwe Ochsenknecht, Heino Ferch, schreckten ihn nicht. Der Film, von Sherry Horman inszeniert, hieß »Widows«. Senta und ich fuhren mit dem Produzenten Bernd Eichinger vor dem Münchner Gloria Kino mit der Limousine vor. Ich war so aufgeregt, wie es vielleicht Paul damals insgeheim bei »Pünktchen und Anton« war. Nach der Premiere war ich erleichtert. Luca ist im Film fast wie im richtigen Leben.

Er hat noch einige andere Rollen gespielt, vor allem in Simons »100Pro«, aber er ist im Zweifel, ob die Schauspielerei sein Beruf sein wird.

Nicht so Simon. Nach einem Jahr Schauspielausbildung am Lee Strasberg Institute in New York, die er vor den vier Jahren an der Filmschule der New York University absolviert hatte, wäre er für Paul ein idealer Juniorpartner. Es würde ihn aber eher zur Regie drängen oder er würde Paul sehr häufig um Urlaub bitten, um einen Film zu machen.

Im Frühjahr 2005 hat er als Partner von Christian Ulmen und Alexandra Maria Lara in Japan eine moderne Version vom »Fischer und seiner Frau« gedreht. Er war vom schnellen Denken und dem »kämpferischen drive« der Regisseurin Doris Dörrie tief beeindruckt. Er schreibt gerade eine Parodie auf die Rosamunde-Pilcher-Filme und spielt mir ständig Szenen daraus mit verteilten Rollen vor.

Ein Familientheater braucht einen guten Bühnenbildner.

Meine Schwester Monika hat zwar für Pauls Inszenierung von Büchners »Leonce und Lena« das Bühnenbild gemacht. Aber nachdem wir einen ausgebildeten Bühnenbildner in der Familie haben, würde sie ihm allenfalls assistieren.

1991 ist Stella dem jungen Mann in der Kantine des Prinzregententheaters begegnet: Alfred Peter. Er hat an der Kunsthochschule in Wien studiert. Einer seiner Lehrer war Axel Manthey, den wir gut kannten, weil er der Lebensgefährte unseres Tübinger Freundes Christoph Müller gewesen ist. Aber da war Manthey selbst noch Student. Alfred Peters Großvater war gelernter Schlosser und Lokomotivführer, schon diese Herkunft aus einfachen Verhältnissen wäre Paul sehr sympathisch.

Alfreds hat vor allem Opern gemacht, zuletzt Verdis »Trovatore« und »Salome« von Richard Strauss.

Stellas Hochzeit im Schloß Egg 1997 haben wir 23 Jahre nach Pauls Tod gefeiert. Die Feier ging über mehrere Tage in dem Landhaus, das Paul für die Familie gebaut hat.

Es gibt ein verwackeltes Foto von diesem schönen Familientag, auf dem Sentas 94-jährige Mutter mit ihrem Enkel Simon ausgelassen Walzer tanzt.

Da Alfred von einem Stück, von einer Oper zur anderen geht, wäre Paul, wollte er partout in der Familie bleiben, doch gelegentlich auf Monika angewiesen.

Aber zu unser aller Überraschung schob Monika eines Tages die Staffelei zur Seite und begann zu schreiben. Oft landen Autoren am Ende ihres Schaffens bei der Malerei. Monika verhielt sich schon immer gegen die Regeln. Plötzlich legte sie mir eine Kindergeschichte hin. In unserer Kindheit musste sie immer meine Geschichten lesen. Jetzt war es umgekehrt. Sie malt nur noch selten. Das Schreiben und ihre beiden Enkelkinder halten sie in Atem.

Sie kommen jetzt allmählich in das Alter, um Monikas Bühnenstück für Kinder »Stefanie wird ein Gespenst« anzuschauen, wenn es einmal aufgeführt wird.

Pauls Familientheater wäre ein autarkes Unternehmen. Aber würde er es noch immer haben wollen, wenn er das Leben und die Kraft dazu hätte? Ich denke, er würde die Leitung des Theaters seiner Tochter Lis anvertrauen, die sieben Jahre lang Intendantin der »Kreuzgang-Spiele« in Feuchtwangen war.

Das Mädchen aus dem Urwald

Berliner Kollegen machten mich mit Marion Delonge bekannt. Sie hatte mit Hardy Krüger »Liane, das Mädchen aus dem Urwald« gedreht. Ihr Künstlername war Marion Michael. Sie war ein zartes, verschlossenes Mädchen mit dunkler Stimme. Ihre Nachdenklichkeit, ihr Blick aus kindlich klaren Augen gefielen mir.

Marion wohnte mit ihrer Mutter in Friedenau »Unter den Eichen«. Dort stand jetzt oft mein Fiat Topolino am Straßenrand. Marions Mutter war eine ungewöhnliche Frau. Ihr geschiedener Mann, ein Arzt, lebte mit einer neuen Familie im Osten. Marions Mutter hatte die Mutter- und Vaterrolle übernommen. Ich merkte, sie wollte ihre 18-jährige Tochter von der »bedrohlichen Außenwelt« fernhalten.

Marion wurde als 16-jährige von dem Filmproduzenten Gero Wecker für die Rolle *im Urwald* engagiert. Die Mutter misstraute Wecker, der Marion durch Filmverträge auch privat an sich binden wollte. Frau Delonge hatte Verständnis für Weckers Wunschdenken, aber sie beschützte Marion so diskret und konsequent wie möglich. Ihr Einfluss auf die Tochter war groß. Wenn Marion vom Ballett oder vom Dreh nach Hause kam, fand sie eine nur für sie gemachte Tageszeitung vor. Mutter Delonge hatte aus verschiedenen Zeitungen Artikel ausgeschnitten und zu einem Extrablatt gemacht, das alles Wichtige aus Kultur und Politik enthielt.

Trotzdem konnte die Mutter nicht verhindern, dass Marion im »Stern« die über Wochen gehende Serie »Deutschland, deine Sternchen« las. Auch Marion kam darin vor. Der Autor nannte sich »Petronius«, und der Unrat, den er über Marion Michael-Delonge ausschüttete, war vernichtend. Im Grunde ging es in diesem Artikel gar nicht um das »Sternchen« Marion, sondern um ihren Vater, der nach verpfuschten Abtreibungen seine Lizenz als Arzt verloren hatte und in den Ostberliner Knast musste.

Die vielleicht vom Autor nicht beabsichtigte Häme in der Filmbranche kochte auf und versetzte Marion einen Schlag, von dem sie sich lange nicht erholen sollte.

Ich spürte, Marion war an einer Wegmarke, an der sie eine Entscheidung treffen musste. Meine Situation war nicht viel anders. Ich fuhr oft zwischen der Familie in München und Marion in Berlin hin und her.

Auf dem Weg zwischen den beiden Städten blieb ich bei Gunda in ihrem Heimatdorf stehen. Sie hatte ihr Erspartes in den Hausbau ihrer Schwester gesteckt und dafür das Wohnrecht bis ans Ende ihrer Tage bekommen. Sie war stolz auf ihr kleines Reich. Nur, dass sie in der Waschküche aufs Klo gehen musste, grämte sie. »Warum kommst du nicht wieder zu uns nach München?« – »Ich bin doch hier geboren«, sagte sie. »Hier gehöre ich hin. Und du brauchst mich nicht mehr!« – »Doch«, sagte ich »ich brauche dich. Immer!«

Sie war nicht umzustimmen.

WEIT WEG!

Ich hatte mich fürs kommende Studienjahr in Johannesburg beworben, aber meine Bewerbung zerschlug sich. Per Post ließen sich die vielen Formalitäten nicht erledigen. Der Anmeldetermin war verstrichen. Meine Zeugnisse wurden mir zurückgeschickt. Im Moment hatte ich aber noch nicht mal mein erstes Staatsexamen, das Physikum. Die gute Nachricht: das »Amazonas Hospital«, zu dem ich mein Geld getragen hatte, war angeblich fertig. Doch das war ein Trugschluss: Jahre später, als ich zwischen Arzt- und Regisseurberuf hin- und herpendelte, flog Dr. Binder als Betrüger auf. Das Amazonasprojekt war eine Attrappe und von Anfang an als schwarze Kasse gedacht. Weg von zu Hause, das war jetzt das Wichtigste. Kein fremder Einfluss mehr, von niemandem.

Ich war froh, dass Marion ihre Situation ähnlich sah. Sie wollte sich aus der Abhängigkeit von ihrem Produzenten befreien und nahm ein Engagement an den Städtischen Bühnen in Köln an.

Meine Wahl fiel auf Saarbrücken. Die medizinische Fakultät befand sich in dem kleinen Städtchen Homburg/Saar. Hier gab es nur die Studenten und das Studium. Die Uni war ein Campus wie in Amerika, alles auf einem Fleck, am Rand der Stadt im Grünen.

Nach einem Jahr besuchten mich meine Eltern. Was ich schon aus den Briefen wusste: sie verstanden, dass ich die Einsamkeit jetzt brauchte. Es war schön, die Gesichter meiner Eltern zu sehen, ihre Stimmen zu hören.

»Wie geht es Monika?«, wollte ich wissen. »Sie hat einen neuen Freund«, sagte meine Mutter. »Sie hat ihn gemalt, aber das Bild ist nicht sein Geschmack.« – »Dieser Nebbich!«, sagte Paul. Meine Mutter zog die Augenbrauen hoch, dann streichelte sie erst meine, dann Pauls Wange und erzählte: »Stell dir vor, Lis spielt im Residenztheater das Stück, das Pauls Eröffnungspremiere in Dresden war, den ›Kreidekreis‹ von Klabund.« Paul unterbrach sie. »Das Theater interessiert doch den Michael nicht!«, sagte er. Er wirkte müde und deprimiert.

Nach den Prüfungen fuhr ich nach Berlin, um mich mit Marion zu treffen. Sie hatte in meiner Homburg-Zeit den Film »Bomben auf Monte Carlo« gedreht. Das war einer der wenigen Filme, für die ich in Homburg mein Studierzimmer verlassen hatte.

Aus Zeitungsartikeln und Marions Briefen wusste ich, dass sie bei den Dreharbeiten in Gero Weckers Wagen einen Unfall erlitten hatte, mit Gesichtsverletzungen, die ihre Karriere in Frage stellten.

Ich fand Marion unverändert hübsch und reizvoll. Eine Narbe ja, na und? Marion war, wie ich sie kannte. Und doch war alles anders. Sie hatte ihr Interesse an mir verloren. Mein radikaler Rückzug, meine absichtliche Isolation, musste uns ja entfernen.

Elfie war stärker in meinen Gedanken präsent, als ich es wahrhaben wollte. Ich suchte einen Neuanfang, aber das alte befreiende Glücksgefühl stellte sich nicht mehr ein.

Ich stürzte mich in die Arbeit. »Geisterzug«, eine Kriminalkomödie für die Bavaria.

Ich spielte mit Lis zusammen. Es war unsere erste Zusammenarbeit, wir gaben uns gegenseitig Tipps, verstanden uns. Regisseur war Dietrich Haugk, einer, der tüftelte und an der Arbeit selber Spaß hatte. Die Hauptrolle spielte Harald Leipnitz. Und Melanie war dabei.

Wir probten in der »Römerschanze«, einem Lokal, an dessen Stelle heute das Grünwalder Gemeindehaus steht.

Auch Heidi Brühl probte dort. Für eine »Fair Lady«-Produktion. Sie besuchte uns oft, und es stellte sich heraus, sie besuchte *mich*. Sie war einmal so etwas wie ein Kinderstar, hatte ganz früh schon mit Paul gedreht, redete sehr burschikos mit ihm, wenn sie in unserem Haus auftauchte.

Paul schien Heidis Unbefangenheit zu imponieren, er lachte viel. Heidi wollte mir mein Auto waschen, einen weißen MGB. »Soweit kommt's noch!«, sagte ich. Aber Heidi hatte schon den Wasserschlauch angeschlossen, ließ sich nicht stören. Das Leben hatte mich wieder.

Ganz einfach war meine Freundschaft mit Heidi nicht. Denn eigentlich war sie noch, aber gerade nicht mehr oder noch nicht wieder mit Michael Pfleghar befreundet, dem besten Showregisseur, den es in Deutschland gab. Sie redete viel von ihm, und ich ließ sie gern reden. Pfleghar war wirklich eine Klasse für sich. Nicht nur für Show, auch für Komödie.

Es ist mir ein Rätsel, dass man für diesen Mann, der so früh gestorben ist, kein würdiges Gedächtnis hat.

Paul war unverhohlen froh über meine Absicht, am legendären und zeitweise wirklich guten Tübinger Zimmertheater zu inszenieren. Heimlicher Intendant war Christoph Müller, der schon als Gymnasiast das gesamte Tübinger Theaterwesen im »Schwäbischen Tagesblatt« seines Vater in der Hand hatte und jetzt allmählich vollständig kontrollierte.

Ich machte also Vorschläge. Die kleinen Stücke des französischen Autors Jean Tardieu gefielen mir. Sein bekanntestes ist »Die Liebenden in der Untergrundbahn«. Aber das wollte ich nicht machen, die kleinen absurden Comic-Dramen »Ein Wort für das andere« oder »Eine Sitte für die andere« lagen mir näher. Ich hatte selbst vor ein paar Jahren in Susi Nicolettis »Unterseeboot« einige Miniaturen fürs Theater geschrieben. Susi nannte ihr ultrakleines Häuschen im Salzkammergut so, weil es von einem U-Boot-Bauer gefertigt war. Das Waschbecken musste über die Badewanne geschwenkt werden, wenn man die Toilette benutzen wollte. In Susis U-Boot schrieb ich kleinere Übungsstücke für Schauspielschüler, die Susi mit ihren »Kindern« vom Max-Reinhardt-Seminar in einem ihrer Kurse erarbeitete. Sie sind leider verschollen, ebenso wie meine Boxhandschuhe, mein Reitsattel, den ich von Sentas Dreharbeiten in Mexiko mitgebracht habe, Gundas Kartenhaus und meine Autogrammsammlung von berühmten Fußballern.

Also Tardieu. Ich begann, Regieskizzen zu machen. Aber dann hatte Christoph eine bessere Idee. Er schickte mir das Stück »Die Verspätung« von Wolfgang Hildesheimer, dem dritten der Schweizer Garde berühmter Autoren. Ein Endzeitdrama, das gut in meine damalige Lebensphilosophie passte. Ich ging also nach Tübingen, in die Stadt Hölderlins und der Stocherkähne.

»Präsident Paul«

Wenn man sich die heutigen Fachblätter der Filmindustrie anschaut, hat man den Eindruck eines Erdrutsches: nur noch 20 % (plus/minus) deutsche Filme in deutschen Kinos.

Als Paul zum Präsidenten der Deutschen Filmunion gewählt wurde, eines Verbandes, der alle Filmschaffenden im Westteil Deutschlands unter einem Dach vereinigen sollte, das war im Frühjahr 1956, da klagte die (west-)deutsche Filmwirtschaft, dass von 513 Filmen der Kinosaison 1954/1955 nur 137 aus Deutschland kamen. Die Überschrift eines Artikels der Süddeutschen Zeitung sah die Zukunft der deutschen Darsteller »von ausländischen Stars bedroht«. Kein Erdrutsch also, sondern eine kontinuierliche Entwicklung. Um den massiven Überdruck der typischen Hollywood-Produktionen einzudämmen, erfanden Frankreich und andere Länder die Zwangsquote für Filme aus eigener Produktion. Das konnte nicht die Lösung sein, wenn der *gesamte* europäische Film gestärkt werden sollte. Paul war seit 1959 auch Vizepräsident der Europäischen Filmunion.

Schon damals sprach Paul von der Gründung einer Filmakademie, wie es sie in anderen europäischen Ländern schon gab. Sie sollte ihren Mitgliedern, immerhin 6000 aus allen Sparten, ein neues Selbstverständnis geben, um die Auseinandersetzung und Kooperation mit den europäischen Filmnationen zu fördern. Aber eine deutsche Filmakademie kam nicht zustande.

Immerhin wurde die »Arbeitsgemeinschaft Neuer Deutscher Spielfilmproduzenten« von Alexander Kluge, Edgar Reitz und ein paar Freunden gegründet.

Es sollten endlich Filme gemacht werden, die von der Gegenwart handelten, in der wir lebten. Der Junge Deutsche Film hatte sein Vorbild in Frankreich.

Zwischen Kloster Metten und Schloss Egg in Niederbayern liegt eine Ortschaft, kaum mehr als ein paar Bauernhöfe und Felder. Sie heißt Dammersbach, benannt nach einem geschlängelten, kleinen Bach. Paul hatte unser Haus in Wannsee verkauft für schmerzlich wenig Geld, aber genug, um hier einen verlassenen Hof zu kaufen und zu renovieren. Der angrenzende See war ein Ort zum Nachdenken und Dammersbach war der Ort, an dem die Familie zusammenkam, feierte und stritt. Hier wurde über den Neuen Deutschen Film diskutiert. Auch über die französische Nouvelle Vague. Paul war über die Brutalität von Godards »Außer Atem« verärgert.

Wir ereiferten uns: »… aber diese Brutalität ist unser Alltag.« Uns hatte der Film als Abbild der Realität überzeugt. Paul meinte, die gefilmte Brutalität müsse notwendigerweise die reale Brutalität des täglichen Lebens noch verstärken. Aber die geschönte Wirklichkeit war nach meiner Meinung kein Mittel, die Welt schöner zu machen. Meine Mutter schüttelte bei unseren Diskussionen den Kopf. »Kein Film verändert irgendetwas in der Welt«, sagte sie.

Die Beschreibung der Welt, in der wir lebten, und der Welt, wie sie hätte sein sollen, das waren die Themen unserer Abende in Dammersbach.

Paul war bereit, nach vorn zu blicken. Er setzte auf eine Generation von Autoren und Regisseuren, die es erst einmal auszubilden galt.

Seit vier Jahren war er Dozent am »Deutschen Institut für Fernsehen und Film«, dessen Geschäftsführer Eberhard Hauff war.

Im Kreis der Familie ließ Paul erkennen, was er vielleicht im öffentlichen Diskurs nicht preisgab: seine tiefe Skepsis, dass es für die Absolventen dieser ersten westdeutschen Filmschule keinen Platz, keine Stelle, keine Weiterentwicklung gab. Obwohl selber Dozent des DIFF, hat Paul mir nie geraten, mich dort als Student zu bewerben. Seine Sorge, die allen Filmstudenten galt, war: Die Filmwirtschaft wird die jungen Leute abdrängen in die Theorie, die Wissenschaft, die Verwaltung. Einmal sagte Paul zu mir: »Für einen Neubeginn braucht es mehr als nur guten Willen. Es braucht das Ende dessen, was ist.«

Auch für uns junge Leute stand fest: Opas Kino war tot. Der Titel von Alexander Kluges Film »Abschied von gestern« war mehr als ein Filmtitel.

Ich trat mit unserer 1965 noch vor meinem medizinischen Staatsexamen gegründeten Sentana-Filmproduktion in die Arbeitsgemeinschaft ein. Schon die Gründung einer eigenen Produktion entgegen dem immer präsenten warnenden Beispiel des V-Films war meine endgültige Entscheidung für Film und Theater, aber noch keineswegs die Entscheidung gegen den Arztberuf. Auch wenn ich Enttäuschungen im klinischen Alltag erlebt hatte, kein Beruf gibt einem für sein persönliches Engagement so viel zurück wie der des Mediziners, der sich ganz dem Menschen zuwendet. Ich gab mich der Illusion hin, beide Berufe nebeneinander ausüben zu können.

Paul hat mich sehr ermutigt, meine Filme *selbst* zu schreiben und *selbst* zu produzieren. »Dann machst du deine eigenen Fehler«, sagte er, »und nicht die anderer.«

Genau das war die Idee des Jungen Deutschen Films. Aber

so einfach war sie nicht in die Wirklichkeit umzusetzen. Die Branche und die von den Lobbyisten eingenommenen Politiker, die im Verwaltungsrat der Filmförderungsanstalt (FFA) saßen, wollten das französische Modell der Projektförderung nicht übernehmen, sie wollten lieber den kassenstärksten Filmen zur Belohnung noch einen kräftigen Nachschlag geben.

Wir waren die »Stänkerer«, wollten bessere Filme, das behauptete die Altbranche von sich auch, meinte aber nicht besser, sondern ertragreicher. Dass dies zusammengehen kann, erwiesen Filme wie »Die Brücke«, »Die Blechtrommel« und andere erst später.

Trotz der gegensätzlichen Auffassungen wurde die Arbeitsgemeinschaft von der FFA stark umworben. Wir sollten einen Sitz im Verwaltungsrat einnehmen. Jahrelang blieb dieser Sitz verwaist. Wir konnten besser von außen Filmpolitik machen. Unser Ziel war es, Filme zu fördern, die *noch nicht gedreht* sind, Projekte.

Mit Kluge und Schlöndorff besuchte ich den Innenminister Hans-Dietrich Genscher und mehrere Politiker in Bonn, um ihnen die Vorteile der Förderung von *Projekten*, wie sie in Frankreich zum Erfolg geführt hatten, zu erläutern. Auch Peter Schamoni war, glaube ich, dabei. Wir hatten Erfolg. Die Projektförderung kam. Sie wird in diesen Tagen gerade peu à peu wieder abgeschafft, weil doch wieder die kassenstärksten Filme belohnt werden sollen und nicht die »besten«. Für die Prämierung von Qualität sei schließlich der deutsche Filmpreis zuständig, den die 2003 gegründete Deutsche Filmakademie vergibt.

Auf Tournee

1962 ging ich mit dem Stück »Majestäten« von Jean Anouilh in der schönen Übersetzung von Franz Geiger auf Tournee. Regie führte Willi Schmidt, der Vielgerühmte.
Meine Partner waren O. E. Hasse und Peter Mosbacher, den ich als Vater im »Doppelten Lottchen« lieb gewonnen hatte, ohne ihn zu kennen. Die Tournee dieser Inszenierung des Berliner Renaissance-Theaters veranstaltete Helmuth Duna, im Privaten der Ehemann von Heidelinde Weis.
O. E. Hasse war der Star. Und zugleich spielte er ihn. In der Pause zitierte er Mitspieler in seine Garderobe. In Ehren ergraute Mimen, die keine große Rolle mehr spielten, er machte sie fertig, weil sie eine Lichtposition, eine Textstelle, einen Blick nicht zu seiner Zufriedenheit *gebracht* hatten.
Allabendlich sagte er beim Verbeugen zum Publikum, im Schutz des Applauses: »Ihr Arschlöcher!« Als Hasse vom beidseits beinamputierten Maskenbildner beim Szenenwechsel das Ledertuch mit der kühlenden Alkoholbefeuchtung nicht sofort gereicht bekam, schlug Hasse es ihm links und rechts ins Gesicht. Der Maskenbildner, den wir *Anita* nannten, weil er Eckberg hieß, weinte.
Zwischen meinen Auftritten saß ich oft auf der Hinterbühne und schrieb. Theaterskizzen, Briefe an meine Familie. Einmal schreckte ich auf, draußen auf der Bühne fielen die Worte, nach denen Mosbacher mich in die Szene schubsen musste, weil ich als Attentäter verhaftet worden bin. Ich sah Mosbacher hilflos die Arme heben. Ich stürzte hinaus, aber während des ersten Dialogs wusste ich, etwas Schreckliches ist passiert. Ich hatte meinen Säbel nicht abgelegt, die Szene war nicht spielbar. Ich musste natürlich bei der Verhaftung entwaffnet worden sein. Ich könnte den König ja ermorden.
Damit das Stück nicht stecken blieb, zog ich den Säbel, ging

gefährlich auf Hasse zu. Hasse wich zurück, glaubte, ich wollte ihm persönlich an den Kragen. Ich übergab den Säbel dramatisch an Peter Mosbacher. Die Szene hatte für die Wissenden eine beachtliche Komik. Das Publikum nahm sie todernst. Hasse war sichtbar wütend. Hasse war der König. Der König war wütend.

Natürlich hatte ich versagt. So etwas durfte nicht passieren. Ich entschuldigte mich, aber nur bei Peter Mosbacher und Hartmut Becker, dem Abendregisseur. Bei Hasse entschuldigte ich mich nicht. Er zitierte mich in seine Garderobe. Ich ging nicht hin. Als er mir nach der Vorstellung begegnete, sagte er, er werde mich bei der Bühnengenossenschaft anzeigen. »Ist gut«, sagte ich, »und vergessen Sie nicht, die Sache mit Eckberg und dem nassen Lappen zu erwähnen!«

Etwa zur gleichen Zeit, als ich mit »Majestäten« auf Tournee war, reiste Lis mit Tennessee Williams' »Endstation Sehnsucht« durch Deutschland. Paul hatte das Stück schon einmal inszeniert, 1951 in den Kammerspielen. Damals war die zarte, hochsensible Maria Nicklisch die *Blanche* und Kurt Meisel der Mannskerl *Kowalski*, den Marlon Brando im Film gespielt hatte. Die *Stella* war in dieser Inszenierung Angelika Hauff. Meine Mutter spielte die Nachbarin, deren Leben keine Höhen und Tiefen kennt, ganz im Gegensatz zu meiner Mutter im wirklichen Leben.

Jetzt war Lis diese vernünftige kluge *Stella*. Und Mario spielte die Brando-Rolle. Brando war sein Vorbild. Mario hat es mir einmal fast verlegen lächelnd gesagt.

In der Verschworenheit der Theaterreise wurden Lis und Mario Adorf ein Liebespaar, und Lis erwartete ein Kind.

Damals war ein uneheliches Kind ein Makel, für das Kind und für die Mutter. Deswegen beschlossen die beiden, zu heiraten. Als Willy Brandt Bundeskanzler wurde, hatte Paul mit großen Augen gesagt: »Dass ein uneheliches Kind in unserem Land Kanzler werden kann, hätte ich mir nie träumen lassen.«

Im August 1963 kam in Mendrisio, Schweiz, das Kind der Liebe, Stella, zur Welt, benannt nach der Tennessee-Williams-Figur, die Lis an Marios Seite gespielt hatte.

Mario und Lis sahen sich immer seltener. Er lebte überwiegend in Rom, Lis ging nach Berlin, spielte am Renaissance-Theater in Ibsens »Hedda Gabler« die Frau Elvstedt. Mario drehte viel im Ausland, 1964 in Durango, Mexiko, »Sierra Chariba« mit Charlton Heston. Die weibliche Hauptrolle spielte Senta Berger, die seit einem Jahr zur Familie gehörte, wenn auch noch nicht als meine Frau.

Senta schrieb mir jeden Tag und schickte mir besprochene Tonbänder. Sie erzählte von ihren Dreharbeiten in Mexiko, vom legendären Peckinpah, der zu viel trank, zu viel Chaos produzierte. Von Mario schrieb sie, er sei voller Geschichten und Anekdoten und unterhalte die Truppe in allen Sprachen. Weil er einen Mexikaner spielte, der mit dem Lasso so vertraut war wie Tell mit der Armbrust, übte er in jeder freien Minute und beherrschte bereits Kunststücke, die ihm sein Lasso-Trainer nur mit Mühe nachmachen konnte.

Natürlich sprachen sie auch über Lis und Stella. Senta spürte, dass Mario nicht sicher war, wie es weitergehen soll. Trennung trennt.

1969 hat Lis die Rolle der Stella noch einmal gespielt, ihr Partner am Hamburger Schauspielhaus war Rolf Boysen.

Der gefangene Baum

Ich brauchte Geld. Mein Praktikantengehalt in der Münchner Uniklinik für Kinderchirurgie fiel nicht ins Gewicht. An meine Eltern wandte ich mich in Gelddingen nicht, ich rief also meine Agentin Elli Silman in Berlin an. »Besorg mir was zum Spielen, aber was Gutes und so bald wie möglich!« – »Ja, wie stellst du dir das vor?«, sagte Elli, »wie soll ich so ohne weiteres eine vernünftige Rolle herbeizaubern?« Aber schon am nächsten Tag hatte sie eine. Ein amerikanischer Regisseur, Steve Previn, der Bruder des berühmten Dirigenten und Komponisten Andre Previn, bereitete in Berlin die Verfilmung eines Romans von Anne Piper vor. »Setz dich ins Flugzeug und komm! Previn muss dich kennen lernen!« – »Fliegen ist zu teuer«, sagte ich. »Ich komme am Wochenende mit dem Auto.« Dass ich über die billige *Mitfahrerzentrale* nach Berlin fahren wollte, behielt ich für mich. Hotel brauchte ich nicht. Ich schlief bei dem Berliner Malerehepaar Henri und Marianne Henrion auf der Couch. Ich war umrahmt von Bildern, weil Henri die Marotte hatte, seine Bilder nicht zu verkaufen.

Am nächsten Tag zog ich meine in der Reisetasche zerdrückten Klamotten an und fuhr mit dem Bus in Ellis Dahlemer Bürovilla. Elli drückte mich an ihren mächtigen Busen.

Steve Previn wartete im großen Wohnraum, ging nervös auf und ab, kam – was für Amerikaner nicht typisch ist – mit ausgestreckter Hand auf mich zu. Steve war klein, hatte schwarze kurz geschnittene Haare und über dem schwarzen Hemd knallrote Hosenträger. Wir setzten uns mit Elli und ihrer Assistentin Munni an den Tisch, aber Steve stand immer wieder auf und ging nervös herum. Der Kaffee wurde gebracht. Steve schilderte die Story, meine Rolle, Drehzeit et cetera. Gero Wecker hatte schon ein Gagenangebot gemacht. »Was?«, sagte ich empört, »der Wecker?« Elli spitzte den roten Mund, deutete mir mit der erhobenen Hand und den roten Fingernägeln, die in Zeitlupe abwinkten, »ruhig, ruhig!« zu.

Ein paar Tage später erfuhr ich von Elli am Telefon, welche Gage sie bei Herrn Wecker für mich herausgeschlagen hatte. Okay, nicht schlecht. »Wer ist eigentlich meine Partnerin?«, fragte ich. »Allererste Klasse!«, antwortete Elli. »Die Hauptrolle spielt Senta Berger.« O nein, dachte ich. »Ist doch schön, oder?«, sagte Elli ins Telefon. »Ja, sehr!«, sagte ich zurück, dachte an das schöne Mädchen, mit dem ich auf der Berlinale-Party so herzhaft über die deutsche Filmkrise gestritten hatte, und sah sie vor mir, die Senta Berger. In einem blauen Kleid mit weißen Punkten.

Ich musste bei Professor Oberniedermayr um Urlaub bitten, damit ich die Rolle *Timo* in dem Film »Jack und Jenny« spielen konnte. Er verlangte aber, ich solle ihm von den Dreharbeiten berichten. Ich verließ das Zimmer des Professors sehr beschwingt.

Zu den Dreharbeiten nach Berlin fuhr ich mit dem Schlafwagen zweiter Klasse, bezahlt von der Filmproduktion. Ich bestellte beim Schaffner ein Bier und las das Drehbuch. Am liebsten wäre ich die nächste Station wieder ausgestiegen. Denn gleich in »meiner« ersten Szene las ich: *Timo steht nackt in der Dusche.* Die weiteren Szenen waren keine große Herausforderung. Die Szene in der Dusche machte mir Kopfzerbrechen. Ich bestellte zum Schlafen noch ein Bier, und noch eins wegen der Duschszene und weil der Schlafwagen auf den verlotterten Schienen der DDR-Strecke beängstigend hin- und hersprang.

Am Bahnhof Zoo rief ich Paul an, ob man sich als Schauspieler weigern könne, eine *Nacktszene* zu spielen. Paul verneinte, weil ich nach Lektüre des Drehbuchs die Wahl gehabt hätte, die Rolle abzulehnen. Was ihn sprachlos machte, war die für ihn unfassbare Tatsache, dass ich das Drehbuch erst im Nachtzug gelesen hatte.

Am ersten Produktionstag gab es denkwürdige Begegnungen. Zuallererst mit dem Regisseur. Das war nämlich nicht der Amerikaner Steve Previn, der mich engagiert hatte, sondern der hochdekorierte russische Regisseur Victor Vicas (»Weg ohne Umkehr«), der aus mir unbekannten Gründen Mr. Previn abgelöst hatte.

Die Begegnung mit dem Star des Films, Senta Berger, war

spannend. Es knisterte vom *ersten Augenblick* an. Ihr Blick traf mich mit voller Wucht. Dann war aber da noch der Boss der Arca-Filmproduktion, in deren Studio an der Havel wir drehen sollten, Gero Wecker. Dieser Mann hatte bestimmt nur sehr unwillig meinen Vertrag unterschrieben, denn er wusste ja wohl von der komplizierten Lovestory, die ich vor ein paar Jahren mit seinem Schützling Marion Michael hatte, die hier die zweite weibliche Hauptrolle spielte. Da kam sie herein, die Marion. Wir begegneten uns herzlich, aber die Situation war schon merkwürdig, denn es war auch Heidi Brühl anwesend, die jetzige Freundin des Hauptdarstellers Brett Halsey.

Zwei Verflossene aus meinem früheren Leben und ein Stück Zukunft, von dem ich noch nichts wusste.

Mein erster Drehtag dann in der Wohnung des Kameramanns Werner Lenz, der als Koproduzent fungierte. Unüberbietbar peinlich. Im privaten Badezimmer des Herrn Lenz waren Lichtset und Kamera aufgebaut. Fehlte nur noch der Darsteller. Der war ich. So stellte ich mir die Dreharbeiten für einen Pornofilm vor. Da kommt er, der Protagonist, von der Kostümabteilung in einen roten Bademantel gesteckt. Aber drunter ist er für die Aufnahme nackt. Das ganze Team drumrum, wunderbar. Gott sei Dank war Senta Berger nicht dabei. »Also«, sagte Victor Vicas, der im Badezimmer des Herrn Lenz eine Sonnenbrille trug, um die ich ihn beneidete. Eine Sonnenbrille, möglichst dunkel, würde mir jetzt helfen. »Also«, sagte auch ich und gab scheinbar gleichgültig den Bademantel, Modell »hässlich mit Streifen«, dem Garderobier.

Der Drehtag unserer ersten gemeinsamen Szene fand im Atelier an der Havel statt, in dem ich 1961 den Kinofilm zur Abtreibung mit dem verzweifelten Titel »Ich kann nicht länger schweigen« gedreht hatte. Das Atelier war bis zum äußersten Rand mit einem großartigen Wohnstudio voll gebaut, mit freitragender Treppe, die zu den oberen Räumen führte, die es nicht gab, weil hinter den Türen schon die Außenmauern waren. Dort hinter der Tür stand ich, eingeklemmt auf der Beleuchterbrücke in der Enge zwischen den alten dreckigen Außenwänden und den Scheinwerfern und wartete auf das Lichtzeichen vor meiner Nase. Das Rotlicht blinkte, ich öffnete lässig die Tür, ging lässig – im Bademantel – klar, ich kam ja nicht von der Beleuchterbrücke, sondern *frisch geduscht* aus dem Badezimmer, die großartige Treppe hinunter ins großartige Wohnstudio, wo Senta Berger als *Jenny* so tat, als sei sie überrascht. Ich verwickelte als *Timo* lässig die schöne *Jenny* in ein Gespräch, um sie dann frech zu küssen. Bei der Probe brach ich an dieser Stelle ab und sagte zum Regisseur: »Und dann küsse ich sie!« Wir probierten das ein paarmal und ich brach jedes Mal an der gleichen Stelle mit dem gleichen Versprechen die Szene ab. Brett Halsey, der Senta und mich beim Kuss ertappen sollte, ging jedes Mal von seiner Warteposition los und musste wieder umkehren, weil ich Senta einfach nicht küsste.

Die Geduld des Regisseurs war am Ende. Er sagte: »Okay, ohne Probe.« Er gab das Kommando zum Drehen. Ich stand in meinem stickigen Kämmerchen, hörte durch die Sperrholzwände die Klappenansage, wischte mir den Schweiß von der Stirn und öffnete beim Lichtzeichen lässig die Tür. Auf halbem Weg sah ich hinter der Kamera zwei Herren stehen und brüllte, man könne so nicht arbeiten. Die Herren da unten hätten auf der Stelle das Atelier zu verlassen. Natürlich waren die Herren sehr schnell verschwunden. Ich hatte nun keine Ausrede mehr und musste bei der nächsten Klappe und dem roten Lämpchen die überrascht spielende Senta Berger küssen.

Hinterher ging es mir sehr gut, obwohl mir klar gemacht wurde, dass ich soeben den Finanzier Oppenheimer und seinen Bankier hinausgeworfen hatte, der einmal einen Blick *hinter die Kulissen* werfen wollte.

Am Abend streifte ich mit Senta in der Nähe des *Parkhotels* Zellermayer, in dem wir wohnten, über das Parkdeck der

Freien Volksbühne, wo heute das Theaterzelt »Bar jeder Vernunft« steht. Bei einem von Eisenbügeln eingeschlossenen Baum küssten wir uns außerhalb des Films. Den »gefangenen Baum«, wie wir ihn nannten, werden wir ab jetzt immer suchen und aufsuchen, um uns unter seinem Blätterdach zu küssen.

Ich fuhr zurück in die Kinderklinik, hatte ein paar Tage drehfrei. Aber ich hielt es in München nicht aus, musste zurück nach Berlin, obwohl ich nicht auf dem Drehplan stand. Senta war überrascht, als ich im Atelier vor ihr stand, bekam einen roten Kopf. Der Portier vom Parkhotel Zellermayer, Herr Lehmann mit den pechschwarz gefärbten Haaren, war ebenfalls überrascht. »Ich habe kein Zimmer für Sie, Herr Verhoeven!«, sagte er mit trauriger Miene, die nicht aufgesetzt war. In Berlin war »Durchreise«, das Herbstmeeting der Modebranche. Alle Hotels waren ausgebucht. Ich konnte mich nicht in Senta Bergers Hotelzimmer einmieten. Dafür waren die Zeiten zu prüde. Und ich auf bestimmte Art auch. Außerdem würde Herr Lehmann sich »wegen Kuppelei« strafbar machen. Aber ich ließ Herrn Lehmann nicht so ohne weiteres davonkommen. »Da vorn die Tür, das ist doch der *Cosmetic-Salon*, das steht wenigstens angeschrieben. Der ist doch über Nacht geschlossen, oder? Da ziehe ich jetzt ein, Herr Lehmann!« – »Unmöglich, das ist kein Hotelzimmer, da ist nicht mal ein Bett drin, nur eine Liege.« Lehmann legte ohne ein weiteres Wort den Schlüssel zum Cosmetic-Salon aufs Rezeptionsdesk.

So kam es, dass Senta und ich unsere erste Liebesnacht zwischen Döschen, Fläschchen, Tübchen und kosmetischen Wundercremes verbrachten, in einem Cosmetic-Salon im Parterre des Hotels, sozusagen außerhalb.

Die kalten Neonröhren waren aus, und da stand im Licht unruhiger Kerzen ein schönes Mädchen, schöner als alle Frauen, die ich je gesehen hatte.

Am nächsten Morgen flog ich nach München zurück, kam fast pünktlich zum Dienst und wurde von den OP-Schwestern sofort ausgefragt.

Ab jetzt hatte ich mit den Krankenschwestern ein stilles Geheimnis, und am Wochenende nach Dienstschluß war ich schon wieder in Berlin. Senta holte mich vom Flughafen Tempelhof ab.

Weil fast die ganze Filmcrew im Zellermayer untergebracht war, wollten wir uns nicht der Neugier der Branche aussetzen. Wir verbrachten das Wochenende im Grunewalder Hotel *Paulsborn*, wo weder Senta noch ich vorher jemals gewohnt hatten. Alles sollte neu und unberührt sein. Denn wir hatten ein neues Leben begonnen, in dem kein Vorher und kein Nachher einen Platz haben sollte.

Lyndon B. Johnson muss
sterilisiert werden

Am 34. Hochzeitstag meiner Eltern, am 28. Juli 1964, verlobten wir uns.

Senta wollte das eigentlich nicht, sie fand meinen Wunsch unglaublich spießig. Das war er vielleicht. Aber ich hatte einen mehrmonatigen Aufenthalt in Amerika vor mir. Ich hatte in Worcester/Massachusetts einen Praktikumsplatz als Austauschstudent ergattert. Ich wollte, dass sie weiß, wie ernst mir unser Zusammenleben ist. »Das weiß ich doch so auch!«, sagte sie. Je mehr sie sich dagegen sträubte, desto mehr bestand ich auf dieser Verlobung.

Bis New York flogen wir zu dritt: Claus Martin, der heute eine Privatklinik in Bad Wiessee hat, Wolfgang Zenker, den ich aus den Augen verloren habe, und ich.

Wir wohnten in einem Hotel in Manhattan, in dem die

Nacht acht Dollar kostete. Ich wohnte so hoch, dass es sich lohnte, zehn Minuten auf den »Elevator« zu warten. Das Zimmer war vergittert, was für mich keinen Sinn ergab, denn die Fenster ließen sich gar nicht öffnen. Ein dunkler, lauter Kasten blies Höhenluft herein.

Wolfgang Zenker kaufte sich für die kommenden Monate ein großes altes Auto, das er am Ende des Praktikums in den Hudson-River versenkte, wie das viele taten. Ich flog weiter nach Boston. Worcester liegt etwa 50 km von Boston entfernt. Ein Bus brachte mich dorthin.

Das »Memorial Hospital« war ein kompakter Bau aus roten Ziegeln. Ich war erst auf der *Allgemeinen Station*, wo etwa 20 Betten in einem Raum waren, nur durch weiße Vorhänge getrennt. Die Patienten waren nicht versichert, bekamen die Behandlung kostenlos. Ich hatte ein winziges Zimmer, in dem ich mich sehr wohl fühlte, Sentas Foto füllte beinahe eine ganze Wand aus. Natürlich auch hier »Air condition«, aber zum Glück ließ sich das Fenster öffnen.

Als Senta mir bald folgte, nahmen wir eine kleine Wohnung in der Stadt. Wir brauchten ein Telefon, weil sie Anrufe von ihrem Agenten aus Hollywood erwartete.

Senta kaufte Geschirr und Besteck, obwohl in der Wohnung alles vorhanden war. Auf dem Hauptplatz stand ein Riesenrad, wie in Wien, nur kleiner. Das winzige Zimmer in der Klinik durfte ich behalten. Das war gut, denn nach einem Streit mit Senta konnte ich mich in die Klinik zurückziehen. Ich weiß noch genau, worum es ging. Der Schauspieler Glenn Ford hatte angerufen, und ich war rasend vor Wut und Eifersucht. Dass er in Sentas nächstem Film als ihr Partner vorgesehen war und von der Produktion ihre Nummer bekommen hatte, wollte ich nicht hören. Ich wollte überhaupt nichts mehr hören. Ich machte meinen Dienst, und danach schloss ich mich in meinem Zimmer ein. Ich hatte das Radio, so groß wie eine Streichholzschachtel, das auf allen Sendern die Beatles spielte, meist so laut aufgedreht, dass das Zimmermädchen mit der Faust gegen die Tür schlagen musste. Diesmal wieder. Aber es war Senta, die vor der Tür stand. Wir fielen uns in die Arme. »Ich bin dumm! Entschuldige bitte!«, sagte ich. »Ja, das bist du!«

Ich arbeitete jetzt auf der Chirurgie. Mein Chef hieß Professor Dunlop, wie die Reifenfirma. Er war offenbar auch ebenso reich, zum Geburtstag schenkte er seiner Tochter einen Zoo. Einen echten Zoo mit vielleicht tausend Tieren.

Professor Dunlop nahm mich auf die erste Visite mit. Es war fünf Uhr früh. Das war wirklich früh, für einen, der die Nacht mit seiner Geliebten verbracht hatte. Professor Dunlop begann jeden Tag so früh, also ich auch.

Professor Dunlop hatte sich auf Nervenoperationen spezialisiert. Patienten kamen mit einem »Raucherbein« in die Klinik, Professor Dunlop machte einen Eingriff am *vegetativen* Nervensystem, die Durchblutungsstörung war behoben. Von einer Minute auf die andere. Mir erschien es wie ein Wunder.

Bei uns kam es in solchen Fällen nicht selten zur Amputation. Professor Dunlop wollte mir nicht glauben, dass diese Methode in Deutschland nur selten gemacht wurde. Professor Dunlop betrat am Nachmittag ein Zweibettzimmer. Einer der Patientinnen kam die ärztliche Visite ungelegen. Die *Fernseh-Show* war gerade so spannend. »Kommen Sie bitte, wenn die Show vorbei ist.« Der Professor nickte. Er fand das okay. Ich konnte es nicht fassen. Ich sprach ihn darauf an. »Wieso?«, fragte er zurück. Der Patient ist der Kunde. Der Kunde zahlt und schafft an. Ich befand mich wirklich in einem anderen Land.

Es war Wahlkampf. Kennedy war im Vorjahr ermordet worden, und jetzt traten die Millionäre Lyndon B. Johnson und Barry Goldwater gegeneinander an.

Auf den Nummerschildern ihrer Autos machten die Ärzte und Schwestern Werbung für ihre Kandidaten.

Im OP trugen einige Chirurgen einen handtellergroßen Button, um zu zeigen, wen sie wählen. Der Button mit dem Kopf von Johnson oder Goldwater musste vor der Operation sterilisiert werden, wie die Skalpelle.

Jahre später, als ich in der Chirurgie Rechts der Isar arbeitete, fielen mir die riesigen Buttons an den OP-Kitteln der Ärzte und die Aufkleber an den Autos wieder ein. In München versteckten die jungen Ärzte ihre politische Meinung, gaben sich so, als stimmten sie mit dem Klinikchef überein. In Worcester im Wahlkampf war man stolz auf seine eigene Meinung.

GLORY GUYS

Ich flog nach Los Angeles, besuchte Senta, die mit ihrer Mutter im »Sunset Marquis« an der Alta Loma Road wohnte.

Die Resi, ihre Mutter, mit der ich noch »per Sie« war, zweigte immer Orangen und Äpfel für das Zimmermädchen ab. Ich war nicht ganz sicher, ob man den Hotelangestellten, die meisten waren Mexikaner, mit Obst eine Freude machen konnte. Vielleicht sahen sie das Obst als Almosen an und waren gekränkt. Schließlich waren wir in Kalifornien, wo das Obst im Überfluss vorhanden war.

»Sie können mir schon glauben«, sagte die Resi.

Ich glaubte es erst, als mich das Zimmermädchen am Morgen um die zwei Orangen bat, die vom Frühstück übrig geblieben waren.

»Obst zu kaufen, kann ich mir nicht leisten!«, sagte die junge Mexikanerin, die downtown wohnte, tief im Süden.

Senta zeigte mir *ihr* Los Angeles. Wir besuchten ihren Agenten Paul Kohner in Bel Air. An Sonntagen versammelte sich in Kohners Haus die österreichisch/böhmisch/berlinische Emigrantenschar. Senta war das »Wiener Mädl«, das sie ins Herz geschlossen hatten. Dort trafen wir Paul Kohners jüngeren Bruder Frederick, dessen Bücher über das Teenagergirl »April« in der ganzen Welt gelesen und als Filme gesehen wurden.

Senta stellte mich Lisl Frank vor, der Frau des Dichters Bruno Frank, der Paul Kohner in den vierziger Jahren geholfen hatte, für verfolgte deutsche Künstler Geld und Ausreisegenehmigungen zu verschaffen. Unter den Gästen war auch Walter Reisch, der österreichische Drehbuchautor, der das Script für »Maskerade« mit Willi Forst und Paula Wessely geschrieben hatte. Grinsend sagte Senta: »Herr Reisch hat das Drehbuch zu *Titanic* mit Robert Wagner geschrieben!« Ich hatte den Film mindestens zehnmal gesehen, weil ich mich mit Wagners Rolle identifiziert hatte. Und das hatte ich ihr erzählt. »Ein schlechtes Drehbuch!«, sagte Reisch. Senta nahm ein Powidldatschgerl mit sehr viel Sahne und sagte: »Für ›Ninotschka‹ mit der Garbo hat Herr Reisch auch das Drehbuch geschrieben ... und für ›Gaslicht‹ mit Ingrid Bergman.« – »Es reicht!«, sagte Walter Reisch, »essen Sie!«

Und das tat Senta mit großer Hingabe, weil es angeblich so »österreichisch« schmeckte. »Böhmisch!«, korrigierte sie Paul Kohner sanft. Und seine mexikanische Frau Lupita, ehemals Schauspielerin und Sängerin, die die Figur eines Teepüppchens hatte, schaute besorgt drein. Senta schob mir das Powidldatschgerl hin. Sie hatte Lupitas strengen Blick verstanden. »Österreichische oder böhmische« Mehlspeisen waren im amerikanischen Filmbusiness nur für Produzenten, Agenten und Autoren geeignet, für Schauspielerinnen, die vor der Kamera agierten, waren sie Gift.

Senta stand vor Drehbeginn des Films »Glory Guys«, für den Sam Peckinpah das Drehbuch geschrieben hat und unter dessen Regie sie schon »Sierra Charriba« gedreht hatte.

Paul Kohner fragte mich nach meinem Vater Paul. Kohner hatte als Leiter der Ausländerabteilung von »Universal« mit Luis Trenker gearbeitet und seit damals auch Pauls Weg verfolgt.

Senta und ich gingen am späteren Nachmittag noch in Bel Air spazieren. Zu Fuß gehen war in dieser Gegend offenbar so ungewöhnlich, dass Anwohner die Polizei riefen. Die Streife nahm uns mit aufs Revier, Senta erklärte, dass wir Freunde der Familie Kohner seien. Die Polizisten riefen an und Paul Kohner löste uns telefonisch aus. In Zukunft verließen wir das Hotel nie ohne Ausweis.

Bei einem anderen Spaziergang, wieder in Bel Air, sahen wir von weitem zwei Frauen auf uns zukommen, mit einem Schäferhund an der Leine. »Ich wette, das sind Deutsche!«, sagte Senta. Und richtig, als die beiden an uns vorbeigingen, diskutierten sie in breitem Schwäbisch ein Kochrezept.

Die Dreharbeiten von »Glory Guys« fanden wieder in Durango, tief in Mexiko statt in den gleichen Dekorationen, in denen Senta schon mit Sam Peckinpah gedreht hatte. Jetzt führte Arnold Laven Regie. Wir flogen zuerst nach Mexiko-Stadt. Das Taxi fuhr uns im Zickzack zum Hotel. Der Fahrer musste bestimmte Kontrollpunkte anfahren. Das diente seiner Sicherheit, aber auch unserer. Überfälle auf Taxigäste waren sehr häufig, erklärte mir später Arnold Laven, Sentas Regisseur. »Und nicht selten sind die Taxifahrer selbst die Räuber«, fügte er hinzu.

Ich sah zum ersten Mal die Blechhütten der Ärmsten der Armen, die kein Wasser haben und keinen Strom, mitten in der Stadt. Den Armen half die katholische Kirche, aber die meisten Kathedralen und Kirchen waren geschlossen. Ich hatte mir von Mexiko kein wirkliches Bild gemacht, war erschrocken über die Distanz von Arm und Reich.

Wir flogen weiter nach Durango, wo noch von »Sierra Charriba« die Filmstadt stand. Einige der Hausattrappen wurden von armen Familien bewohnt. Sie mussten jetzt erst einmal ausziehen. Wenn die Dreharbeiten vorbei waren, sollten sie noch eine kleine Kirche dazubekommen.

Die amerikanische Filmproduktion benützte ein Land mitsamt seiner Bevölkerung bedenkenlos als Kulisse. Die Armut, die offensichtliche Unterdrückung der Bevölkerung durch eine kleine Schicht Begüteter scherte niemand.

Mein Rückflug nach Deutschland ging von der Küstenstadt Mazatlan aus.

Als ich schon angeschnallt in der Maschine saß, stand Senta plötzlich vor mir. Sie musste mich noch einmal umarmen. Schön war dieser Moment und nicht wiederholbar, auf keinem Flughafen der Welt. Dann sah ich Senta auf dem Flugfeld noch einmal, ganz klein, als meine Maschine schon in der Luft war und sich in eine Linkskurve legte.

Senta winkte noch immer, und ich winkte zurück, aber das konnte sie nicht sehen.

»Wir lassen Sie nicht in Ruhe!«

Wir bezogen eine kleine Wohnung im unansehnlichsten Haus der Widenmayerstraße, dem Haus Nr. 26. Sie hatte keine Küche, nur Herd und Spüle im Wohnzimmer.

Eines Nachts wurden wir von einem übernatürlich schönen Gesang geweckt. Die Stimme kam vom Balkon vor unserem Schlafzimmerfenster, der zur Nachbarwohnung gehörte. Dort saß auf dem Geländer ein kleiner unscheinbarer Vogel, eine Nachtigall. Es ist das einzige Mal geblieben bis heute, dass wir das Wunder einer Nachtigall erlebt haben.

Über uns hörten wir Schritte. Der alte Mann, der die obere Wohnung hatte, war offenbar ebenfalls von dem Gesang des kleinen Vogels wach geworden. Wahrscheinlich wollte der alte Mann wie wir ans Fenster treten. Dann erschreckte uns ein dumpfer lauter Schlag, wie der Aufprall eines schweren Möbelstückes. Der kleine Vogel verstummte und flog in die Dunkelheit davon. Dann hörten wir die jammernde Stimme des alten Mannes. Ich lief nach oben, läutete an der Tür. Keine Antwort. Ich schaute durch den Briefschlitz. Dunkel. Noch einmal läuten. Von drinnen die alte Stimme: »Lasst mich in Ruhe! Ich brauche keine Hilfe. Abhauen da draußen!«

Am nächsten Morgen gingen wir gemeinsam nach oben. Durch den Briefschlitz sahen wir den alten Mann auf dem Boden liegen. War er tot? Wir läuteten. Wieder die alte Stimme, jetzt schwächer, fast freundlich: »Lasst mich bitte in Ruhe.« – »Nein!«, rief Senta zurück, »wir lassen Sie nicht in Ruhe!« Wir rannten in unsere Wohnung, riefen die Polizei.

Später machten wir die Bekanntschaft des alten Mannes. Trotz einer geheimnisvollen Krankheit, die ihn lähmte, begegneten wir ihm sogar manchmal auf der Straße. Er ging sehr mühsam an Krücken.

Weihnachten stellte er uns selbst gebackene Plätzchen vor die Tür. Ein paarmal noch hörten wir über uns den Aufschlag seines Körpers auf den Boden. Ich wusste dann schon, wo er den Schlüssel hinterlegt hatte und half ihm auf. Als er das Bett nicht mehr verlassen konnte, sagte er zu mir: »Ich werde jetzt sterben.« Ich wusste nicht, ob ich etwas erwidern sollte und was. Ich schwieg und stand lange an seinem Bett. »Gehen Sie jetzt!«, sagte er nach einer Weile.

Ich nickte und sagte zaghaft: »Gute Besserung ...« Da wurde er zornig wie in der Nacht der wundersamen Vogelstimme. Er schrie: »Raus! Raus! Aber schnell! Und lassen Sie sich nicht mehr blicken.« Ich war erschrocken und ging schnell zur Tür. Sein Schreien ging in Schluchzen über. »Für mich ist keine Besserung vorgesehen ...!« Ich schloss leise die Tür hinter mir. Das war das letzte Mal, dass ich ihn gesehen habe.

Der Rebell

Ein halbes Jahr nach Stellas Geburt spielte Lis zusammen mit *Edith Schultze-Westrum*, der Mutter unseres Halbbruders Thomas, in dem Fernsehfilm »Ein langer Tag«.

Natürlich haben sie über Paul und Thomas gesprochen. Thomas wollte seinen Vater nicht kennen lernen. Er war mit einem Vater aufgewachsen, Dr. Toni Schelkopf, dem Mann seiner Mutter. Thomas hat lange Zeit nicht gewusst, dass Paul sein Vater ist, so wie ich nicht wusste, dass wir einen Halbbruder haben. Es war auch Stolz dabei und Trotz, dass er von Paul nichts wissen wollte.

Edith Schultze-Westrum war Pauls »Typ«. Sie hatte Grübchen wie Monika, wie Pauls Schwester Hetta, auch Gardy und meine Mutter. Edith Schultze-Westrum wollte, als sie von Paul schwanger wurde, die Angelegenheit allein bewältigen. Da sie aber einen Ariernachweis für den neugeborenen Sohn erbringen musste, war sie gezwungen, Paul als Vater anzugeben.

Paul war für uns kein schlechter Vater, aber als Vater des unehelichen Sohnes hat er versagt. Auch wir Kinder haben als Halbgeschwister versagt. Erst nach Pauls Tod haben wir den Versuch gemacht, unseren Bruder kennen zu lernen. Nach einigen Anläufen, die zu nichts führten, hat uns Thomas in unserem Grünwalder Haus besucht. Die Begegnung war für ihn schwieriger als für uns, weil wir zu dritt waren, eine verschworene Gemeinschaft, und weil die Initiative – spät genug – von uns ausgegangen war. Dennoch waren wir sehr aufgeregt. Wie sieht er aus? Was für eine Stimme hat er? Werden wir uns verstehen?

Es war das erste Mal, dass wir ihn sahen. Vorher hatten wir nur seine ausgezeichneten Filme gesehen. Thomas hat Tierfilme gemacht, nicht die spektakulären Filme der freien Wildbahn oder der Mikrowelt in den Gräsern oder der exotischen Gewässer, sondern Filme über die Tiere, mit denen wir leben, deren Geheimnisse wir übersehen, weil wir ihnen zu nahe sind, Filme über die Rinder im Stall zum Beispiel, mit einem Blick auf uns selbst, die wir mit diesen Tieren verständnislos umgehen.

Als wir vier Verhoeven-Kinder zum ersten Mal zusammensaßen, war es für uns, bestimmt auch für Thomas, merkwürdig zu sehen, dass er unserem Vater von uns allen am ähnlichsten war.

Thomas hat Pauls Farben. Seine helle Haut, das Kornblau seiner Augen, die Ohren – wenigstens beim Vergleich mit Fotos vor Pauls denkwürdiger »Operation« – und auch seine vollkommene Glatze. Als wir in unserem ganz und gar heiteren Gespräch die Ähnlichkeit mit seinem Vater berührten, fühlte Thomas sich bedrängt und bog das Thema ab. Thomas, nein, Dr. Thomas Schultze-Westrum, um korrekt zu sein, sprach über seine Arbeit. Er hat Zoologie, Geologie und »kulturelle Anthropologie« studiert. Er kämpft für die Erhaltung der Natur, vor allem in Griechenland und Neuguinea. In Griechenland rettete er verlassene Dörfer vor dem Abriss und rekonstruierte originale Wohn- und Lebenszusammenhänge. Dass er sich damit bei Politikern und Baulöwen nicht beliebt gemacht hat, überraschte uns nicht.

In Neuguinea legte er sich mit der »Holzmafia« an, die die einträgliche Vernichtung des tropischen Regenwaldes kontrolliert. Er hat einen Film über alternative Nutzungen des Tropenwaldes in Neuguinea gemacht, die den Baumbestand dauerhaft erhalten sollen.

Thomas wurde von der Holzmafia bedroht. Zuletzt konnte er seine Artikel nur noch unter Pseudonym veröffentlichen. Jetzt lebt er auf der griechischen Insel Thassos und kämpft dort gegen den Vogelmord. Außerhalb der Touristensaison, in der Jagdverbot herrscht, werden im Umlauf von Kazaviti an den Bergflanken, sogar im Wohngebiet direkt bei den Häusern Singvögel gejagt, vor allem Drosseln, mit Leimruten, Schlingenfallen und durch Schrotflinten, was für die Tiere noch die geringste Qual bedeutet, weil der Tod sofort eintritt. Thomas protestiert gegen den Vogelmord, er zerstört die Fallen, wo er sie findet, was ihm tiefe Feindschaften eingebracht hat. Aber er lässt sich nicht einschüchtern. Thomas ist ein Bewahrer. Um bewahren zu können, muss man ein Rebell sein. Das ist er.

In den Jahren nach Pauls Tod haben wir uns öfter, nicht oft genug, gesehen. Lis und Stella waren ein paarmal bei ihm in Griechenland, aber die Begegnungen blieben rar, weil Thomas ein unruhiger Geist ist und fast überall auf der Welt seinem Beruf nachgeht: Konservieren und Zerstörtes aufbauen. Er ist der Baumeister, der Paul einmal sein wollte.

Einige Briefe, die ich ihm geschrieben habe, sind zurückgekommen, weil Thomas längst seine Zelte abgebrochen und woanders wieder aufgeschlagen hatte.

Bei jedem Telefonat nehmen wir uns vor, unseren Kontakt, unsere Freundschaft in Zukunft intensiver zu gestalten.

Ein Foto zeigt die vier Verhoeven-Kinder bei ihrer ersten Begegnung kurz nach Pauls Tod. Das Foto ist ziemlich unscharf, es ist das einzige, das wir besitzen.

Ein kleines Buch

Als ich mich im Frühjahr 1965 an der Münchner Ludwig Maximilians-Universität auf mein medizinisches Staatsexamen vorbereitete, wohnten wir noch immer in unserer kleinen Widenmayer Wohnung. Vor jeder Prüfung hatte ich das Gefühl, dass ich überhaupt nichts weiß und keine Frage beantworten kann. Aber dann kamen die Fragen und die Antworten kamen ebenfalls. In der Prüfung zur »Kinderheilkunde« glaubte ich, ein besonders schweres Los gezogen zu haben. Mit dem etwa 8-jährigen Jungen, den ich untersuchen musste, konnte ich nicht sprechen. Ich konnte ihm keine Fragen stellen. Er war taubstumm.

Aber dann half mir gerade dieses Handicap. Ich wusste, taubstumme Kinder haben nicht selten in ihrer Frühphase eine *Tuberkulose* durchgemacht. Die Diagnose war richtig.

Ich hatte das Staatsexamen bestanden. Ich war Arzt. Nur noch die Praktikantenzeit von zwei Jahren trennte mich von der Möglichkeit, eine eigene Praxis zu eröffnen.

Nach dem Praktikum wollte ich weiter in einer Münchner Klinik arbeiten.

Weil wir schon vor meinem Staatsexamen die Sentana Filmproduktion mit Sitz in unserer kleinen Münchner Wohnung gegründet hatten, war die Entscheidung gegen Wien, wo Senta gerne hingezogen wäre, gefallen.

Das Firmenlogo hatte meine Schwester Monika entworfen. Es sollte an einen Notenschlüssel erinnern. Sie machte mehrere Entwürfe. Einer erinnerte an einen Bass-Schlüssel, dieses Logo gefiel uns am besten, wir haben es bis heute nicht geändert.

Jetzt, nach meinen Prüfungen, nahm ich erst mal Abstand von der Medizin und bereitete unser erstes Filmprojekt vor. Ich schrieb ein Drehbuch zusammen mit Georg Kostya, dem jungen Schauspieler, der in Pauls »Schwejk«-Fassung nach meiner Absage den Soldaten gespielt hatte. Er war inzwischen an Kinderlähmung erkrankt, hatte sich in das Leben im Rollstuhl eingewöhnen müssen, hatte geheiratet, war Vater von zwei kleinen Buben.

Georg und ich schrieben zusammen eine Parodie auf die Entwicklung der Filmgeschichte, und griffen dabei auf den klassischen Schwank »Der Raub der Sabinerinnen« zurück.

Striese, der Leiter eines Schmierentheaters, führt mit seiner Laientruppe ein historisches Stück des naiven Deutschlehrers Professor Gollwitz auf. Der Film sollte als Stummfilm in verkratztem Schwarzweiß beginnen und über alle Epochen der Filmgeschichte hinweg als großes Cinemascope-Spektabel enden. Für die Rolle des Schmierenkomödianten gewannen wir den »Goldfinger«-Bösewicht Gert Fröbe. Den amibitionierten Theaterdirektor sollte Paul spielen. Das Drehbuch war – auch aus heutiger Sicht – irrwitzig komisch. Aber das Projekt scheiterte. Gert Fröbe wollte plötzlich beide Rollen spielen, den Striese *und* den Dichter. Das war mir dann doch zu viel Schmierenkomödie, und ich ließ das Projekt fallen.

Zum Geburtstag im Juli 1965 schenkte mir Senta das kleine Buch von Inge Scholl »Die Weiße Rose«. Sie sagte: »Das solltest du verfilmen.« Aber Inge Scholl beschrieb ja vor allem das Schicksal ihrer Geschwister Hans und Sophie. Doch »Die Weiße Rose«, das waren auch Professor Huber, den die Studenten in Philosophie hörten, und Alexander Schmorell, Willi Graf, Christoph Probst, der Vater meines Studienkollegen Michael Probst, der mit mir Examen gemacht hatte. Das war ein Projekt, für das ich viel Zeit brauchte. Ich musste alle Familienangehörigen aufsuchen, alle am Rande Beteiligten, alle Freunde von damals. Das war kein Stoff, den man aufgrund einer einzigen Perspektive, dem Blick der Schwester von zweien aus der Gruppe realisieren konnte, von der ich damals gar nicht wusste, wie groß sie war.

Paul konnte mir zu dem Thema nicht sehr viel berichten. Falk Harnack, der dem Kreis der »Weißen Rose« zugerechnet wurde, war am Brunnenhoftheater sein Dramaturg. Er hatte Paul viel erzählt, aber Paul wusste nur Bruchstücke.

1979, 15 Jahre nachdem ich das Büchlein von Inge Scholl gelesen hatte, machte ich mich mit meinem Freund Mario Krebs auf den Weg nach Rotis im Schwäbischen, wo Inge Scholl mit ihrem Mann Otl Aicher lebte. Mario war seit dem Film »Verführungen«, den Elke Heidenreich geschrieben hatte, mein Koautor. Wir bekamen von Inge Scholl eine Absage. »Ich kann mir meine Geschwister auf der Leinwand, dargestellt von Schauspielern, nicht vorstellen. Und ich will es auch nicht.«

Doch ich gab nicht auf, begann im Münchner »Institut für Zeitgeschichte« zu recherchieren, suchte andere Angehörige auf, Elisabeth Scholl, die jüngere Schwester, und ihren Mann, Fritz Hartnagel, der Sophies engster Freund gewesen war. Anneliese Graf-Knoop war dem Projekt gegenüber sofort sehr aufgeschlossen. Ich besuchte die Familien Probst, Schmorell und Huber, auch den Freundeskreis, soweit er für mich erreichbar war, vor allem die seinerzeitigen Ulmer Gymnasiasten, die mit Freiheitsstrafen davongekommen waren, Franz Joseph Müller, Hans Hirzel und Heiner Guter.

Mario und ich stellten fest, dass die Schilderungen, die wir zu hören bekamen, nicht ganz zusammenpassten. Vor allem stimmten sie nicht mit dem überein, was wir in der Literatur vorfanden. Wir nahmen einen neuen Anlauf, überzeugten schließlich Inge Scholl, die die Sprecherin der »Weißen Rose« zu sein schien. Sie ließ uns ausgewählte Kapitel aus den Tagebüchern und einzelne Briefe ihrer Geschwister lesen. Kopieren durften wir nichts. Sie schärfte uns ein, dass wir den »Flugblattabwurf« am 18. Februar 1943 keinesfalls als »absichtliche« oder »mutwillige« Tat darstellen dürften. Es sei eine »Panne« gewesen. Sie würde jeden mit einem Strafprozess wegen Verleumdung verfolgen, der behauptete, ihre Geschwister hätten die Flugblätter absichtlich heruntergestoßen.

In dem neuesten, sehr guten Film »Sophie Scholl«, von Julia Jentsch und Gerald Held beeindruckend gespielt, lassen die Autoren Sophie sagen, sie habe die Flugblätter mutwillig hinuntergestoßen. Ich nehme an, sie berufen sich dabei auf das Protokoll einer Aussage des Hausschlossers Jakob Schmidt, das sich lediglich bei den Materialien zur Voruntersuchung befand und in den Verhören von Sophie Scholl meines Wissens keine Rolle gespielt hat. Da ich noch Inge Scholls Worte im Ohr habe, war ich über »Sophies« Aussage erstaunt. Aber vielleicht haben die Autoren Informationen, über die ich nicht verfüge.

Bei unseren eigenen Recherchen gab uns Anneliese Graf sofort eine Kopie des gesamten Tagebuchs ihres Bruders Willi. Auch die Familien Schmorell und Probst gaben bereitwillig Auskunft. Die anderen Beteiligten ebenfalls. Wir wurden zu damaligen Studienkollegen und Freunden geschickt, die uns wieder zu anderen Freunden und Studienkollegen schickten, wir rollten ein ganzes Netzwerk auf. Das Projekt reifte.

Wir hatten gerade die zweite Drehbuchfassung geschrieben und ich machte mir Gedanken über die Besetzung.

Senta, die mit Klaus Maria Brandauer in einer Nolte-Inszenierung am Wiener Burgtheater spielte, sagte schon bei Beginn der Proben: »Ich habe deine Sophie Scholl!« Sie zeigte mir Fotos von Lena Stolze, die ihre Tochter spielte und eine verblüffende Ähnlichkeit mit *Sophie* hatte, wie ich sie von den Fotos kannte. Aber ich wollte diese äußerliche Ähnlichkeit nicht bedienen. Mir war es wichtig, beim Zuschauer das Bewusstsein wachzuhalten, dass wir ein Schauspielensemble sind, das die Geschichte der »Weißen Rose« in Szene setzt, aber sie nicht *erleidet*.

In unseren immer weitergehenden Gesprächen mit den Familienangehörigen, den Betroffenen und Augenzeugen erfuhren wir immer mehr Fakten, die in keinem Archiv, keinem Geschichtsbuch zu finden waren. Ein ganz neues, unbekanntes Bild der »Weißen Rose« ergab sich bei diesen näheren und vertrauten Gesprächen. Wir mussten unser Bild von den eher unpolitischen, ausschließlich religiös geprägten Idealisten über Bord werfen. Dass Hans Scholl Waffen sammelte, wie mir Professor Heinrich Bollinger, seinerzeit ein Mitstreiter der »Weißen Rose«, glaubhaft versicherte, und dass die »Weiße

Rose« einen Kontakt zum militärischen Widerstand für ihre Arbeit nutzen wollte, waren bestürzende Neuigkeiten für mich. Ich musste von meinem Konzept der *Antibesetzung* abgehen. Unsere völlig neuen Entdeckungen und Erkenntnisse wären sonst als »dichterische Freiheit« abgetan worden.

Ich begann, mit Lena Stolze zu verhandeln, und veranstaltete ein aufwendiges Casting, besuchte Schauspielschulen. Als ich eine Aufführung des Abschlussjahrgangs der Staatlichen Stuttgarter Schauspielschule besuchte, sah ich einen jungen Mann auf dem Rad über den Hof fahren. Es war für mich beinahe ein Schock. Da radelte *Willi Graf* über den Hof. Ich fragte andere Schauspielschüler. »Das ist der Uli Scheurlen!«, sagte ein Mädchen. Tatsächlich, mein Willi Graf hatte den Namen »Scheurlen«. Als alles klar war und auch Herr Scheurlen, Ulis Vater, zugestimmt hatte, machten wir einen Vertrag. Uli unterschrieb. Ich sagte dann: »Uli, dein Familienname ist dir wahrscheinlich sehr wichtig!« – »Ja, sehr!«, sagte Uli, »ich weiß, Scheurlen ist nicht gerade schön, aber ich kann es meinem Vater nicht antun, einen Künstlernamen anzunehmen ...«

Dann kam die Ernüchterung. Wir fielen bei der Filmförderung durch. Aber ich gab nicht auf. Wir setzten unsere Recherchen fort. Mein Studienkollege Michael Probst lud Mario Krebs und mich eines Sonntags zum Mittagessen ein. Wir erklärten ihm und seiner damaligen Frau, was wir über den Widerstand der »Weißen Rose« recherchiert hatten. Seine Frau war mit unseren Erkenntnissen nicht einverstanden. Sie zog sich in die Küche zurück. Nach ein paar Minuten rief sie ihren Mann zu sich. Es vergingen wieder ein paar Minuten, dann kam Michael verlegen ins Zimmer zurück und bat uns, zu gehen. Seine Frau fühle sich außerstande, für uns zu kochen.

Auch die neuen Drehbuchfassungen, die sich durch die weitergehenden Recherchen ergaben, wurden von der Filmförderung abgelehnt. Aber ans Aufgeben dachte ich nicht. Der Film *musste* gedreht werden. Jetzt gerade, da er so viel Neues zu berichten hatte. Fünfmal haben wir das Projekt in einer neuen Version bei den Filmförderungsgremien eingereicht. Bei der Bayerischen Filmförderung, der Filmförderungsanstalt Berlin, beim Bundesministerium des Innern. Fünfmal wurden wir abgewiesen.

Im Nachhinein bin ich dankbar für den Aufschub. Denn wir gewannen Zeit für weitere Gespräche mit denen, die wussten, wie es war. Etwa 40 Stunden Tonbandaufzeichnung habe ich archiviert, heute ein unermesslicher Schatz. Schließlich wurden wir in Bayern und Berlin doch noch gefördert. Was den Ausschlag gab, weiß ich nicht, vielleicht meine Hartnäckigkeit. Denn der Beweis, dass die neuen Erkenntnisse tatsächlich stimmten, ergab sich erst, als Mitte der neunziger Jahre die Gestapo-Archive, die sich in der ehemaligen DDR befanden, geöffnet wurden. Wir drehten viele Straßenszenen in Budapest. München war seit den Olympischen Spielen zu schick geworden für Szenen der Jahre 1942 und 43.

Ich sprach Uli noch mal auf seinen etwas schwerfälligen Familiennamen an. »Wir müssen einen anderen Namen für dich finden.« – »Unmöglich!«, sagte Uli, »mein Vater erschlägt mich!« Eines Abends erzählte er mir eine Geschichte von einem Vorfahren in der Familie Scheurlen, der bei den Franzosen als Söldner angeheuert hatte. Dieser Söldner namens Scheurlen sprach kein Französisch und sollte nun bei der Musterung Namen und Herkunft etc. zu Protokoll geben. Er gab auf Deutsch etwas zu ausführlich Auskunft. Da herrschte ihn der französische Korporal an: »Tout court!« Scheurlen glaubte, dies solle sein Soldatenname sein. Und deshalb rief er ab sofort beim Appell immer »Tukur!«. Ich lachte herzlich und sagte: »Das isses doch.« Ich taufte ihn um in Ulrich Tukur. Sein Vater verkraftete den Künstlernamen, er hatte ja den Ursprung in der Familie.

Von den Dreharbeiten zu berichten, ist unmöglich. Das wäre ein eigenes Buch.

Nur eine kleine Szene: Lena soll als Sophie im Liegenschaftsamt Druckpapiere für die Flugblätter organisieren. Sophie weiß, dass es in einem Flur des Amtsgebäudes zu finden ist. Lena schiebt den schweren Rolladen des alten Büroschranks hoch, nimmt unauffällig, also betont ruhig einen Papierstapel nach dem anderen heraus, da löst sich der schwere Rolladen, kracht herunter. Lena kann die Hand nicht schnell genug zurückziehen. Sie schaut nach links und rechts, ob sie sich durch den Lärm verraten hat. Dann schiebt sie den Rolladen wieder hoch, sammelt weiter Papier ein, bis ich sage: »Aus! Danke!« Erst jetzt, wo die Szene vorbei ist, lässt sie den Schmerz zu, setzt sich kreidebleich auf den Boden. Aus den gequetschten Fingern quillt Blut. Für ihr »Durchhalten« will Lena sich nicht loben lassen. »Ich hab doch gar nichts gespürt«, sagt sie, »ich war doch so tief drin.«

Für meine Schwester Lis hatte ich eigentlich keine Rolle. Ich wollte sie aber unbedingt in diesem Film, der mir so wichtig war, dabeihaben. Sie spielte die Beamtin, die das Gespräch der Geschwister Scholl mit den Eltern unterbrechen musste, um sie zum Schafott zu führen. Dass die Justizbeamten Hans, Sophie und Christoph – ganz gegen die Vorschriften – zu einem letzten intimen Abschied zusammengeführt haben, ist überliefert. Niemand weiß, was die drei vor ihrem Tod miteinander gesprochen haben. Es wäre Mario Krebs und mir taktlos erschienen, ihnen erfundene Worte in den Mund zu legen. Ich entschied mich für Schweigen und eine Zigarette, die sie nach jedem Zug an den anderen weiterreichen.

NACHSPIEL

Im Nachspann zu meinem Film griffen wir den Bundesgerichtshof an. In zweifelhaften Urteilen hatte der BGH dem Willkürgericht des Roland Freisler das Privileg eines *ordentlichen Gerichts* zugesprochen.

Das Auswärtige Amt verbot meinen Film für die Goethe-Institute im Ausland. Wir präzisierten mit Unterstützung von Juristen unsere Vorwürfe gegen den Bundesgerichtshof.

Das Verbot unseres Films blieb bestehen.

Wider besseres Wissen behauptete das Justizministerium, sämtliche Urteile des sog. Volksgerichtshofes seien schon durch Gesetze des Kontrollrates der Alliierten aufgehoben gewesen. Manuel Aicher, der älteste Sohn von Inge Scholl und Otl Aicher, bewies in einem juristischen Gutachten, dass dies nicht der Fall war.

In der Kontroverse mit dem Auswärtigen Amt, dem Bonner Justizministerium und einer Phalanx von Staatsrechtlern wurden wir von Hinterbliebenen und Nahestehenden der »Weißen Rose« unterstützt. Insbesondere von Franz Joseph Müller, dem damaligen Vorsitzenden der »Weiße-Rose-Stiftung«, von Anneliese Knoop-Graf, von Hans Hirzel, Heinrich Bollinger und Hildegard Hamm-Brücher.

Nach zwei Jahren bitterer Auseinandersetzungen verabschiedete der Deutsche Bundestag am 25. Januar 1985 einstimmig die Entschließung, dass »*die als Volksgerichtshof bezeichnete Institution kein Gericht im rechtsstaatlichen Sinn, sondern ein Terrorinstrument zur Durchsetzung der nationalsozialistischen Willkürherrschaft war*«.

Vierzig Jahre nach dem Krieg hatte das unser Film bewirkt, ein größerer Erfolg, als wir ihn erwarten durften.

Mario und ich entfernten den Nachspann. Der Film wurde freigegeben.

Fünf Jahre lang hatte Senta auf der psychischen Achterbahn des Filmprojektes »Die Weiße Rose« meine Hand gehalten, so dass ich nicht abstürzen konnte.

Der große kommerzielle und künstlerische Erfolg des Films in Deutschland und im Ausland kam für uns vollkommen überraschend. Die unbeirrbar solidarische, ernste, wunderbare Lena Stolze bekam gemeinsam mit den Produzenten den Bundesfilmpreis. Auch die Kamera von Axel de Roche und der Schnitt von Barbara Hennings hätten den Preis verdient gehabt. Aber die Verhältnisse waren nicht so.

Der Film ist noch immer im Einsatz. Als ich ihn im Frühsommer 2005 auf dem Filmkunstfest Schwerin sah, war ich erstaunt, wie stark seine Wirkung geblieben ist.

Es müssten jetzt »Weiße Rose«-Filme folgen, in deren Mittelpunkt Sophie Scholl *nicht* steht. Auch ich habe damals, Anfang der achtziger Jahre, die Geschichte der »Weißen Rose« über die Person Sophie Scholl erzählt. Die Idee von Mario Krebs, meinem Mitautor, und mir bestand darin, dass wir mit jemandem in die Geschichte und in das Leben der »Weißen Rose« Einblick nehmen, der von dieser Weißen Rose *noch nichts weiß*. Wir hatten es schon beim Schreiben des Drehbuchs als Problem empfunden, Sophie derartig nah in den Vordergrund unseres Films zu stellen, die sich in Wirklichkeit als Letzte der bis dahin aus nur vier Medizinstudenten bestehenden engeren Gruppe der »Weißen Rose« angeschlossen hatte.

Selbstverständlich hat Sophie Scholl die Zuwendung und Hochachtung, ja unsere Liebe verdient, die durch unseren und den jüngsten Film nur bekräftigt wird.

Aber unser Film hat andere aus dem engen Kreis der »Weißen Rose« in den Hintergrund der Beachtung und Achtung gedrängt.

Das betrifft vor allem Alexander Schmorell, der ein entscheidender Mitautor der Flugblätter der »Weißen Rose« war. Wenn man sieht, wie viele Geschwister-Scholl-Schulen und

Sophie-Scholl-Schulen es in Deutschland gibt, dann muss die Frage erlaubt sein, warum es so wenige Christoph-Probst-Schulen gibt und noch weniger Alexander-Schmorell-Schulen, wenn es überhaupt eine gibt.

Welchen Einfluss auf die politische Arbeit der »Weißen Rose« Alexander Schmorell hatte, ist ganz und gar in Vergessenheit geraten. Von der Familie gab es keine Publikationen. Und die Öffentlichkeit wollte im *Kalten Krieg* von einem Widerstandskämpfer, der ein halber Russe war und 1942 beim Einsatz an der Ostfront das Land, in dem seine Mutter geboren und sein Vater als Arzt tätig war, als Heimat empfinden konnte, nicht viel wissen. Dass Alex Schmorell über den Dramaturgen und Regisseur Falk Harnack die Verabredung für ein Treffen mit Personen aus dem militärischen Widerstand getroffen hat, findet man bis heute in keinem Geschichtsbuch. In meinem Film hatte ich es dokumentiert.

Lis hatte Uli Tukur, den Darsteller des Willi Graf, bei der Premiere unseres Films 1983 kennengelernt. Sie bereitete gerade ihre zweite Inszenierung im »Theater am Einlass« mit »Krankheit der Jugend« vor, ein expressionistisches Stück von Ferdinand Bruckner über eine »Jugend ohne Hoffnung«. Für Lis stand fest, dieser Tukur ist der Richtige für die Hauptrolle. Es war sein Theaterdebüt und es wurde ein Aufsehen erregender Erfolg, Zadeck wurde auf ihn aufmerksam. Lis bekam den Münchner Theaterpreis. Das lange Zeit vergessene Stück wurde plötzlich überall in Deutschland aufgeführt, zur gleichen Zeit, als unser Film über die »Weiße Rose« im ganzen Land Diskussionen auslöste.

Als ich 1965 das kleine Buch von Inge Scholl erstmals in Händen hatte, ahnte ich nicht, welche Bedeutung die »Weiße Rose« in meinem Leben bekommen sollte. Es war das Jahr, in dem ich das Medizinische Staatsexamen ablegte, und es war das Jahr, in dem Paul für seine Rolle als Dompropst »Lichtenberg«

in der Regie von Peter Beauvais die *Goldene Kamera* bekam. Gemeinsam mit Inge Meysel und Caterina Valente. Die intime und glanzvolle Feier wurde von einem Kammerorchester begleitet.

Zehn Jahre später wurde mir die gleiche Ehre zuteil. Mir wurde die Goldene Kamera in der Dortmunder Westfalenhalle verliehen. Vor mehreren Tausend Zuschauern war der Höhepunkt des Abends ein Spurt des Tourenweltmeisters Walter Röhrl auf dem Oval der Radrennbahn. Ich hatte die Auszeichnung, die mir viel bedeutete, für die Regie des Fernsehspiels »Die Herausforderung« bekommen, nach dem Drehbuch von Elke Heidenreich, die hauptsächlich für den Funk schrieb und Bücher lektorierte. Sie hatte zwei Themen aufgegriffen, die diese Gesellschaft noch beschäftigen würden, die überflüssigen Alten und den Verlust der Arbeit. Sehr einfühlsam beschrieb Elke Heidenreich, wie ein Mann ohne Arbeit verfällt, man ahnt, wie die Gesellschaft verfallen wird, die den Menschen keine Arbeit mehr bieten kann. Der Luxembourgische Star René Deltgen spielte diesen Ausgemusterten, der ohne Arbeit niemand mehr ist, mit einer großartigen Einfachheit.

Zusammen mit Lis war ich in Pauls Heimatstadt Dortmund zur »Goldenen Kamera« gefahren. Wir wollten das Haus in der Münsterstraße 104 finden, in dem Paul als Kind und junger Mann gewohnt hat. Das Haus war nicht mehr auffindbar, nicht einmal die von ihm beschriebene Kreuzung Münsterstraße/Schillerstraße. Das ganze Areal war abgerissen. »Tempora mutatur«. Paul erzählte nicht, dass sein Vater, mein Großvater, von der Straßenbahn überfahren wurde. Er soll direkt auf den Geleisen gestanden und das Gebimmel des Fahrers ignoriert haben. Meine Mutter sagte dazu: »Er hat sich gedacht, du oder ich ...« Das war das Ende des starken Henn.

In Baden-Baden schrieb ich im Anschluß an die preisgekrönte »Herausforderung« mit Elke Heidenreich und ihrem Mann

Bernd Schroeder ein Drehbuch über ein ungleiches Paar, ungleiche Freunde, die den anderen um das beneiden, was der selbst gar nicht haben will. Mario Adorf beneidet als Polizist die Freiheit des »Penners« Heinz Rühmann, und der Penner beneidet den Polizisten um sein in festen Bahnen laufendes, bürgerliches Leben. Die dritte Figur in der Geschichte hätte Paul spielen sollen. René Deltgen, der in der »Herausforderung« so ergreifend den Mann ohne Arbeit gespielt hatte, sprang für Paul, der die Dreharbeiten nicht mehr erlebt hatte, ein.

Eine der schönsten kleinen Episoden darin ist, wenn sich der Penner Heinz Rühmann am Würstlstand die Fettfinger an den flauschigen Ohren eines Hundes abwischt, dessen »Frauchen« davon nichts merkt. Da brüllten die Leute im Kino, und wann immer mir jemand für diesen Gag auf die Schulter klopft, muss ich leider sagen, das ist nicht mir eingefallen, sondern der Elke.

Eine Eroberung machten wir für unsere Sentana Filmproduktion in Baden-Baden. Barbara Bauermeister, die Sekretärin des Fernsehspielchefs, ist seit der »Weißen Rose« Chefsekretärin, Produktionsassistentin, Geheimnisträgerin und Seele der Sentana.

Gunda fehlt

Über unsere frühere Nachbarin, Frau Schütterle, kam eine neue Haushälterin zu uns, ein Mädchen vom Land. Kathi. Sie war klein, rothaarig, hübsch, robust, lustig, klug, flink, aber sie weinte die ersten Tage pausenlos. Wir dachten, sie hat Heimweh oder Liebeskummer. Nein, es waren unsere dunklen Möbel, der Refektoriumstisch und die großen Anrichten aus der Medicizeit, die ihr das Herz schwer machten.

Sie hatte sich helle, moderne Möbel gedacht, nicht dieses

alte Zeug. Kathis fröhliches Naturell kam aber bald zurück. Sie durchschaute sehr schnell die eigenartigen Charaktere und Gewohnheiten unserer Familie und machte sich darüber lustig. Ihr lautes helles Lachen drang durchs ganze Haus, dann hielt sie sich den Mund zu und lachte hinter der Hand leise weiter. Kathi kam aus Niederbayern, war ein uneheliches Kind, hatte deshalb und wegen ihrer roten Haare schon einiges ausgestanden und sehnte sich nach einer Familie. Die hatte sie nun, aber ein bisschen anders, als sie sich das gewünscht haben mag. Bei uns war immer viel los, auch wenn es um gar nichts ging. Es wurde immer etwas gesucht und nicht gefunden, dann wurde durchs Haus gerufen: »Kathi! Hast du …?« oder »Kathi, kannst du …?«. Kathi hatte und konnte. Ihr Humor stand über allem. Obwohl meine Mutter und wir alle sie lieb hatten und auf sie angewiesen waren, wollte meine Mutter »das Kind« an den Briefträger verkuppeln. Sie war die geborene Kupplerin. Es klappte aber erst mit dem Malermeister, der unser Haus renovierte.

Senta und ich hatten schon den kleinen Anbau unseres noch nicht ganz fertigen Häuschens in Grünwald bezogen und begannen es einzurichten.

Am 26. September 1966 heirateten wir. Mario Adorf, inzwischen »Ex«-Schwager, brachte uns eine kleine Katze. Er war der erste Gratulant an diesem schönen warmen Septembertag. Alle unsere Freunde waren da. Resi trug ihr schönstes Kleid aus blauer Spitze. Sie lenkte die kleine Stella durch alle möglichen Tiere ab, die sie aus der Damastserviette faltete. Paul lachte viel.

Meine Mutter wirkte erschöpft. Auch Tante Hetta war gekommen. Aber Gunda fehlte. Wir hatten sie vor zwei Jahren zu Grabe getragen. Buchstäblich. Vier junge Männer ihres Heimatdorfes hatten ihren federleichten Sarg auf den Schultern zum Friedhof getragen.

Hochzeitsreise. Wohin? Senta sehnte sich nach dem Meer. Es hätte auch ein kleines Zelt sein können, das morgens nass war vom Tau. Oder eine Bambushütte. Aus den schönen poetischen Ideen wurde schließlich eine ganz gewöhnliche Hotelbuchung an der spanischen Costa Brava. Das Ungewöhnliche: Das Hotel ist noch nicht fertig. Außer uns gibt es kaum Gäste. Wir werden verwöhnt. Immer stehen ein Dutzend Kellner um uns herum, die sonst nichts zu tun haben. Am Strand sind wir allein. Kein Mensch weit und breit. Herrgott, ist das schön.

Paul und meiner Mutter gefiel es bei uns in Grünwald gut. Richtiger: Senta gefiel ihnen. Sie liebten immer schon Menschen, die über einen unangestrengten Humor verfügten – den hatte sie –, die gut erzählen konnten – das konnte sie –, die ein gutes Urteil hatten –, das hatte sie.

Außerdem war sie hübsch, nein schön, und bescheiden und klug und, ja und und und. Ich fand Senta am schönsten, wenn sie ungeschminkt war, dann hatte sie etwas Bäuerliches.

Meine Mutter ließ sich vor Lachen vornüber auf die Tischplatte fallen, als Senta, zurückgekehrt aus London, uns die neue Mode vorspielte, die man in Deutschland noch nicht kannte: den Minirock. Senta zog ihren Rock soweit es ging nach oben und noch ein bisschen weiter und ging vor uns mit den eingedrehten Beinen der Mannequins auf und ab. Die ganze Familie lag am Boden vor Lachen. Und natürlich glaubten wir kein Wort. Wir hielten Sentas Pantomime für die typische Übertreibung, die aus der Spiellaune kommt. Aber sie war keineswegs übertrieben ...

Meine Eltern hatten einen großen Freundeskreis, der sich sehr unregelmäßig und aus purem Vergnügen in der Mittenwalder Straße traf. An dem kleinen Klavier, an dem Paul und meine Mutter so oft saßen, ließen sich eines Abends, als die anderen Gäste schon gegangen waren, Pauls Intendant und

Freund August Everding und der Kritiker Joachim Kaiser auf ein ehrgeiziges Spiel ein. Wer von beiden hatte das »absolutere« Gehör. Abwechselnd schlug der eine eine Taste an, und der andere, abgewandt, musste den Ton benennen. Es war ein langer edler, aber harter Wettstreit. Wer am Ende als der »laureatus« die Arena verließ, habe ich vergessen. An ebendiesem Klavier hatte der hochoriginelle Schauspieler Rudolf Rhomberg, über den es tausend Geschichten gibt, in den sechziger Jahren, als die Verhoevens längst wieder »gut situiert« waren, eine seiner berühmten Kurzdramen aufgeführt. Das Klavier diente ihm nicht als Musikinstrument, sondern als Altar, und er zog das Klavier mit der Unterstützung von anderen Gästen in die Mitte des Zimmers. Es waren sehr vornehme Gäste aus der besseren Münchner Gesellschaft, aber auch echte Freunde, meist vom Theater. Rhomberg stand vor der Rückwand unseres Klaviers, also vor seinem Altar und begann sein Spiel. Plötzlich unterbrach er und machte sich an der Rückwand zu schaffen. Irgend etwas ließ er in seiner Hosentasche verschwinden. Dann setzte Rhomberg seine Minikomödie fort: die drei Stadien eines Priesters bei der »hl. Wandlung«, zuerst als Novize, dann als erfahrener Priester und zuletzt als abgeklärter Routinier. Die Gäste bogen sich vor Lachen. Als wir das Klavier auf seinen Platz zurückschoben, griff Rhomberg in die Tasche und zeigte mir ein briefmarkengroßes Pfandsiegel, den so genannten Kuckuck, der die schwierigen fünfziger Jahre überlebt hatte.

Vampir

Im Februar 1966 saß ich im Restaurant »Hahnhof« an der Endhaltestelle der Linie 6, zwei Stationen von meinem Elternhaus in der Mittenwalder Straße. Das Lokal war bunt geschmückt. Die Leute schunkelten und sangen laut zu der Musicbox, aus der die Faschingsschlager herausbrüllten. Zwischen den Tischen wurde getanzt und gelacht. Ab und zu blieb jemand stehen, beugte sich nah über das Manuskript vor mir, und legte mir die Hand auf die Schulter: »Was schreibst 'n da?« – »Das weiß ich noch nicht«, brüllte ich gegen die Musik. Es war Faschingsdienstag. Im Hahnhof wurde gefeiert. Die Paare drängten sich auf der kleinen Tanzfläche. »Wer soll das bezahlen?«, rief der Sänger aus dem Musikkasten heraus.

Ich war für den Trubel, die Ausgelassenheit dankbar. Ich schrieb die erste Szene meines Drehbuches nach Strindbergs »Totentanz«. In dem Lärm konnte ich mich ganz auf die Arbeit konzentrieren. Ab und zu wurden Konfetti auf mich geworfen. Ich fischte sie aus dem Glas, ansonsten störte mich der Fasching nicht. Die Protagonisten der Drehbuchszene waren in lastendes Schweigen versunken. Der Trubel um mich verstärkte ihre Stille.

Als diese erste Szene skizziert war, ließ ich mich von den Frauen in eine Polonaise ziehen.

»Totentanz« ist eine falsche Übersetzung. Das Stück heißt »Todestanz«. Das Leben bröckelt. Die Personen irrlichtern und verbergen ihre Wunden voreinander.

Edgar war einmal der Leiter des Gefängnisses, aber den Gefängnisbau hat die Flut weggespült. Edgar ist jetzt selbst ein Gefangener im eigenen Haus am Meer.

»Dødsdansen« handelt von der Lebenslüge, mit der die Strindberg-Figuren sich am Leben festhalten. Und vom Hass, der eine verbrauchte Liebe ist. Liebe ist oft bei Strindberg Selbstliebe und deshalb so verletzlich. Aber Liebe heißt auch Begehren, Habgier mit Haut und Haar, bei Strindberg hübsch archaisch *das Weib*.

Sein zeitweiliger Freund Edvard Munch, der norwegische Maler, der ihn kurz vor der Niederschrift von *Dødsdansen* porträtiert hat, ist wie Strindberg mit seinen Obsessionen geschlagen. Auch Munchs Thema ist die Liebe und ihr ewiger Begleiter, die E i f e r s u c h t.

Solange er die paar armen Seelen im Gefängnis unter seiner Wohnung bewachen kann, steht Edgar in der Welt. Alle sollen ihn sehen in seiner bedeutenden Uniform, den »Kommandanten« der Insel, der einst die »berühmteste Sängerin« erobert hatte.

In meinem Film, den ich plante, sollte die Sängerin von der berühmten Schauspielerin Lilli Palmer gespielt werden.

Als ich mit Senta im Frühjahr 1967 in die Schweizer Berge hinauffuhr und mich zu Lilli Palmers Landhaus »La Loma« durchfragte, um über unser Projekt mit ihr zu sprechen, begegnete ich einer bildschönen, gut aufgelegten Frau mit hellen Augen, heller Haut und hellem Witz.

Paul sollte Edgar, den Kommandanten, spielen.

Die beiden Schauspieler waren einander fremd, hatten Respekt voreinander, auch ein bisschen Angst. Natürlich kannte Paul die Palmer. Und die Palmer hatte ihn in Fernsehrollen gesehen, als »Oberst Chabert« von Ibsen zum Beispiel.

Sie erzählte mir von Strindberg-Aufführungen, die sie gesehen hatte, »im London National Theatre, das kennen Sie doch, oder?« – »Nein«, sagte ich. Sie nahm meine Hand, erzählte. »Fräulein Julie.« Nach dem »Geschlechtsakt« des feinen Herrschaftsfräuleins mit dem proletarischen Dienerkerl Jean – Lilli Palmer sagte »Geschlechtsakt«, wie es im Lexikon steht – das Fräulein war nicht halb nackt und derangiert, »wie das heute auf der Bühne zugeht«, nein, nur das Samtschleifchen am Kragen der Bluse war offen.

Lilli wunderte sich, dass ein junger Mann, der verliebt und gerade frisch verheiratet ist, überhaupt »so ein Stück« machen möchte, ein Stück über den »Kampf der Geschlechter«.

Während wir über Eros und Eifersucht sprachen, versuchte Lillis Mann, Carlos Thompson, der schöne Schauspieler, ein paar Zimmer weiter, meine Frau mit Gewalt zu Zärtlichkeiten zu zwingen. Mindestens das Samtbändchen am Kragen hatte er ihr schon aufgerissen.

Aber das wird mir Senta erst auf dem Heimweg bergab erzählen zwischen Lachen, Weinen und Kuhglocken.

Es war mir angenehm, dass Lilli Palmer nicht wusste, dass Strindberg mit den Figuren von *Dødsdansen* noch ein zweites Stück geschrieben hatte, *Vampir*. Es geht um die Tochter Judith, um den Vampirismus der zweiten Generation. Das Stück gehört zu Strindbergs unbekannten Werken. Erst vor wenigen Wochen, im Jahr 2005, hat Peter Zadek am Burgtheater die Kinder Judith und den Gymnasiasten Allan aus »Vampir« in seine Totentanz-Aufführung integriert.

Gut, dass Lilli, die mich mit tausend Goldpunkten in ihren Augen anschaute, das Stück nicht kannte. So konnte ich ihr davon erzählen und über die Farbdramaturgie meines Films, die der Malerei von Edvard Munch nachspüren wollte.

Munch hat mit Farben Experimente gemacht.

Er hat Holzplatten zerschnitten, die einzelnen Teile mit extremen Farben bemalt und wieder zusammengesetzt. Munchs Farben gibt es in der Natur nicht. Seine Farben sind erfunden. So etwas wollten wir auch versuchen.

Ich war zu Dr. Arnold, dem Erfinder der Arriflex-Kamera, gegangen, den die Branche den »alten Arri« nannte. Der geniale Tüftler im weißen Kittel, feingliedrig wie seine weltbekannte Kamera, fing sofort Feuer.

»Ich hab keine Zeit«, hatte er gesagt. Aber er war tagelang für mich da gewesen. Er hatte mir seine alten Filme gezeigt, bei denen er damals mühsam Bildchen für Bildchen mit Farbe und Pinsel *angemalt* hatte. »Da können Sie malen, genau wie Ihr Freund Munch!«

Lilli wurde ungeduldig. »Wollen Sie wirklich den Film Bild für Bild anpinseln?« Sie lehnte sich zurück, faltete die Hände vor den Knien.

»Nein, da gibt's jetzt neue Techniken, mit Farbfiltern, verstehen Sie, Lilli!«

Eines Tages sah ich im Fernsehen einen Schwarzweißfilm nach Knut Hamsuns Roman »Sult« (Hunger) mit Per Oscarsson in der Hauptrolle. Den kannte Lilli. »Ein herrlicher Schauspieler«, sagte sie. Kameramann war der Däne Henning Kristiansen.

Ein Blitzschlag! Dieser Däne war der Richtige für meine Farben. Obwohl es kein einziges Farbbild gab in seinem Film.

Ein Jahr später wurden wir auf dem Filmfestival in Panama für den besten Farbfilm ausgezeichnet.

»Das Höllenhaus«

Aber erst mal musste ich den Ort finden, den Strindberg beschrieben hatte. Eine Festung am Meer, von der Sturmflut zerstört, und das kleine Haus, in dem der Kampf um Liebe und Tod entbrennt.

Wir gingen auf die Suche. Zuerst Schweden, aber nirgends eine zerstörte Festung, und wenn, dann nicht am Meer.

Dänemark, großartige Motive, aber heftiger Tourismus. Schottland und Irland, es gibt kaum eine Festung, die wir nicht gesehen haben. Steilküsten, Burgen, Festungen, Türme, zu fotogen und überall zu viel Wind. Da konnte keine »Frisur« halten, aber Lilli Palmer musste doch als die *gefeierte Sängerin* immer formvollendet aussehen, auch unter freiem Himmel.

Auf der Rückfahrt folgte ich der schwachen Erinnerung an einen Unterricht meines Geographie-Lehrers im Adam, Dr. Überreiter. Es gibt die *Halligen*, das sind »Inseln« unter dem Meeresspiegel. Auf der Hallig Langeness, mit dem Festland durch eine Lore verbunden, die bei Ebbe von Dagebüll aus ein paar Touristen übers Watt trägt, oder bei Flut mit der

Fähre, fand ich ein schilfbedecktes Haus, wenige Meter vom Meer entfernt.

Auf der Hallig wuchs kein Baum, kein Strauch, weil das Salzwasser bei *Land unter* alles Leben zerfrisst. Die paar Häuser, die es gab, waren auf Hügel gebaut, *Warften*, damit der *blanke Hans*, das Meer, sie nicht mit hinausnimmt.

Vor den roten Backsteinhäusern hegten und pflegten die Halligleute mit Starrsinn ein paar ärmliche Gladiolen.

Wir hatten unser Haus am Meer gefunden! Es stand direkt am Watt, die Besitzerin wollte es demnächst abreißen lassen.

Der Filmarchitekt musste die Wände herausnehmen, nur der Kachelofen sollte stehenbleiben und (hoffentlich) das Dach. Unser Filmarchitekt war der versierte Werner Achmann, ein Bayer, wortkarg, mit Lachfalten, er entwarf einen halb zerstörten Gefängnisturm zwischen Haus und Meer.

Die jungen Liebenden

Die pubertierende Judith quält den gleichaltrigen Allan, Sohn von Alices Liebhaber Kurt, mit kleinen sadistischen Spielen.

Viele junge Schauspielerinnen stellten sich vor. Es gab noch keine Casting-Agenturen, und so mussten die Abgänger der Schauspielschulen ihr Glück auf eigene Faust versuchen. Es sei denn, sie hatten bereits einen Agentur-Vertrag. Eine dieser tüchtigen Agentinnen nervte mich noch nach Wochen. Sie wollte einfach nicht aufgeben, rief mich sogar in der Nacht an, um ihre Kandidatin doch noch durchzubringen.

Nicht lange drauf wird die nervige Agentin selber als Schauspielerin auftreten, sehr erfolgreich. Und sie wird immer den gleichen Typus der leicht hochmütigen Spießbürgerin mit der Ach-Gott-Stimme spielen, aber immer auf hohem Niveau. Ihr Name ist Irm Herrmann.

Also Judith! Für diese junge Bestie mit der unschuldigen Lüsternheit fand ich die 17-jährige Ilona Grübel, im Leben ein liebenswerter Kumpel, der mit den Beleuchtern nach Drehschluß Fußball spielte.

Sie war das böse Kind aus den Skizzen von Strindberg und Munch und ließ das Mädchen von heute durchscheinen.

Man wird Ilona Grübel für diese Rolle 1968 mit dem deutschen Bundesfilmpreis auszeichnen.

Der Judith völlig ausgelieferte »Allan« war schwer zu besetzen. Ich korrespondierte mit der Mutter von Matthieu Carriere, der gerade bei Schlöndorff mit dem »jungen Törless« beeindruckt hatte.

Aber mir ging es nicht um Matthieu, der mir für den »Allan« zu bewusst, zu selbstbewusst erschien, schon eine Spur zu erwachsen. Es ging mir um Matthieus jüngeren Bruder Justus. Seine Probenaufnahmen waren so überzeugend ausgefallen, dass ich alles daransetzte, ihn für diesen scheuen, sanften Allan zu bekommen.

Aber Justus Carriere hatte Probleme mit der Schule, seine Mutter schrieb mir ab. Die Wahl fiel dann nach Wochen auf den schüchternen Michael von Harbach, der noch nie gespielt hatte.

Die Geschichte von *Vampir* beschreibt zwei Dreiecksgeschichten, zwei Generationen, immer die Frau zwischen zwei Männern.

Das junge Dreieck sind Judith, Allan und Judiths Klavierlehrer *Ekmark*, mit dessen Verliebtheit sie spielt, um Allan mit Eifersuchtsphantasien zu quälen.

Das ältere Dreieck sind Edgar, Alice und Kurt, Allans Vater, der gerade aus Amerika zurückgekehrt ist.

Für diesen Kurt stand für mich der charismatische Karl-Michael Vogler von Anfang an fest. Ich hatte ihn in mehreren Rollen auf der Bühne der Münchner Kammerspiele gesehen.

Als der Vertrag mit Vogler unterschrieben war, strahlte meine Mutter, als wäre es *meine* Leistung, dass er ein guter »und so charmanter« Schauspieler war. Unsere Haushälterin Kathi brachte den Tee, und wir sprachen über die unwichtigsten Dinge. Das Projekt *Strindberg* sparten wir weitgehend aus.

Ich fürchtete, Paul glaubte, ich beschrieb bewusst oder unbewusst in meinem Drehbuch die Ehehölle meiner Eltern.

Dabei ließ sich Pauls kompliziertes Zusammenleben mit meiner Mutter nicht als »Hölle« beschreiben. Eher als rücksichtslos leidenschaftliche Beziehung, an der wir als Sohn und Töchter zwangsläufig teilhatten.

Ob er sich auf die Dreharbeiten freute, ob er ein bisschen Angst davor hatte, was in ihm vorging, darüber erfuhr ich nichts. Darüber sprach er nicht, und ich fragte nicht. Wir redeten über andere Themen. Paul freute sich, dass Dieter Klein nach einer schweren Psychose offenbar in der Lage war, den Musiklehrer Ekmark zu spielen. Also redeten wir über Dieter. Er soll bei einer Probe am Wiener Burgtheater mit dem Messer auf einen Kollegen losgegangen sein. Ich wusste selber nicht, ob das gut geht, wollte ihm aber die Chance geben.

Wir ließen uns auch nicht von der Nachricht abhalten, dass der bekannte schwedische Regisseur Arne Mattson ebenfalls vor Drehbeginn von Strindbergs *Dødsdansen* stand. Nach einem Drehbuch von Gunnel Lindblom, der Darstellerin aus Bergmanns »Schweigen«. Sie sollte die Alice spielen, Lilli Palmers Rolle. Das war schon seltsam. Wie konnte es sein, dass ein Stück, das 65 Jahre lang keinen Filmemacher der Welt interessiert hatte, plötzlich zur gleichen Zeit von zwei Regisseuren verfilmt wird? Damit nicht genug. Senta kam mit der Nachricht nach Hause, dass auch das London National Theatre das Strindberg-Drama verfilmen wollte.

Pauls Rolle sollte niemand Geringerer als *Sir Laurence Olivier* spielen. Ein Schock. Aber jetzt erst recht! Wer weiß, vielleicht bekommen wir ja für unser Projekt Geld von der Filmförderung. Den Antrag hatten wir jedenfalls gestellt. Beim »Kuratorium Junger Deutscher Film«, dessen Geschäftsführer Dr. Nobert Kückelmann war, der Jahre später selbst unter die Filmemacher gehen wird, als einer der erfolgreichsten.

Dass der Auswahlausschuss in Kückelmanns Briefen mehrfach versehentlich »**Ausfall**ausschuss« genannt wurde, war ein schlechtes Omen. Aber der *Ausfall*ausschuss las mein Drehbuch mit Wohlwollen, wollte sicherheitshalber jedoch »Kurzfilme« von mir sehen. Tut mir leid, hab ich nicht. Die Folge: Antrag abgelehnt.

Ich erinnere mich an kein Gespräch mit Paul, in dem wir über seine Rolle, über diesen »Edgar« sprachen. Wir haben es beide vermieden. Einmal hat Paul mich allerdings gefragt, ob Edgar und Alice sich *lieben*. Ich habe sofort »Ja« gesagt.

RING FREI

Im Mai 1967 ließ ich mir für das Projekt den Titel »Paarungen« schützen.

Ich hatte im Fernsehen eine Live-Übertragung von Amateur-Boxkämpfen gesehen, immer drei Runden, viele Kämpfe und jedes Mal die Ankündigung des Reporters: »in der nächsten *Paarung* sehen Sie …« oder »in der folgenden *Paarung* stehen sich gegenüber …«.

Niemand hatte an »Vampir« etwas auszusetzen, aber es hing doch immer der Geruch von »Dracula« dran. »Paarungen«, das ist einfach der Kampf von zwei Menschen. Es geht um Schläge, die den anderen treffen, und solche, die man selbst einstecken muss.

Es geht um Beobachtung, Herausforderung, aus der Deckung locken, Schwächen erkennen, Taktik, Hochgefühl und

Niedergeschlagensein, vernichten und vernichtet werden, und um Paarungen im biologischen, sexuellen Sinn.

Der Boxkampf am häuslichen Herd, das ist die kurze Formel für das typische Strindberg-Drama.

Etwa zehn Jahre nach meinem Film hat Friedrich Dürrenmatt für seine Bearbeitung von »Totentanz«, die den Titel »Play Strindberg« hat, als Bühnenbild einen *Boxring* vorgeschrieben.

Vier Tage vor Lilli Palmers erstem Drehtag schrieb sie mir »allerherzlichst«, der neue Titel werde »einen gehörigen Teil der Kritiker befremden und verprellen«. Ich solle mir das bitte gut überlegen.

Die Karawane der Filmcrew machte sich auf den Weg von München in den hohen Norden. Paul war wenig begeistert. Es gab keine Hotels auf der Hallig, das ganze Team musste irgendwo privat unterkommen, wie sollte das gehen. Es ging. Einige mussten sich ein Zimmer teilen, wie beim Schulausflug. Andere duschten im Kuhstall.

Paul und meine Mutter bekamen ein vorzügliches Quartier auf der Meyenswarft, bei der Familie Boysen. Ich bei der Familie Paulsen. Manchmal frühstückten wir zusammen.

Auf der Hallig gab es einen Arzt, der war geehrt, dass Lilli Palmer bei ihm wohnte. Als sie in unser Team kam, waren wir schon zehn Tage bei der Arbeit und schon ein bisschen miteinander verschworen.

Immer wenn einer nachträglich einsteigt, muss er seinen Platz erst finden.

Schon einer der ersten Tage war schwer. Lilli musste sich von Paul von der Mole in einen Kanal hinunterstoßen lassen, ein Mordversuch und eigentlich etwas für ein Stuntdouble. Aber Lilli bestand darauf, es *selbst* zu machen, trotz des langen Kleids, das sich mit Wasser voll saugen würde und trotz der steilen hohen Kanalwände.

Natürlich waren Rettungsschwimmer im Wasser, und Lilli

betonte immer wieder, dass diese Retter ganz überflüssig wären. Wir hatten mehrere Kleider parat, um die Szene öfter zu drehen, aber schon beim ersten Mal spielte Lilli den vermutlich echten Schreck so gut, dass ich auf eine Wiederholung verzichtete. Am Ende der acht Drehwochen gestand mir Paul, das sei der schwerste Moment für ihn gewesen, Lilli in die Tiefe zu stoßen. Er habe am ganzen Leib gezittert, und sei froh gewesen, dass ich keine Wiederholung wollte. Es wäre ihm unmöglich gewesen, die Szene noch einmal zu drehen.

Die gute und die schlechte Seite

Trotz des erfolgreichen Sturzes hatte Lilli kleine Blockaden.

In einer Szene musste Edgar den Kamin anzünden, weil Alice das Dienstmädchen aus Eifersucht vergrault hatte. Die beiden standen sich am Kaminfeuer gegenüber. Lilli wollte da stehen, wo Paul war, und er sollte bitte dort stehen, wo Lilli stand. Das hier sei ihre schlechte Seite, sagte Lilli, und so wolle sie nicht fotografiert werden. »Das ist jetzt zu spät«, sagte ich, »das hätten Sie mir früher sagen müssen, dann hätte ich die Positionen anders arrangiert.«

Paul sagte kein Wort. Nachdem wir die Szene gedreht hatten, tippte mir Lilli mit dem Zeigefinger auf die Schulter, beinahe zärtlich, und sagte, ihretwegen hätten schon weltberühmte Regisseure die komplette Dekoration abreißen und seitenverkehrt wieder aufbauen lassen, aus Rücksicht auf ihre gute Seite.

Meine Mutter genoss es, dass wir die Abende zusammen verbrachten. Sie hasste seit jeher Spaziergänge und hier gab es keine Wege, auf denen man überhaupt hätte herumlaufen können. Einmal bin ich über die kargen, unebenen Wiesen gegangen, weil ich allein sein wollte. Da griffen mich die Möwen im Sturzflug an. Sie hatten in den Wiesenmulden ihre Brut verborgen. Sie hackten auf mich ein wie bei Hitchcock.

Jetzt saßen wir im unvertrauten aber freundlichen Gästezimmer, und ich las Sentas Brief aus Los Angeles. Sie drehte mit Robert Wagner »It takes a thief«. Sie schrieb mit viel Humor, brachte mich zum Lachen.

Noch mal ein Problemtag. Lilli sollte einen Text an den Doktor in der Stadt *morsen*. Sie hatte mit dem Morsegerät von 1900 fleißig geübt, aber ich bestand darauf, dass sie Silbe für Silbe korrekt morst. Sie konnte es so *ungefähr*, aber natürlich kann »Alice« es exakt, da das Morsen ihr einziger Kontakt nach draußen ist, und ich war mit »ungefähr« nicht zufrieden. Aus Wut über meine *überflüssige* Genauigkeit (»Hören Sie, Michael, kein Mensch auf dieser Welt erkennt, was ich da zusammenmorse ...!«) hämmerte sie auf die Taste ein. Ich hatte die *Partitur* vor mir und gab nicht nach, bis es stimmte.

Als meine Mutter zum Rückflug nach München abgeholt wurde, sagte sie leise zu mir: »Du musst dich mehr um den Paul kümmern!« Ich war überrascht. Eifersucht? »Nein«, sagte meine Mutter, »er ist sehr glücklich mit deiner Regie, aber er fürchtet sich vor dem Tanz.«

Natürlich der *Bojarentanz*! Alice spielt ihn auf dem Klavier immer schneller, davongetragen durch die Gegenwart ihres ehemaligen Geliebten Kurt, in den sie sich wie ein Backfisch neu verliebt hat. Und Edgar, der dem jüngeren Rivalen zeigen will, über welche großartigen Kräfte er noch verfügt, tanzt zu Alices Spiel immer wilder, bis er zusammenbricht.

Ich sprach Paul auf den Tanz an. »Ich komme mit ein paar wenigen Körperdrehungen aus, Paul«, sagte ich ihm. »Ich lasse die Kamera im Kreis wirbeln, damit ergänze ich die Bewegungen. Mach dir keine Sorgen.« Eigentlich schätze ich diese »subjektiven« Einstellungen nicht sehr, bei denen die Kamera die Bewegung der Schauspieler übernimmt, aber in dem Fall war es die einzige Lösung.

Als Paul sich beim Bojarentanz derartig ins Zeug legte und das Team den Atem anhielt, bekam ich Angst, dass er wirklich zusammenbricht.

Dann der Stimmungswechsel. Paul weigerte sich, meine Anweisungen zu befolgen. Ich wollte ultrakurze Großaufnahmen von ihm machen. Hämische, schadenfrohe Grimassen, die wie Gedankensplitter die Kontinuität der Szene zwischen Edgar, Alice und Kurt unterbrechen. Paul hasste Grimassenschneiden. Ich sagte: »Ich auch.« Er: »Dann lassen wir's doch.« Ich: »Nein, das hat hier einen Sinn.« Er: »Welchen?« Ich: »Die Gesichter, die Edgar schneidet, finden nur in seiner Fantasie statt oder in der von Alice.« Lilli sagte, sie fände diese kleinen Triumphe sehr gut, sie fände es schade, wenn Paul nicht ... Ich bat Lilli herzlich, mir nicht durch Beifall die Arbeit zu erschweren.

Am Abend entschuldigte Paul sich, war aber noch immer der Meinung, dass die Grimassen den Ablauf der Szene störten. Genau diese Störung war es, was ich beabsichtigte. Aber später im Schnitt ließ ich sie weg.

Ich war froh, dass Senta kam. Ganz erschöpft, nach langem Flug von LA und München und kurioser Anfahrt übers Watt, war sie plötzlich bei uns auf der Hallig, wurde von allen mit Blumen und Komplimenten empfangen. Wir lagen uns in den Armen. Ich war schon kurz vor dem Inselkoller, Halligkoller. Die meisten hatte er schon erreicht.

Lilli Palmer streikte, weil die Sonne schien und sie sich nur bei bedecktem Himmel, der wie ein Diffusionsfilter wirkt, fotografieren lassen wollte.

Paul wollte mir ausreden, dass ich unserer heißgeliebten alten Freundin Melanie Horeschovsky für zwei Sekunden-Einstellungen die Reiseanstrengung aus Italien hierher zumute. Aber ich bestand darauf, und Melanie, zart und eigensinnig, freute sich auf die kleine Rolle. Sie spielte eine Nachbarin, die der Kommandant für den Tod hält.

Ich war nervös, obwohl mir Sentas Gegenwart gut tat. Mit

Stöcken gegen die aggressiven Möwen gingen wir über die ausgedörrten Wiesen. Der Vampir Eifersucht packte mich. Senta sprach zu oft über Robert Wagner. Aber warum sollte sie nicht von ihrer Arbeit berichten. Ich wollte ja alles genau wissen.

Plötzlich wussten wir nicht mehr, warum wir eigentlich stritten. Das Licht war milchig und weich, noch weicher, beinahe greifbar, war die warme Luft, die uns sanft zu tragen schien. Unglaublich, dass zur selben Zeit in Hamburg wilde Unwetter herrschten und die Deiche im Hochwasser barsten. Nichts davon auf der Hallig Langeness.

Lilli und Paul hatten ihren letzten Drehtag. Ein schöner, trauriger Abschied. Zuletzt drehten wir in Theodor Storms grauer Stadt Husum die Stadtszenen. Dieter Klein, der wesensveränderte Freund, sollte beim Klavierunterricht mit Ilona Grübel mit dem Finger auf die Note tippen, die sie verspielt hatte. Dieter bekam den Finger nicht mehr vom Notenblatt weg. Er klebte dran wie angewachsen. Wir drehten es viele Male: Ich nahm seine Hand, führte sie kurz aufs Notenpapier. »Schau, geht ganz einfach, Dieter. Nur antippen und wieder weg ...«

Er nickte. Er wusste ja, wie 's geht, aber er kam einfach von dem Notenblatt nicht mehr weg. Als er 's schaffte, brach er in Tränen aus. Es war seine letzte Rolle. Niemand weiß, wie sein Leben weitergegangen ist. Ob es überhaupt weiterging. Er ist verschollen.

Die Dreharbeiten meines ersten eigenen Films waren vorbei. Unsere künstliche Ruine wurde abgebaut, die Möbel und Requisiten aus dem schönen alten Reethaus herausgetragen, das auf den Abrissbagger wartete. Das Spiel war aus.

Ich flog nach Paris, besuchte Senta bei Dreharbeiten mit Julien Duvivier. Ich hatte stille Tage in Paris. Dann zurück nach München.

Jetzt kam der aufregendste Teil der Arbeit: das Schneiden. Eine wunderbar lebhafte und ideenvolle Cutterin wartete bei ARRI auf mich: Monika Pfefferle. Sie hatte alles schon vorgeschnitten, der Film lief im Fluss vor mir ab. Die Schnitte waren logisch und klar, dabei trotz der harten Übergänge weich. Vielleicht zu weich, zu logisch.

Der Schneideraum bei ARRI war oben im zweiten Stock, eng, gerade groß genug für den Steenbecktisch mit sechs Tellern und den altmodischen Drucktasten. Hier entstand der Film.

Der Verleih hatte plötzlich Bedenken wegen des Titels. Jetzt konnte man ihn noch ändern, die Verleihprospekte waren noch nicht gedruckt. »Paarungen« sei nicht gut – sei provozierend und geschmacklos. Aber »Totentanz« sollte der Film auch nicht heißen. Und »Todestanz« schon gar nicht. Der Begriff »Tod« durfte in einem Titel nicht vorkommen. »Tod« war tödlich fürs Geschäft! (»Spiel mir das Lied vom Tod« gab's damals noch nicht, also musste ich den Sachverständigen glauben). Es zeigte sich, dass auch Paul vom Titel »Paarungen« nichts hielt. Er sagte, er wollte mich nicht irritieren, aber eigentlich ... schon von Anfang an ..., und wenn du den Titel jetzt noch ändern kannst, also ...

Ich beschloss, der Film heißt »Paare«. Alle atmeten erleichtert auf. Grünes Licht fürs Plakat, die Prospekte, die Werbetexte. Also »Paare«. Von der Filmbewertungsstelle bekamen wir das Prädikat »wertvoll«. Ich war enttäuscht. Warum nicht »besonders wertvoll«.

Die freiwillige Selbstkontrolle verlangte Schnitte bei einer erotischen Sequenz. Es war lächerlich. Im Kino war Töten ein jugendfreies Vergnügen, aber Liebe war verboten.

Der Filmrechtler Horst von Hartlieb vertrat mich vor der FSK, hielt ein feinsinniges Plädoyer. Der Cineast und Wissenschaftler Enno Patalas schrieb ein Gutachten.

Die sexuellen Inhalte des Films waren unverzichtbar, letztlich handelte die Geschichte von nichts anderem.

Die Premiere

Strindberg hatte das Stück 1901 geschrieben, aber weder in Schweden noch in Dänemark, wo der Widerstand gegen seine aggressiven Stücke geringer war, konnte er es aufführen.

1904, nach drei Jahren, war es ihm schließlich doch gelungen. In Köln. Ich dachte, ich werde mich vor dieser Stadt in Strindbergs Namen verneigen.

Die Premiere konnte nur in Köln stattfinden, wo sonst. Meine Mutter ist dort geboren – ein Teil der Familie war dort zu Hause, also auf nach Köln. Das Premierenkino hieß Rex am Ring, ein großes, lang gezogenes Kino. Michael Geimer-Gründgens, ein Adoptivsohn des großen Gustaf, machte die PR, fand *alles Klasse*. Die Premiere war schon seit Tagen ausverkauft.

Paul, meine Mutter, Senta, Karl-Michael und ich waren in den Zeitungen groß angekündigt. Wir kamen von überallher nach Köln, der *Strindbergstadt*. Lilli konnte oder wollte nicht, schon beim Synchron hatte sie ständig gesagt: »Mein Gott, ich sehe so schrecklich aus.«

Karl-Michael, Paul und ich waren im Smoking. Den ganzen Tag Presse und abends der große Moment, der an Horror nicht zu überbieten war.

Das »ausverkaufte« Kino war leer. Außer meiner tapferen Familie und den Fotografen noch ein Häuflein Zuschauer, das sich in dem großen Saal trostlos verlor. Der PR-Fachmann Geimer-Gründgens verstand die Welt nicht mehr. »Aber es gab doch mehr Vorbestellungen als Plätze!«

Die Vorführung begann. Das Bild war zu dunkel. Ich fragte mich zum Projektionsraum durch. Ja, irgendwas stimmte mit der Spannung nicht. Der Vorführer drehte die Lichtstärke über den Sollwert hinaus, es wurde ein bisschen heller. Ich kehrte in den Zuschauerraum zurück, Senta hielt meine Hand, so fest sie konnte.

Die Szenen verschwanden in düsteren, verbogenen Farben, ein Hörspiel. Beim Aktwechsel dann wurde das Hörspiel vollkommen, kein Bild mehr, leere Leinwand, nur noch der Ton. Gefasst, gar nicht eilig, schlug ich mich zum Projektionsraum durch. Der Vorführer war am Ende seiner Nerven. »Ich weiß nicht, was los ist, es muss an der Kopie liegen.« Er hatte in seiner Panik die Luke nicht geöffnet. Der Film war eingesperrt, das Bild lief auf dem geschlossenen Projektionsfenster. Zum Glück ließ es sich öffnen. Hier ging noch alles manuell. Nach der Vorstellung verbeugten wir uns. Die wenigen Zuschauer applaudierten und waren schnell verschwunden.

Paul saß auf dem Bühnentreppchen, verbarg das Gesicht in den Händen, Senta und meine Mutter weinten.

Ich verscheuchte Presseleute, die uns fotografieren wollten.

In einem Nobelhotel hatte der PR-Mann einen großen Tisch bestellt. Die Kölner Verwandten hielten unerschrocken zu uns, wir waren zwar weniger als gedacht, einige Offizielle hatten sich höflich verabschiedet, aber die Stimmung im überfüllten Saal war prächtig. Musik über Lautsprecher. Einige Leute schunkelten, wie damals, als ich die erste Drehbuchszene schrieb.

Der Geschäftsführer kam, fragte, ob sich der Sänger Udo Jürgens mit seinen Begleitern an unseren Tisch setzen dürfe.

Natürlich, sehr gern. Auch Udo war im Smoking. Er kam gerade von einem Auftritt vor 2000 Leuten.

Wir schauten ihn hohläugig an, 2000 Zuschauer, so was gibt es in Köln. »Ja freilich«, sagte Udo. »Im Karneval ist hier der Teufel los.« Ach so, Karneval. Natürlich, wir sind ja in Köln. Und hier ist im November schon Karneval. Und Udo sorgte dafür, dass es noch ein lustiger Abend wurde.

Im Hotel fiel mir dann wieder ein, was sich heute im Rex am Ring abgespielt hatte. Eigentlich war es egal, ob der Film »Todestanz« oder »Paare« oder »Satanische Spiele« geheißen hat. Aber die eigentliche Katastrophe kam noch.

Damals gab es den so genannten Ott-Dienst. Das war eine Kurzinfo über Zuschauerzahlen, Reaktionen, die per Fernschreiben an alle Kinos ging. Eine Art Buschtrommel.

Am nächsten Tag sprangen die Kinos, die den Film gebucht hatten, von ihren Verträgen ab. Ich reagierte angemessen mit Krankheit, wurde mit Blaulicht ins Harlachinger Krankenhaus gebracht. Senta wich nicht von meiner Seite, die ganze Familie war ständig bei mir im Krankenzimmer, meine Mutter, meine Schwestern, alle bauten mich auf, umsorgten mich, schirmten mich ab, es wurde mir beinah zu viel.

Aber irgendwann verließ ich die Klinik und hatte meinen Entschluss gefasst. Ich werde mich so schnell wie möglich in den Schneideraum setzen und *alle Kompromisse* aus dem Film tilgen. Auch die Grimassen, die ich Paul zuliebe weggelassen hatte, kamen wieder rein. Und der Film hieß wieder »Paarungen«, ich hörte auf niemanden mehr.

Am Ende war der Film radikaler. Die neue Fassung bekam das Prädikat »Besonders wertvoll«.

Der Neustart unter dem Titel »Paarungen« war in der Fachpresse angekündigt. Aber die Kinos verhielten sich abwartend. Ich führte ihn dem Besitzer des Münchner Sendlinger-Tor-Kinos, Fritz Pressmar, vor. »Ja«, sagte Pressmar, »gefällt mir, spiele ich.«

Im März 1968 war Premiere. Auf die übliche Premierenfeier verzichtete ich. Köln hatte mir gereicht. Die Kritiken waren außerordentlich gut.

»Paarungen« lief im Sendlinger-Tor-Kino sieben Wochen, und zuletzt spielten noch die Rathaus-Lichtspiele mit. Und von dort aus arbeitete sich der Film in der gesamten Bundesrepublik nach vorn.

Ein Film gleichzeitig in zwei Erstaufführungskinos, das war etwas Besonderes in dieser Zeit.

In England lief mein Film »Paarungen« synchronisiert. Ich hätte mich darüber freuen sollen, die *Anglisierung* vergrößerte die Marktchancen. Und sie bedeutete »Anerkennung«. Ich war über die routinierte, wohltönende Sprache des englischen Synchron-Edgar entsetzt. Das Besondere an Pauls Schauspiel ist ja das Suchende, das von den eigenen Worten quasi Überraschte. Zu einer Routine hat Paul es nie gebracht. Auch Lilli war schwächer als im Original, obwohl sie wenigstens ihre Stimme behalten durfte.

Von Arthur Cohn, dem vielfachen Oscar-Produzenten, bekam ich am 23. März 1969 nach Los Angeles, wo ich im Medical County Hospital als Arzt arbeitete, ein Telegramm, in dem er mir berichtete, wie »Paarungen« in England angekommen ist. Er schrieb »prima Kritiken, aber die Synchronisation wird kritisiert«.

Vergilbte Zeitungsausschnitte fallen mir in die Hände.

Die »Financial Times« bewundert, dass die Schauspielkunst der wunderschönen Lilli Palmer und besonders die von Paul Verhoeven sich gegen die englische Synchronisation durchgesetzt hat. (»overcame ... the englisch dubbing«).

Die Kritikerin Penelope Mortimer war berühmt, eine Art britische »Ponkie«. Sie schreibt im »Observer«, die Regie sei »imaginative and eccentric«, der Film »powerful ... well worth seeing!«, obwohl leider synchronisiert.

Der englische Korrespondent des Berliner Tagesspiegels wagte einen Vergleich mit der britischen Verfilmung, in der Sir Laurence Olivier die Hauptrolle spielte. Ich las zu meiner Überraschung, dass die Olivier-Fassung »gegenüber Michael Verhoevens kürzlich in London gezeigtem Film *Paarungen* schlecht abschneidet«.

Auf dem Filmfestival in Mar del Plata/Argentinien lief »Paarungen« im Wettbewerb unter dem Titel »Juegos Satanicos«. Ich flog mit Senta und der Darstellerin des Dienstmädchens, Inken Sommer, achtzehn Stunden in einem Flugzeug, das vom Sturm hin- und hergeworfen wurde. Wir drei krochen unter Decken aneinander und hatten Todesangst. Der nächste Schreck dann am Flughafen. Ein kleines Mädchen erkannte uns als *deutsch*, streckte bettelnd die Hand aus und sagte, um unsere Sympathie zu wecken, mit zärtlicher Stimme: »Heil Hitler!« – immer wieder »Heil Hitler«. Sollte man dieses arme Kind mit ein paar Münzen noch weiter in die Irre führen? Senta sagte laut: »No Heil Hitler! No!« Das Kind wusste nicht, was es falsch gemacht hatte, lief weg.

Der schöne Strand und die Begegnung mit Jacques Tati, der seinen Film »Playtime« vorstellen wollte, entschädigten uns für die ersten Schrecken. Tati saß allein in der Hotelbar, breitschultrig, das Kinn hoch, beobachtete die Menschen. Er saß allein in der Festival-Lounge, allein auf der Restaurant-Terrasse, direkt am Straßenlärm, beobachtete, immer ein Weinglas vor sich.

Tati beobachtete auch Inken, die rothaarige Schöne an unserer Seite. Irgendwann saß er dann nicht mehr allein, sondern mit Inken, seine großen Hände kreisten und stießen über die Weingläser hinweg durch die Luft. Tati beschrieb uns den tiefen Fall, den er mit »Playtime« erlebt hatte. Die finanzielle Katastrophe war bodenlos und zog ihn immer tiefer hinunter.

Tati hatte für seinen Film eine komplette City in die Landschaft bauen lassen. Mit Hochhäusern aus Glas und Stahl, Straßenzügen, kompletten Bürokomplexen, die von außen und innen zu bespielen waren.

Der Film lief in Frankreich seit ein paar Monaten im Kino, hatte gute und weniger gute Kritiken, aber das gigantische Geld, das Tati für die künstliche Stadt ausgegeben hatte, noch bevor ein Meter Film gedreht war, spielte der Film nicht ein.

»Vielleicht in 20 Jahren«, sagte Tati, »aber bis dahin haben mich meine Schulden erwürgt.«

Er machte mit seinen großen Händen vor, wie das aussieht.

Am Abend dann sein Film, ein absurdes Universum, in dem sich ein kleiner Mann verliert. Jacques Tati spielt ihn heillos verstrickt in einen kalten Apparat, der durch das Spiel von Haben und Wollen und Habenwollen in Bewegung gehalten wird. Tati gerät ins Räderwerk der *modernen Zeiten* wie ehemals Chaplin, aber Tatis Film beschreibt nicht Fortschritt, sondern Stillstand, den der Fortschritt produziert.

Nach dem Film Ovationen, aber auch Ratlosigkeit bei vielen.

Dann war unser eigener Film dran. Senta hatte ihn mitproduziert, mitgetragen, miterlitten, miterlebt.

Am Morgen, wir frühstückten wie immer im Zimmer, rief die Rezeption herauf. Jemand erwartete mich in der Halle. Ich wollte wissen, wer. Der Portier mochte die Frage nicht beantworten. »Was ist?«, fragte Senta. »Ich weiß es nicht«, sagte ich.

In der noblen Halle stand ein Herr, Mitte vierzig, mit einer Reihe ranghoher Abzeichen, schmalem Bärtchen und grüner Sonnenbrille, die breite runde Mütze in der Hand, mindestens ein General. Er setzte die Sonnenbrille nicht ab, schnurrte einen adelig klingenden Namen mit vielen dramatischen Rrrs herunter, bat mich an ein Tischchen abseits und redete in bestem Internatsbritisch nicht lange drum herum: Die Kopie von »Juegos Satanicos«, also »Paarungen«, stand im Vorführraum des Festspielkinos bereit, aber heute Abend würde sie nicht auffindbar sein ... Ich verstand nicht. Er lächelte freundlich. »Es sei denn, Sie folgen mir jetzt in den Vorführraum und entfernen eigenhändig eine Szene aus Ihrem Film.« Der General machte sicher keinen Scherz, schließlich befanden wir uns im Land einer Militärdiktatur.

Der Vorführer, ein älterer Mann, und der General schnarrten sich paar Sätze zu. Der Vorführer packte eine Filmrolle aus dem Karton, legte sie auf ein einfaches Holzbrett mit zwei Umrolltellern, kurbelte die Stelle her, die durch ein Fetzchen Zeitungspapier angemerkt war. »Please!« sagte der General und deutete mit beiden Händen auf den ausgerollten Film.

Ob sie keinen Schneidetisch hätten, wo ich die Szene auf dem Bildschirm sehen könnte. Nein, hätten sie nicht. »Just look with your eyes, Sir!« sagte der General und zeigte mir, wie ich den Film einfach durch die Finger gleiten lassen sollte. Er nahm ein kleines Lederfutteral aus der Tasche, reichte mir eine leicht gebogene Nagelschere. Ich hielt das Zelluloid gegen die schmutzige Neonlampe. Es war eine nagelneue Kopie, und sie hatte diesen angenehm sauren Geruch frischen Filmmaterials. Da war die Szene. Natürlich diejenige, in der Judith im Wald das Hausmädchen Jenny, das von Inken gespielt wird, beim Ficken mit einem entlassenen Häftling beobachtet. Ich ließ meinen Film durch die Finger gleiten, trennte mit der Nagelschere die Stelle durch, wo die Szene begann, ließ das empfindliche Positiv auf den staubigen Fußboden rollen, bis zur Schnittstelle, wo die Kamera wieder auf Judith war.

Der General streckte die Hand aus. Ein letzter Blick auf seine gepflegten Nägel, dann hatte er seine Schere wieder, steckte sie ins Futteral zurück. Es war vollbracht, der Teufel war ausgetrieben.

Senta wollte haargenau wissen, wie alles war, jedes Wort. »Ich hätte das nie gemacht«, sagte sie. Wir gerieten in Streit. »Dann wäre heute Abend die Kopie nicht auffindbar gewesen, dann reisen wir ab, ohne unseren Film zeigen zu können ...« Die Menschen hier haben solche Szenen noch nicht gesehen, also werden sie sie auch nicht vermissen. »Aber ich vermisse sie und du auch«, sagte Senta.

Mir war klar, dass ich etwas Schreckliches getan hatte. Nicht der General, sondern ich selbst. Nach all den Monaten Kampf um jedes winzige Detail hatte ich mein Werk nicht verteidigt.

Der Kinosaal füllte sich, ich traf die Offiziellen, schüttelte Hände, lachte zu Kollegen hinüber, ließ mich fotografieren und fühlte mich gehäutet.

Senta, Inken und ich verbeugten uns *vor* dem Film. Dann dunkel. Gute Projektion. Untertitel, die ich nicht lesen konnte.

Als die operierte Liebesszene kam, knackte es im Lautsprecher, das Bild sprang kurz, dann Judiths aufgeregter Blick und dann die Einstellung, die ich absichtlich übersehen hatte, eine Totale, wo Jenny und der Gefangene wie winzige Insekten aussahen.

Das Publikum scharrte mit den Füßen, ein entrüsteter Chorgesang dröhnte durch den Saal, dann Zwischenrufe, die ich nicht verstand und wieder Stille. Szenenwechsel ins Haus mit Edgar und Alice.

Am Ende erbostes Schweigen und trotziger Applaus.

Jetzt hatte ich zum ersten Mal selbst erlebt, wie die Menschen sich in einer Diktatur verhalten. Sogar ich hatte mich verbiegen lassen, ohne Not, nur ein flüchtiger Gast mit dem Rückflugticket in der Tasche.

Lis hatte das Premierendebakel von »Paarungen« in Köln nicht miterlebt. Monika hatte geheiratet und versuchte, eine eigene, von der starken Familie unabhängige Lebensgemeinschaft mit ihrem Mann aufzubauen.

Lis war nach Hamburg ans Schauspielhaus von Oskar Fritz Schuh gegangen, der schon Ende der fünfziger Jahre in Berlin ihr Regisseur gewesen war. Jetzt war sie am Hamburger Schauspielhaus unter der Regie von Gerhard Klingenberg die »Eliante« in Molières »Menschenfeind«, den Will Quadflieg spielte. Seltsamerweise verfilmten ARD und ZDF kurz hintereinander dasselbe Stück »Tag für Tag« von Arnold Wesker. In der ARD-Version spielte Lis, in der ZDF-Version meine Mutter, wenn auch verschiedene Rollen.

Eine Spur von »Familientheater« realisierte Paul mit einer

Tournee-Inszenierung, für die er eigens das Theaterunternehmen »Die Maske« gründete. Er wählte kein gefälliges, sondern das rätselhaft absurde Stück von Büchner, »Leonce und Lena«, das Satire und Drama in einem ist. Lis spielte die *Lena*. Als *Leonce* fand ich mich zwar auf einem handgeschriebenen Besetzungszettel, aber Paul hat vermieden, mich direkt auf meine Mitwirkung anzusprechen. Ich hatte mich in meine Doktorarbeit vertieft. Den *Leonce* spielte Friedhelm Ptok, auf den Paul große Stücke hielt. Als *Valerio* engagierte er Klaus Löwitsch, der hier einmal nicht den Bösewicht zu spielen hatte. Das Bühnenbild machte Monika. Sie baute aus einfachen Paravents, die, variabel gestellt, immer eine neue Dekoration ergaben. Ich fand das eine schöne Lösung. Die Kostüme entwarf Bessie Becker, die eigentlich Modeschöpferin war, aber schon am Brunnenhoftheater für Paul Kostüme und Bühnenbilder gemacht hatte. Ihr Entwurf zum Bühnenbild von Wilders »Wir sind noch einmal davongekommen« hing jahrzehntelang hinter den Glastüren des Barocksekretärs meiner Mutter und hängt jetzt in meinem Büro.

Meine Mutter war an dem Unternehmen »Die Maske« nicht beteiligt. Sie war durch eine Hüfterkrankung stark gehandicapt.

Weil mein Film sein Geld *noch* nicht eingespielt hatte, nahm ich das Angebot des jungen holländischen Produzenten Rob Houwer an, innerhalb von vier Jahren vier Filme für ihn zu inszenieren.

Rob Houwer, der zu den Unterzeichnern des Oberhausener Manifests zählte, hatte auch Volker Schlöndorff und Peter Fleischmann unter Vertrag genommen. Er hatte Gila von Weitershausen entdeckt und mit »Engelchen« eine erfolgreiche Schwabinger Komödie produziert. Jetzt suchte er einen Nachfolgestoff. Das Drehbuch schrieb Franz Geiger, der renommierte Autor und Übersetzer der Stücke von Anouilh. Es ging um einen braven Ehemann, der vom Oswald-Kolle-Virus angesteckt ist und das ultimative Sexerlebnis sucht.

Gilas Partner sollte wie in »Engelchen« der Schwabinger Typ Dieter Augustin sein, ein begabter Laie, aber kein Protagonist, wie er hier gebraucht wurde.

Ich brachte Mario Adorf ins Spiel. Rob sperrte sich, weil das junge Publikum auf große Namen angeblich nicht »abfuhr«.

Schließlich wurden Mario und Rob handelseinig. Mit Werner Kurz hatte ich einen Kameramann der einfachen Bildsprache, ohne Umwege, aber nicht ohne Eleganz.

Für den Schnitt bestand ich auf »meiner« Cutterin Monika Pfefferle. Die Musik der jungen Gruppe »Improved Sound Limited« war genial und ihrer Zeit weit voraus. Leider wollte Rob Houwer den Film, der eine Adorf-Komödie ist, die an Harold Pinters »Liebhaber« erinnert, unbedingt auf »Engelchen« trimmen, setzte den kuriosen Titel »Engelchen macht weiter, Hoppe Hoppe Reiter« durch und baute darauf, dass das Publikum den Film als Fortsetzung von »Engelchen« nimmt.

Aber den größeren Fehler machte ich selbst. Die Sexparty, auf die Mario in seiner Rolle wie besessen hingearbeitet hat, findet schließlich ohne ihn statt, weil er durch ein Missgeschick irgendwo festgehalten wird. Für die Partygäste hatte ich mir neben spießigen Bürgern ein paar schräge Freaks ausgesucht, und das war falsch.

Es hätten ausschließlich die Kleinbürger von nebenan sein müssen, das wäre intelligenter und komischer gewesen. Trotz dieses Irrtums stehe ich zu dem Film. Ich betrachte ihn aber als Auftragswerk, wie den nächsten, für den Volker Vogeler (»Jaider« und später unzählige »Alte«) das Drehbuch geschrieben hatte. Eine absurde Komödie um einen Provinzjungen, der nach München kommt, um die Liebe kennen zu lernen, basierend auf dem Roman des dänischen Autors Finn Sjøborg, »Und so was lebt«.

Roman und Film waren gleichermaßen *politically incorrect*. Gerade hatte sich die Intelligenz auf die *antiautoritäre Erziehung* geeinigt, da erdreisteten sich Sjøborg, Vogeler und Verhoeven, die Groteske eines widerborstigen, fünfjährigen Mädchens zu erzählen, das durch die antiautoritäre Erziehung ihrer Eltern nur noch widerborstiger wird und alles ad absurdum führt, was wir soeben erst als *liberales Dogma* gelernt hatten.

Ich mag den konsequenten Unsinn, den der Film treibt, und mag den halbwüchsigen Hauptdarsteller, der uns im Privatleben mit seinen politischen Merksätzen den Nerv raubte. Er hatte ständig nicht das Grundgesetz unterm Arm, sondern den Soziologen Wilhelm Reich, hieß Christof Wackernagel und ist später in den Sog der Baader-Meinhof-Gruppe gelangt und beinahe darin umgekommen.

Für die Rolle des frechen kleinen Mädchens musste ich nicht lange suchen. Das konnte nur Stella spielen, die Tochter von Lis und Mario. Sie war mit fünf Jahren eine perfekte Komödiantin, beängstigend gescheit und willensstark, dabei tiefernst, wie es sich für eine Komödiantin gehört.

Mit dem Titel gab's wieder ein Gezerre. Der Romantitel »Und so was lebt« teilte die Ironie und den Irrwitz des Ganzen mit. Rob Houwer fehlte der erotische Hinweis, er bevorzugte ein »liebt« statt des »lebt«.

Eines Abends besuchte Mario Adorf Senta und mich in Grünwald, ich schwärmte von Stellas enormer Begabung, vom Titelverhau des Films und vom Studenten, der die Liebe sucht. Mario schlug aus Spaß vor: »Der Bettenstudent«.

Wir bogen uns vor Lachen, das uns schnell verging, als die Ankündigungen dann im Druck erschienen. Damals wurde jeder Zeitungsbuchstabe in Blei gesetzt, der Andruck von einem Korrektor auf Fehler durchgesehen. Regelmäßig hieß dann der angekündigte Film »Der Bettelstudent«.

Es kamen vor allem Zuschauer mit Vorfreude auf die Millöcker-Melodien, danach waren sie wütend und enttäuscht. Auch der Titelzusatz »... oder was mache ich mit den Mädchen« half nicht. Das Millöckerpublikum blieb uns treu.

Parallel kämpfte sich »Paarungen« tapfer und erfolgreich durchs Land.

Und es gab die Bundesfilmprämie, den Vorläufer der heutigen Filmpreisnomination, also Anerkennung und Geld. »Paarungen« hat uns also am Ende doch Glück gebracht. Trotz der vielen Widerstände. Oder gerade wegen ihnen.

Eines langen Tages Reise in die Nacht

Nach der Kammerspiel-Premiere von Shakespeares Komödie »Liebes Leid und Lust« im Oktober 1969 stand Paul bis in den dämmernden Morgen an seiner Fünfziger-Jahre-Bar.

Dort stand Paul oft nach einem langen Tag, den Kopf auf die Hand gestützt, mit Blick auf das große Wohnzimmer und durch das Breitwandfenster hinaus in den Garten, der Pauls Fluchtpunkt war.

Auch an diesem Abend stand Paul an seiner Bar, Zimmer und Garten waren verdunkelt. Nur die Laterne vom Pferdewagen seines Vaters warf durch die roten und blauen Scheiben ein dramatisches Bühnenlicht auf Paul und das Selbstporträt von Lis an der Wand.

Gegen Morgen lief ich besorgt nach unten, da lehnte er noch immer an der Bar in seiner typischen Haltung, schien mich gar nicht wahrzunehmen.

Ich legte die Hand auf seinen Arm. Er sah mich nur kurz an, warf den Kopf zurück und ließ sein Gesicht auf den Unterarm fallen.

Wie in unserem Film »Paarungen« lag sein Kopf geschlagen

vor mir, wie August Strindberg auf dem Foto, das für unseren Film damals das Titelbild war.

Eine Weile standen wir stumm nebeneinander.

Ich brachte kein Wort heraus, das nur ein hilfloser Trost hätte sein können.

Und Paul war zu verletzt, um zu sprechen. Dabei war er es, der seine Tochter Lis verletzt hatte. Und sie ihn ebenfalls. Sie hatte eine der Hofdamen in der Shakespeare-Premiere gespielt. »Du hast dich um mich nicht genug gekümmert!«, war ihre Kritik an Pauls Probenarbeit.

Vielleicht hat er sie tatsächlich »vernachlässigt«, weil er den Eindruck vermeiden wollte, seiner Tochter mehr Aufmerksamkeit zu schenken als den anderen Schauspielern.

Privat sprach er mit uns nie über unsere Rollen. Regie außerhalb des Theaters gab es nicht.

Nur widerwilig ließ er sich »privat« zu einer kurzen Bemerkung bewegen. »Morgen auf der Probe!«, sagte er dann. Ich habe das eigentlich immer als angenehm empfunden, besonders, wenn es auf der Probe geknirscht oder gekracht hatte.

Aber es ging auch um andere Dinge.

Lis fand ihre Rolle nichtssagend und wollte an den Kammerspielen nicht etwas spielen, das sie anderswo strikt abgelehnt hätte.

Paul hatte sich vorgenommen, etwas aus ihrer Rolle »zu machen«. Aber dazu kam er gar nicht. Seine Arbeit wurde von fundamentalen Bewegungen und Spaltungen im Kammerspielensemble, im Theater überhaupt und in der Gesellschaft zerrissen.

Paul wollte nicht wahrhaben, dass er eine kleine Shakespearekomödie in diesen Tagen nicht so *unpolitisch* inszenieren »durfte«, wie sie ihm vorkam. Das Kammerspielensemble war in zwei, vielleicht mehrere Teile zerfallen, die sich nicht grün waren.

Die unvergleichliche Gertrud Kückelmann wurde von jüngeren Kolleginnen, auch von Kollegen, gemobbt. Sie hatte angeblich genug liebliche Frauengestalten gespielt, um endlich in die zweite Reihe zu treten. Was Lis in der Kantine, den Garderobenfluren und hinter der Bühne über die Kückelmann zu hören bekam – sie hat es mir geschildert –, machte sie wütend und sie hat sich eingemischt.

Gertrud Kückelmann, die von Paul geschätzte und geliebte, fand sich in der allgemeinen Irritation auch von Paul abgelehnt.

Das fing schon bei Probenbeginn an, als Paul zu ihr sagte: »Ich stelle mir vor, dass du für deine Rolle eine neue Farbe suchst.«

Bei Lis beklagte sie sich über den Druck, dem sie von allen Seiten ausgesetzt war. Sie sei ja gar nicht die »liebe Kücki«, ihre dunklen Seiten könne doch jeder sehen, der Augen habe.

Paul sah es, aber die Kückelmann wollte nicht eingefordert sehen, was sie ohnehin anbot.

Nach zwei Wochen und einer harmlosen Regieanweisung zog sie den Probenrock aus und sagte: »Ich gehe, und betrete dieses Haus nie mehr.«

Sie war nicht umzustimmen und suchte Schutz in einem anderen Beruf. Ein paar Jahre arbeitete sie als Krankenschwester.

Was Lis ihrem Vater während der Proben nicht oder nicht rückhaltlos gesagt hatte, war die Tatsache, dass einige im Ensemble auf seine Ablösung als Regisseur drängten und einen Brief an den Intendanten Everding geschrieben hatten.

Paul hat nie von diesem Brief erfahren. Everding auch nicht. Sein Assistent Jürgen Flimm hatte den Brief nicht weitergeleitet. Auch Lis wollte ihren Vater während der schwierigen Proben schonen. Aber jetzt brachte sie die Hintergründe zur Sprache. Er sollte ja auch gewarnt sein.

Paul wollte davon nichts wissen. »Das ist Kantinengeschwätz! Geh einfach nicht in die Kantine, ich gehe da auch nicht hin!«

Die Premiere verlief ganz wie gewohnt mit geteiltem Erfolg. Nach der Premiere saßen wir auf dem Sofadreieck am Mosaiktisch, der noch aus Wannsee stammt, Lis und meine Mutter auf dem einen Sofa, ich auf dem anderen. Paul an seinem Platz an der Bar, tiefe Schatten unter seinen starr nach vorn blickenden Augen. Lis, hohlwangig und bleich, meine Mutter trotzig, stumm, gelegentlich den Kopf schüttelnd, wie es ihre Art war.

Wenn der Name »Kücki« fiel, sagte sie jedes Mal halblaut »die Süße ...« vor sich hin.

Schon bald ging es gar nicht mehr um den Shakespeare-Abend.

Der Streit von Vater und Tochter war ins Grundsätzliche eskaliert. Wie spielt man und warum, was ist wichtig und warum.

Die aufgeregten Debatten um das *Theater heute* waren in unserer Familie nichts Besonderes.

Aber mehr und mehr ging es an diesem Abend um das Persönliche, um uns selbst. Um Ungeklärtes, unverdaut Liegengebliebenes. »Schon damals hast du ...« – »schon damals warst du ...« – »du hast ja nie ...« – »du hast ja immer ...«, Brocken dieser Art, wie man sie sich vielleicht in anderen Familien auch an der Kopf wirft, aber wohl kaum so schonungslos, als wäre plötzlich ein Staudamm gebrochen.

Ich habe mich oft gefragt, wie es uns nach solchen Psychoschlachten gelungen ist, wieder in Umarmungen zu fallen.

Am besten hat meine Mutter dieses Kunststück beherrscht.

Aber dieser Abend war anders verlaufen. Vernichtend. Paul und Lis Geschlagene, meine Mutter und ich mit ihnen.

Monika war zu dem Zeitpunkt schon verheiratet und nicht mehr im Haus, Senta drehte in Italien.

Ich blieb aus Sorge um Paul in dieser Nacht bei den Eltern, schlief – soweit mir das gelang – in meinem alten Zimmer.

Am Morgen ging ich wieder nach unten. Paul stand noch immer an der selben Stelle, seine Lippen waren blau, wie bei einem Erfrorenen, sein Gesicht blutleer. Ich nahm seinen Puls, der normal schien. »Die wollen mich weghaben!«, sagte er nach langem Schweigen. August Everding ließ ihn nicht fallen. Als Everding an die Hamburger Staatsoper wechselte und die Schauspieler darüber diskutierten, wer sein Nachfolger sein sollte, kursierte das Wortspiel: »Woll'n *ver hoeffen,* der beste!«

Die Königin des Himmels

Senta drehte viele Filme in Italien, meist in Rom, wo der italienische Film zu Hause ist. Die Studios in Cinecitta waren veraltet, die Fassaden verkommen, die Garderoben verrottet, aber es gab ihn noch, den italienischen Film, sogar in Deutschland, wo das alte Europa im Kino noch eine Bleibe hatte.

Weil das Leben im Hotel anstrengend und trotz der Gleichheiten fremd ist, nahmen wir eine Wohnung in Rom. In Trastevere im Tal des Giannicolo, auf dem Garibaldi den Berghang entlangreitet. Dort versammelten sich am Wochenende die Familien und Liebchen der Eingesperrten im Gefängnis »Regina Coeli«.

Die Königin des Himmels ist in Rom allgegenwärtig, aber am wenigsten in dem nach ihr benannten Gefängnis, das einmal ein Kloster war und der Stadtverwaltung sehr praktisch schien, weil die Zellen schon vorhanden waren.

Am Giannicolo riefen die Frauen, Freunde und Kinder den Eingesperrten Liebesschwüre und Botschaften zu.

Die Gefangenen schrien ihre Klagen durch die vergitterten Zellenfenster in die Via delle Mantellate hinein, die wie ein Trichter den Chor der Kerkerstimmen zum Giannicolo hinauftrug.

Unsere Wohnung lag in der Via Mantellate, direkt dem ehemaligen Kloster gegenüber.

Wir hatten die Wohnung des Hausherrn bezogen, das oberste Stockwerk und darüber einen Turm, der schon auf alten Stichen von Trastevere zu sehen ist.

Wenn Senta die gewendelte Turmtreppe hinaufging, um die Blumen in den Dachvasen zu versorgen, schlugen die Gefangenen mit ihren Essgeschirren an die Gitter, bis das *weibliche Wesen* aus ihren Blicken wieder verschwunden war.

Alle vorderen Fenstern wiesen auf das mittelalterliche Kloster, in dem noch heute mittelalterlicher Strafvollzug herrscht.

Die Stadtverwaltung hatte uns versichert, dass das Gefängnis binnen fünf Jahren geräumt und als Museum genutzt werden soll. Das sei schon wegen der katastrophalen hygienischen Verhältnisse notwendig.

Nicht lange nach unserem Einzug starb dort der deutschamerikanische Westernstar Joe Berger an Vernachlässigung in seiner Käfigzelle.

Wir wohnen schon lang nicht mehr dort, weil das Gefängnis vor unseren Fenstern noch immer seine Strafgefangenen wie Tiere hält.

Im September 2004, also nach dreißig Jahren, war ich zu Dreharbeiten in Rom und hielt am ehemaligen Kloster an.

Die Gefangenen schrien den Geliebten und Lieben wie eh und je ihre Beschwörungen zum Giannicolo hinauf.

Ganz ohne Wehmut sah ich das heruntergekommene Haus in der Via Mantellate 17, an dem ein Gewirr von Strom- und Antennenkabeln über die Fassade hing. Verschwunden der herbsüße Geruch aus der Brotbäckerei, der unsere Zimmer bei Tagesanbruch tröstlich durchzogen hatte.

Aber ich bleib nicht lange, das Filmteam drängte.

Vom Turm der Hausherrenwohnung aus hatten wir über die verqueren Dächer hinweg einen Blick auf ganz Rom. Und nur wenige Dächer entfernt auf das Haus meines Schwagers Mario in der Via dei Cartari.

Nach dem ersten Einbruch in unsere Wohnung gab Mario uns den Rat, eine nicht mal so hohe Summe beim Boss der Bar an seiner Piazza als Schutzgeld abzugeben. Er habe das auch gemacht und es sei nie bei ihm eingebrochen worden. Ich stehe aber solchen deals skeptisch gegenüber und habe stattdessen eine Schlosserei beauftragt, sämtliche Türen mit komplizierten Schlössern auszustatten, ganzen Schloss-Systemen, wie sie wahrscheinlich auch im »Regina coeli« verwendet werden. Die Herrschaftswohnung hatte zusätzlich einen sogenannten Dienstboteneingang, so dass der Auftrag für die Schlosserei herrschaftlich ausfiel.

Aber fast immer, wenn wir aus München oder Wien in der Wohnung ankamen, war eine der Türen aufgebrochen.

Dennoch konnte Mario mich nicht dazu überreden, in der Bar das Schutzgeld abzuliefern. Trotzig erfand ich neue Schließsysteme und ließ sie bauen. »Schau«, sagte Mario, »das funktioniert hier nicht! Der Schlosser verteilt die Schlüssel zu deiner Wohnung im ganzen Viertel …!« Aber ich blieb bei meiner bockigen Entscheidung.

Das italienische System hat auch seine Vorteile.

Eines Tages rief uns ein Beamter des Telegraphenamtes an und verabredete ein »wichtiges« Treffen in einem Straßencafé.

Senta telefonierte sehr viel mit Los Angeles, ich mit Berlin und München und der Herr vom Amt gab uns eine Telefonnummer, über die wir ihn persönlich erreichen könnten. Ihm sollten wir dann die Nummer in L. A. oder sonst wo in der Welt angeben und er verbindet uns persönlich. Gebührenfrei natürlich. Wir machten das ungefähr ein halbes Jahr lang und trafen den Herrn vom Amt ziemlich regelmäßig in dem Straßencafé, bis sich unter der Nummer eine fremde Stimme meldete und der gute Mann in dem Straßencafé nicht mehr auftauchte. Vermutlich war er ins Regina Coeli umgezogen.

Als ich Mario davon erzählte, sagte er: das machten hier alle. »Die fremde Stimme wird dir bald ein neues Angebot machen.«

Sollten wir jemals noch mal nach Rom ziehen, werde ich zuallererst in Marios Bar gehen.

Vietnam ist weit

Im ersten Halbjahr 1969 machte ich ein Praktikum am Medical County Hospital in Los Angeles. Ich hatte gerade meine Doktorarbeit über Gehirntumore abgeliefert.

Auf der Höhe des Vietnamkrieges war ich also in Amerika und wunderte mich, dass es trotz des Protests der jungen Leute nur eine geringe Kenntnis gab, was in Vietnam geschah, tagtäglich geschah. Die meisten Berichte, die ich im amerikanischen Fernsehen sah, sparten die Kriegsgräuel, die ich aus dem deutschen Fernsehen kannte, aus.

Dabei war die weltweite Protestbewegung von Amerika ausgegangen. In Berkley, Kalifornien, hatte es beim Zusammenprall mit der Staatsgewalt den ersten Toten gegeben. Viele Protestbewegungen überlagerten sich schon seit den fünfziger Jahren in den USA, der Protest gegen die Rassendiskriminierung, der Protest gegen die Todesstrafe, der Protest gegen die zwangsweise Rekrutierung nach Vietnam. Die unterschiedlichen Bewegungen gingen in der »make love not war«-Bewegung auf, die ein neues Lebensgefühl brachte, das sich besonders in der Musik niederschlug.

Aber Musik und Flower Power waren auch ein gutes Ventil, um in der Gesellschaft wirkliche Veränderungen gering zu halten. Die Flower Power wurde kommerzialisiert und büßte ihre Kraft ein. Wir sprachen darüber mit der Familie Kohner, besonders mit Walter Kohner, Pauls jüngstem Bruder, und seiner Frau Hanna. Sie sahen jeden Abend die Nachrichten auf Kanal 9, wenn ich mich recht erinnere, auf dem der Journalist Walter Kronkite auch unbequeme Meldungen brachte.

Walter und Hanna Kohner hatten sich vor dem Zweiten Weltkrieg in ihrem Heimatort Teplitz-Schönau kennen gelernt. Nach dem Jubel der Wiener beim Einmarsch Adolf Hitlers war Walter nach Amerika ausgewandert, wo seine beiden Brüder bereits im Filmgeschäft erfolgreich arbeiteten.

Hanna flüchtete mit ihrer Familie nach Amsterdam zu Verwandten. Sie heiratete Carl Bernhard, einen jungen Unternehmer. 1944 wurden sie über Westerbork und Theresienstadt nach Auschwitz verschleppt.

Carl kam in Auschwitz um, Hanna wurde nach Vöcklabruck in Österreich gebracht, wo sie mit anderen Häftlingen in einer Fallschirmfabrik arbeiten musste, besser gesagt *durfte*, denn der Arbeitseinsatz rettete ihr das Leben. Walter war amerikanischer Corporal geworden und suchte nach 1945 überall in Europa nach seiner Jugendliebe Hanna. Er fand sie schließlich, heiratete sie in Luxembourg und führte sie »heim« nach Los Angeles.

Das ist sehr grob vereinfacht die Lebensgeschichte von Hanna und Walter. Bei ihnen war ich oft zu Besuch, besonders, wenn Senta in Europa war. Sie lebten in einem österreichisch anmutenden Landhaus, hatten eine kleine Tochter, Julie, und waren überrascht über meine Kenntnisse über den Vietnamkrieg, die sie nicht vermutet hatten. Wenn ich allein oder mit Senta bei Paul Kohner, Sentas Agenten, war, kam das Thema Vietnam nicht auf. »Es ist unerfreulich!«, sagte Paul, »lassen wir das!«

»Vietnam ist weit weg!«, sagte Kohners deutsche Haushälterin Josefine, bei der ich mich in der Küche aufhielt.

Plötzlich ein Anruf, den Paul Kohner sich aus dem Wohnzimmer, in dem Gäste versammelt waren, in die Küche gelegt hatte. Ich hörte immer wieder, wie Kohner in den Apparat schrie: »You must be patient! It takes time! Be patient! Please!« Er hängte verärgert ein. »Diese Ostemigranten glauben, hier wird gezaubert!« Er sagte mir, das sei ein Regisseur aus der Tschechoslowakei gewesen, der noch gar nicht lange in den USA sei, aber nicht verstehen könne, dass er noch kein Angebot habe.

»Kennen Sie Milos Forman?«, fragte er mich. – »Natürlich!«, sagte ich strahlend, »*Feuerwehrball*, einer meiner absoluten Lieblingsfilme!« – »So?«, sagte Paul Kohner erstaunt. »Für die Studios hier ist das alles zu europäisch!«

Senta und ich gingen mit Ronnie Meyer, heute seit langen Jahren Chef der Universalstudios, damals der nette Junge aus Kohners Office, und mit Ronnies Freundin in einen Nachtclub. Das war nichts anderes als eine normale Bar. Ronnie schien mehr zu wissen über den Krieg in Vietnam als meine Kollegen in der Klinik. Aber was ich von der Studentenbewegung in Deutschland erzählte, überraschte ihn. Er wusste, dass im Vorjahr das Cannes-Festival wegen politischer Unruhen geplatzt war und die Produzenten mit ihren Filmen enttäuscht nach Hollywood zurückgekehrt waren. Aber das war vorbei und würde sich hoffentlich nicht wiederholen. Ronnie sagte: »Der Krieg geht nicht mehr lange. Schau dir die jungen Leute an. Sie verbrennen ihre Einberufungsbefehle!«

Aber der Krieg ging noch lange und als ich nach Deutschland zurückkam, zwangen uns die Nachrichten des Schwarzweißfernsehers in unserem Dörfchen Dammersbach, die Studentenbewegung zu unserer Sache zu machen. Paul sympathisierte mit dem, was die Studenten wollten. Meine Mutter ärgerte sich über die *Sprache*. »Die wenden sich doch an die kleinen Leute, aber sie sprechen in einer Geheimsprache, die nur ein paar Intellektuelle verstehen ... welchen Arbeiter sollen denn diese fremden Begriffe überzeugen?« Sie mochte den Cohn-Bendit, der brachte zwar auch in jedem Satz ein halbes Dutzend Insider-Vokabeln in seinem französisch klingendes Deutsch unter, sprach aber Klartext. Manchmal applaudierte meine Mutter in die um den Fernseher gruppierte Familienrunde hinein. Wir wandten ihr dann erstaunte Blicke zu.

Die europäische Protestbewegung, die in Frankreich ihren Anfang genommen hatte, steckte uns alle an. Ich setzte mich hin und schrieb das Bühnenstück »Alles okay«, das in Vietnam spielt.

Alles Gute? Moment mal!

Ich improvisierte im Februar 2005 mit Schauspielstudenten an der Filmakademie Ludwigsburg, in deren Anfängen ich gemeinsam mit Reinhard Hauff das Regieseminar geleitet hatte, Szenen zum Thema des beendeten Irakkriegs und andauernden Dramas, das noch allabendlich ein Fernsehthema ist. Die Gewalt dieses Kriegs war im »embedded journalism« systematisch ausgespart worden. Wir sahen fliegende grüne Punkte und nächtliche Wolken. Kein Sterben, keinen Schmerz. Mr. Bush und Mr. Rumsfeld hatten die Journalisten mit im Bett. Was wir heute sehen, ist die Gewalt des Terrors, den der Krieg hervorgebracht hat, wo er ihn beenden sollte. Nach den Improvisationen fragten mich die Studenten, ob ich ihnen meinen 35 Jahre alten Film »o. k.« zeigen will. So alt wie der Film war keine Studentin und kein Student in meinem Kurs. Ich fühlte mich beinahe schuldig, weil ich die jungen Schauspieler mit meinem Film vermutlich erschreckte und deprimierte.

In der letzten Stunde des Films hatte ich selbst ein paarmal wegschauen müssen, so hart, beinahe unerträglich kamen mir manche Bilder und Szenen vor. Dabei wusste ich ja, dass die Stacheldrahtspitzen, in denen sich die flüchtende Vietnamesin Mao verfängt, aus Gummi waren und nicht wehtaten.

Eine Studentin wollte wissen, ob ich das Empfinden der Schauspieler bei den schrecklichen Szenen im Gedächtnis habe. Ja, die Schauspieler haben ihre Rollen aus Überzeugung gespielt, diesen verfremdeten Filmbericht, der sich in die Grausamkeiten und Folterungen hineingräbt, begangen an Menschen »zweiter Klasse«, die von den Tätern verachtet werden, »Schlitzis« halt, Asiaten, im Soldatenjargon der Zeit und des Orts »cockroaches« genannt, Kakerlaken.

Wir haben diesen Film auf der Höhe des Vietnamkrieges gemacht. Der Film war unser Protest gegen den »non-war military conflict«, wie die US-Strategen ihren Feldzug gegen die damalige Achse des Bösen nannten. Der Vietnamkrieg sollte gar kein Krieg gewesen sein! Nur eine Rettungsaktion unserer Freiheit.

Der Nichtkrieg in Vietnam liegt 30 Jahre zurück, und die Floskeln haben sich als Floskeln erwiesen. Die Filmstudenten sahen Parallelen zum Irakkrieg, dessen vorgeschobene Gründe schnell entlarvt waren. Eine wirkliche Parallele konnte ich aber nicht sehen, denn trotz furchtbarer Opfer schienen die amerikanischen Soldaten nicht gegen ihren Einsatz an der fernen Front zu protestieren, wie sie es im Vietnam-Nicht-Krieg getan haben. Der Irakkrieg ist cleverer verkauft worden. Die Bilder waren kontrolliert. Die Soldaten sind keine »Eingezogenen« wie die jungen Männer damals, sie sind Freiwillige, die der Arbeitslosigkeit entkommen wollten oder gleich als Berufssoldaten ins Feld gezogen sind. Deshalb müssen sie nicht protestieren oder gar ihre »drafts«, die Einberufungen, verbrennen. Sie bejubeln ihren Präsidenten, der vermutlich an seine Mission glaubt. Vom Erdöl weiß er nichts. Und dass er die Taliban und Bin Laden noch kürzlich unterstützt hat, ist ihm entfallen.

Und in unserem Deutschland gab es keine Straßenschlachten der Studenten mit überforderten Ordnungshütern wie damals. Keine Wasserwerfer, die die Langhaarigen von der Straße fegten, keine außerparlamentarische Protestbewegung. Es gibt heute allerdings, anders als vor 35 Jahren, eine breite Skepsis in der deutschen Presse, sogar Kritik, auch in den bürgerlichen Parteien, wenn auch ein bisschen erschrocken über Schröders klare Worte.

Zu Zeiten des Vietnam-Nicht-Kriegs fanden es die großen Parteien unschicklich oder ungeschickt, zum großen Bruder zu sagen: »Moment mal!« Deshalb musste 1970 dieser Film »o. k.« gemacht werden.

Ob ich denke, dass heute auch so ein Film entstehen könnte in Deutschland, etwa über die furchtbaren Ölkriege in Afghanistan und im Irak, fragte mich ein Student, als ich schon im Gehen war. Nein, sagte ich und war ganz sicher. Und wenn, würde der Film nicht diese Wut machen, die mich damals traf. Wut ist kostbar. Die spart man sich heute für anderes auf als für einen Krieg oder gar einen Film. »Na ja, alles Gute!« – »Jaja danke! Alles Gute! – Man hofft halt.«

Wie war das damals mit »o. k.«? Zuerst war da nur der knappe Spiegelartikel im Herbst 1969. Eine Handvoll GIs hatte aus Langeweile ein südvietnamesisches Mädchen abgefangen, um sich in der Feuerpause die Zeit zu vertreiben. Allmählich kippte der Spaß in blutigen Ernst.

»Alles okay« hieß das Theaterstück, das ich nach dem Zeitungsartikel in den Weihnachtstagen 1969 schrieb.

Rob Houwer, der holländische Produzent, mit dem ich einen Vertrag für weitere zwei Filme hatte, hatte mir ein altbackenes Drehbuch vorgelegt, das ich verweigerte. Rob las mein Stück. Wenn ich das Theaterstück für ihn verfilme, ließe er mich aus dem Vertrag. Ich setzte mich ans Drehbuch.

Die Besetzung machte mir Kopfzerbrechen. Die Schauspieler mußten lupenreines Bayerisch sprechen. Friedrich von

Thun und Wolfi Fischer, Ewald Prechtl. Ich wollte Hartmut Becker, der ein Berliner ist, als Funker besetzen. Ich kannte und schätzte ihn seit der O.E. Hasse-Tournee mit Anouilhs »Majestäten«. Ein »zugereister« Berliner könnte zusätzlichen Konfliktstoff in die Gruppe bringen. Ich änderte für ihn ein paar Szenen. Der Spielverderber »Erikson«, den ich selber spielte, meldete den Vorfall beim Captain, der den »aufgeweckten Burschen« aber zu seiner Truppe zurückschickte. »Wie soll ich Sie vor der Rache Ihrer Kameraden schützen, wenn ich den Fall weitergebe?«, fragte ihn der Captain. Als Erikson zu seiner Einheit zurückkehrte, hatten sie das Mädchen schon in den Fluss geworfen, damit es keine Beweise gab.

Bei einem Treffen mit Bayrhammer, der den Captain spielen sollte, sprach mich in der Kantine der Kammerspiele Helmut Fischer an und fragte mich, ob er mitmachen könne. Er spielte an den Kammerspielen undankbare Rollen, war sehr unzufrieden, arbeitete zeitweise als Filmkritiker bei der Abendzeitung. Wir waren uns schon ein paarmal begegnet, er war ein interessanter Mann. Und Bayer. Es hätte gepasst. Aber ich war Bayrhammer schon im Wort. Und der war mit seinem Volumen und der bürgerlichen Behäbigkeit, die er gut spielen konnte, die richtige Besetzung für den Captain, der ein Beschwichtiger ist.

Nun die weibliche Hauptrolle, die junge Vietnamesin Mao. Aus über 100 Mädchen, die zum Teil aus einem früheren Casting zur Diskussion standen, entschied ich mich für ein Mädchen, dessen erste Filmrolle es sein würde. Sie hieß Eva Mattes, hatte ein schönes, großflächiges Gesicht, eine warme ehrliche Art zu spielen. Eva war großartig, obwohl sie noch so jung war. Ihr Weg nach oben ging ganz schnell. Ich sah sie bald im »Modernen Theater« in Turrinis »Razznjagd«. Und dann kam schon Fassbinder. Und dann Zadek, der sie in »Othello« über die Wäscheleine hängte.

Ich schnitt den Film in den Produktionsräumen bei Rob

Houwer wieder mit Monika Pfefferle, die schon »Paarungen« geschnitten hatte.

Ich flog mit der Schnittkopie als Handgepäck nach Berlin, führte den Film dem Berlinalegremium vor, im Juni war »o. k.«, wie ich den Film jetzt nannte, auf den Berliner Filmfestspielen. Meine Schauspielertruppe war bei mir. Der Jubel des überwiegend jungen Publikums war groß. Wir zogen durch die Berliner Kneipen. In der »Brasserie«, die dem Filmproduzenten Manfred Durniok gehörte, wurden wir abgewiesen. »Sie nich!«, sagte der Türsteher. Durniok gehörte der Jury an. Ich wurde stutzig. Eine Cutterin, die für Durniok arbeitete, hatte mich gesehen, kam heraus und flüsterte mir zu, Durniok fände den Film entsetzlich, und es gäbe Stunk in der Jury. Es war zwei Uhr nachts. Ich rief Rob Houwer im Hotel an, sagte ihm, dass in der Jury etwas gegen unseren Film im Gang wäre. Am nächsten Tag gingen Rob Houwer und ich zu Dr. Bauer, dem Festivalleiter, wollten wissen, was gespielt wird. Dr. Bauer wusste von nichts. Kein Protest in der Jury, gar nichts. Aber Dusan Makavejev, das jugoslawische Jurymitglied, hatte Rob Houwer auf dem Hotelflur mitgeteilt, dass Manfred Durniok die Vorführung empört vorzeitig verlassen habe und dass der amerikanische Regiemeister George Stevens (»Giganten«) die Berlinale-Leitung unter Druck setzte. Er war Präsident der Jury und fühlte sich als Amerikaner durch meinen Film beleidigt. Aber Dr. Bauer leugnete alles ab. Er war in der Klemme: Stevens forderte den Ausschluss meines Films. Aber das würde gegen die Statuten eines A-Festivals verstoßen. Ein Film, der für den Wettbewerb ausgewählt war, konnte nicht ausgeschlossen werden. Dr. Bauer wollte die Sache vertuschen. Über den Film sei gar nicht diskutiert worden. Auf einer der vielen Pressekonferenzen sagte der Festspieldirektor Schmieding, ein Mann, den man aus Kultursendungen im Fernsehen kannte, der Mann mit der gemütlichen Warze im Gesicht, sagte, Verhoeven habe das alles erfunden. George Stevens habe den Ausschluss von »o. k.« nicht gefordert. Alles sei gelogen. Wir waren chancenlos, wir hatten verloren. Da erschien in der Menge die blaue Mütze eines Postboten und schwebte durch die aufgebrachte Versammlung. Eine tolle Filmszene. Der Postler rief: »Ist hier ein Walter Schmieding?« Man verstand ihn nicht gleich im Getöse. Allmählich wurde es still. »Ist hier ein Walter Schmieding?« – »Ja!« Die blaue Mütze überreichte Walter Schmieding ein Telegramm. Er riss es auf, wurde bleich. Dann las er es mit brüchiger Stimme vor. Dusan Makavejev erklärte seinen Rücktritt, bestätigte unsere Aussage. Wildfremde Menschen fielen sich um den Hals. Der Jurypräsident reiste ab, die Regisseure solidarisierten sich mit mir, auch Fassbinder, der den Film »Warum läuft Herr R. Amok?« im Wettbewerb hatte.

Am nächsten Tag gab der Berliner Kultursenator Stein eine Pressekonferenz. Ich war nicht zugelassen. Das Festival war zerbrochen, die Filme wurden zwar gezeigt, aber ohne Wettbewerb, ohne Preise. Rob Houwer ließ sofort Plakate drucken. »Der Film, der die Berlinale sprengte ...«

Mein Film ging als Skandal in die Annalen ein. Aber der Skandal war nicht der Film, sondern der Kalte Krieg drumherum. Was blieb, ist das flüchtige Glücksgefühl einer kleinen eingeschworenen Filmtruppe, die sich im offiziellen Schweigen zu Wort gemeldet hatte. Und das heiße Bad, mit dem Sentas Mutter Resi die kleine Eva in unserem Haus nach ihrem eisigen Isarsturz erwartet hatte.

Für mich war damals Senta die größte Stütze. Sie musste sich für meinen Film beschimpfen lassen. Der Vorwurf der antiamerikanischen Haltung, so unsinnig er war, kränkte sie. Als das Telegramm mit der Nachricht der Bundesfilmpreise für Eva und mich kam, war ich mit ihr in Plovdiv in Bulgarien, wo sie mit Giuliano Gemma den italienischen Film »L'amante d'orso maggiore« drehte. Sie kam mit dem Telegramm in der

Hand auf mich zugerannt, lachte und weinte und warf den bunten Ledermantel hin, der ihr zu heiß wurde.

Eine zukunftsweisende Veränderung hatte der Skandal um »o. k.« ausgelöst: die Schaffung des »Internationalen Forums des jungen Films«. Hier waren endlich auch Filme zugelassen, die für das Wettbewerbsfestival zu heikel, zu widersprüchlich waren. Die Leitung wurde Ulrich Gregor übertragen.

20 Jahre nach »o. k.« hat Brian de Palma den Stoff für die Columbia dann doch noch verfilmt, unter dem Titel »Casualties of war« (»Die Verdammten des Krieges«). Mit Michael J. Fox, dem Teenyliebling, als der aufmüpfige Sven Erikson, den ich in meinem Film selbst gespielt hatte. Sean Penn war der Leutnant Meserve. In unserer Version war das Friedrich von Thun.

»o. k.« und »Casualties of war« sind cineastisch zwei Welten. Stoff für Seminare auf Filmakademien. Auch politisch zwei Welten. Die eine wutentbrannt, ein Stückchen deutsche Filmgeschichte unserer damaligen Republik. Die andere ein Antikriegsfilm, der in Wahrheit ein Kriegsfilm ist, mit spektakulären Spezialeffekten, großes Actionkino mit Lust am Krieg.

Junge, lies mal Marx!

Ich drehte im Sommer 1970 mit Senta und einem der »o. k.«-Soldaten, Hartmut Becker, in Wien den Film »Der Graben«. Eine Satire über einen Mann, der die sexuelle Befreiung, die durch alle Gazetten und Filme geht, beim Wort nimmt. Am Ende dreht er durch, geht nackt über den Graben im Herzen von Wien und fordert die Menschen auf, es ihm gleichzutun.

Eine Art Vorbild der Geschichte war die Protestaktion des Wiener Malers Hundertwasser gegen die »grausliche kalte«

Architektur, mit der man das schöne Wien verschandele. Hundertwasser riss sich vor der Wiener Presse die Kleider vom Leib und schrie seinen Protest heraus. Verlegenheit, Gelächter und Entrüstung waren die Reaktion.

Hartmut Beckers nackter, aufrechter Gang durch den Wiener Graben war ein Bravourstück. Auf die verabredete Sekunde – Handys zur Verständigung gab es noch nicht –, nahm ihm seine Frau Renate im Hausflur des Ateliers den Mantel ab, und er ging tapfer und nackt hinaus in die Fußgängerzone ermatteter Touristen und gelangweilter Wiener.

Dann helle Aufregung, ja Angst. Ein Mann, schöner anzusehen als alle um ihn herum in ihren Kleidern, hat nichts als ein paar Flaumfedern auf seiner Haut und ruft allen zu, sie hätten das richtige Leben nicht.

Die Menschen wichen aus. Unbekleidet stellt der Mensch eine Bedrohung dar. Wir hatten auf alle Fälle eine Verhaftung durch Komparsen in Polizeiuniform vorbereitet. Doch direkt vor laufender Kamera, die wir im ersten Stock des Cafés »Aida« aufgebaut hatten, nahm die echte Polizei unseren Hauptdarsteller fest. Ich lief hinunter und ließ mich als der Schuldige ebenfalls verhaften.

Die Dreharbeiten standen von Beginn an unter hoher Anspannung.

Wir mussten extrem sparen, Projektförderung gab es noch nicht, außer für Erstlingsfilme, eine Kooperation mit dem Fernsehen war untersagt, und ich schätzte die wirtschaftlichen Chancen des Films im Kino nicht sehr hoch ein. Senta, die das Drehbuch nicht mochte, fühlte sich, weil sie ja ganz nebenbei auch noch Mitproduzentin des Films war, für alle Unzulänglichkeiten der Produktionsbedingungen verantwortlich.

Das bleibt auch bei späteren gemeinsamen Arbeiten so, Senta hört jedes Flüstern, jeden Unfrieden im Team nimmt sie wahr, möchte ihn beheben.

Bei den Dreharbeiten zu »Der Graben« war es besonders

schwierig, das Team war klein und der ständigen Nähe nicht gewachsen, der Drehort immer derselbe, ein Käfig.

Die Berlinale hatte etwas gutzumachen und lud unseren Film im Sommer 1971 aufs Festival in den offiziellen Wettbewerb ein.

Senta wollte nicht. Sie fand den Film misslungen. Ich fand ihn immerhin eine Provokation, eine Bewegung gegen den Strom der kommerzialisierten Sexualität, und nahm die Einladung an. In die Vorführung im vollbesetzten Zoopalast hinein rief einer: »Junge, lies mal Marx!« Der Satz wurde am nächsten Tag in der Presse zitiert. Als ich mich mit Senta und Hartmut dem Publikum stellte, brach ein Buhgeschrei los, das schon wieder Spaß machte. Ich winkte in die Menge hinein, aber Senta war am Ende ihrer Kräfte. Mich hatten eher die Verhandlungen mit dem Constantin-Filmverleih Kraft gekostet. Der Verleihchef Konsul Barthel und sein Chefdramaturg Manfred Barthel fanden den Titel »Der Graben« zu negativ, assoziierten Gruben und Gräber, während nur die Wiener Prachtstraße gemeint war. Die beiden Barthels wollten den Titel »Wer im Glashaus liebt«, eine Spekulation auf Sexszenen, die der Film nicht liefert. Mein neuer Titelvorschlag war: »Ein Mann und eine Frau und eine Frau«, denn darum ging es, und es war ein Zitat des berühmten Films »Un homme et une femme« von Claude Lelouch. Das Zitat war spielerisch und hätte erkennen lassen, dass der Film selbst eine spielerische Petitesse ist. Der Verleih beharrte auf seinem Titel, »Wer im Glashaus liebt«, und ich konnte nur noch *oder der Graben* dranhängen. Immerhin erfand der Pressechef Theo Hinz ein freches Plakat, das wegen Sexismus leider zensiert wurde.

Wirtschaftlich ging die Sache gut aus, weil ich der Constantin eine Garantiezahlung abgerungen hatte. Nachdem ich als Vorstandsmitglied der »Arbeitsgemeinschaft Neuer Deutscher Spielfilmproduzenten« die öffentliche Forderung nach dem Rücktritt des SPD-Abgeordneten Joachim Raffert als Prä-

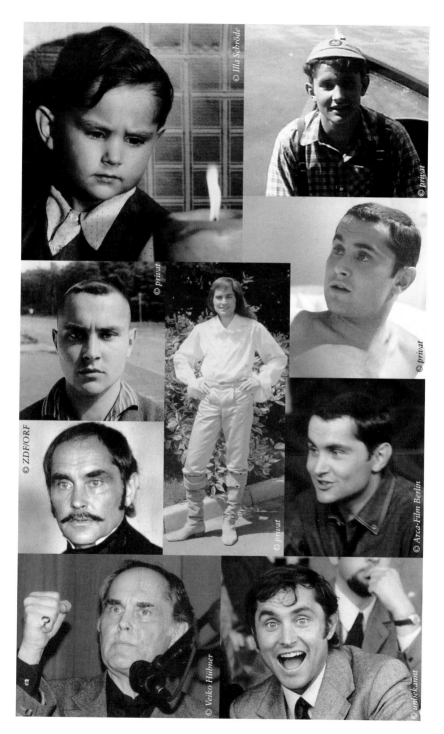

Robert Giggenbach und Lena Stolze in »Das schreckliche Mädchen«, 1989
© *Filmverlag der Autoren*

Michael, Lena Stolze und Baby Jakob bei der Oscar-Feier »Governors Ball«, 1991
© *LPI, Rickenbeckerroad, L.A.*

Oscar Nomination 1991 für »Das schreckliche Mädchen« mit Karl Malden (President of the Academy of motion pictures)
© *LPI, Rickenbeckerroad, L.A.*

Bei dem New York Critics Circle Award 1991, den Madonna überreichte
© *Miramax*

Das Ferien- und »Familienhaus« Dammersbach, das Paul 1961 erbauen ließ
© privat

Monika, Lis und Michael mit dem Halbbruder Thomas Schultze-Westrum, 1975
© privat

Bei den Dreharbeiten zu »Gefundenes Fressen« 1976 mit Mario Adorf und
Heinz Rühmann, 1976
© *Sentana*

Paul und Heinz Rühmann in »Sonny Boys«, Münchner Kammerspiele 1974
© *Rabanus München*

Dreharbeiten zu »Die Weiße Rose« 1981, neben Michael Lena Stolze
© *Sentana/CCC*

Szenenfoto »Die Weiße Rose«, v. l. n. r. Ulrich Tukur, Werner Stocker, Lena Stolze, Anja Kruse, Wulf Kessler, Oliver Siebert
© *Filmverlag der Autoren*

Dreharbeiten zu »Die Weiße Rose«, Dr. Michael Probst mit dem Filmdarsteller seines Vaters Christoph Probst (Werner Stocker)
© *Filmverlag der Autoren*

Ulrich Tukur als Willi Graf und Werner Stocker in »Die Weiße Rose«
© *Filmverlag der Autoren*

Bei der Drehbucharbeit zu »Mutters Courage«, 1994
© *privat*

Pauline Collins und Ulrich Tukur in »Mutters Courage«
© *Sentana/Little Bird/ Wega-Film*

Mit George Tabori, 1994
© *Sentana/Little Bird/ Wega-Film*

Pauline Collins und George Tabori
© *Sentana/Little Bird/ Wega-Film*

Melanie Horeschovsky, 1925
© *unbekannt*

Melanie Horeschovsky in »Liebe Melanie«, 1983
© *Sentana*

Der Regisseur mit der Kamera und sein Kameramann Heinz Hölscher
© *Rob Houwer-Filmproduktion*

Regisseur Simon und sein Kameramann Jo Heim »100 Pro«, 2002
© *Tatfilm*

Luca 1979 vor dem
Kinderportrait seines Vaters
© *privat*

Mit Luca bei einer Filmpremiere
© *Jacqueline Peyer*

Die Familie in Salzburg, August 1982
© *Pressefoto, unbekannt*

Senta 1989 in »Die schnelle Gerdi«
© ZDF

Stella Maria Adorf und Simon in »Die schnelle Gerdi und die Hauptstadt«, 2002
© ZDF/ Sentana

Karl Valentin-Orden für Senta, mit Michael, Resi Berger, Simon, Senta, Luca
© *Tenbuß München*

Stella, Doris, Monika, Elisabeth, Sepp Ring und Paul beim ersten
Geburtstag von Elisabeth, Tochter von Monika und Sepp, 1972
© *privat*

Hochzeitsfoto Stella und
Alfred Peter, 1997
© *Sandor Domonkos*

Lis, Monika, Alfred, Stella, Michael, Senta und Lore V. anlässlich des
100. Geburtstages von Paul 2001 in Unna und der Einweihung der
Paul-Verhoeven-Straße mit Bürgermeister Weidner
© *Th. Wardenga*

sident der Filmförderungsanstalt unterschrieben hatte, weil er mit einem illegalen Beratervertrag aufgeflogen war, bekam ich einen Brief von der Constantin, mit der Streichung der genannten Verleih-Garantie für meinen Film. Ohne Begründung.

Ich hatte dem Konsul den Zusammenhang mit meiner Rücktrittsforderung auf den Kopf zugesagt. Er setzte daraufhin die Garantie wieder ein.

Paul hat den Film zusammen mit meiner Mutter angeschaut. Er fand ihn »interessant«, was sein Hilfswort war für eine nicht geglückte Aufführung im Theater oder im Kino, die er aber nicht ganz und gar verdammen wollte. »Aha, interessant!«, sagte ich, und dann zu meiner Mutter: »Und du, wie findest du den Film?« Sie sagte: »Ich habe wieder Lust bekommen, *Vom Winde verweht* zu sehen!«

Es gibt immer wieder Nachfragen von Sendern für meinen Film. Aber bei einem Wasserschaden im Filmlager sind alle Kopien und das Negativ zerstört worden bis auf vier der fünf Akte. Ein Akt fehlt, der vierte. Ich bin auf der Suche nach einer Kopie, die vielleicht in irgendeinem Keller verstaubt oder im aufgeräumten Regal eines Sammlers einsortiert ist. Sammler, melde dich! Du machst mir eine Freude. Vielleicht finde ich eines Tages meinen Film ja, wo er nicht schlecht aufgehoben wäre, auf dem Flohmarkt.

Ein Sohn und eine Tochter

Senta war im September 1971 bei Dreharbeiten des italienischen Films »Causa di divorcio« auf einem Fabrikgelände in das Laufwerk eines Förderbandes geraten. Sie sollte wie ein Geschenk verpackt ins Bild gefahren werden. Sie hatte Brüche und Bänderrisse an beiden Füßen. Ich holte sie am Flughafen

Riem ab. Eigentlich sollte sie noch drehen. Aber beide Beine bis zum Knie im Gips waren ein Fall für die Filmversicherung. Also Pause. Sie lachte, als ich sie im Rollstuhl der Alitalia in Empfang nahm »wie ein Geschenk«.

Senta wunderte sich, dass das ganze Haus geschmückt war. Girlanden, Lampions, viele, viele Blumen. Der Pappa hatte die dunkle Sonnenbrille auf, begrüßte seine Tochter verlegen. »Was hast 'n, Pappa?« Resi schmunzelte. Senta nahm Resis liebes Gesicht zwischen die Hände, küsste sie auf die Stirn. Sie hatte die Beine hochgelegt, das Sitzen mit dem Gips war anstrengend. »Na, du machst Sachen«, sagte Resi und klopfte auf den Gips. Auch Tante Elli war da, Resis immer an der Nähmaschine sitzende Schwester. Auch sie lachte, umarmte ihre Nichte. Das Schlafzimmer war von oben bis unten geschmückt. Senta ahnte allmählich, was los war.

Wir wollten ein Kind, den heutigen Tag hatten wir ausgerechnet.

Resi klopfte an die Schlafzimmertür. Senta war beim Auspacken, ich half ihr. »Brauchst doch nicht anzuklopfen! Was klopfst denn an?« – »Ich krieg das net auf!«, sagte Resi und hielt uns eine Flasche Sekt hin. Senta musste sich vor Lachen aufs Bett setzen. Es klopfte schon wieder. Tante Elli kam mit zwei Sektgläsern. Ich holte die Zahnputzbecher aus dem Bad. »Hol den Pappa!«, sagte Senta. Ich rannte hinunter, aber er hatte sich in den Wald verzogen. »Hättest schon einen Champagner nehmen können!«, sagte Senta beim Anstoßen. »Siehst du«, sagte Tante Elli, »was habe ich gesagt!« Nach dem halben Glas Sekt hatte Tante Elli schon rote Flecken am Hals. Sie hakte ihre Schwester unter. »Jetzt lass ma die zwei allein!«

Es war der 20. Juni 1972. Wir hatten uns ausgerechnet, dass das Kind, das Senta erwartet, am 23. Juni auf die Welt kommt, wie sein Großvater Paul. Ich brachte Senta mit unserer schaukelnden Ente ins Krankenhaus Pasing, wo »Onkel Carlo« die

Gynäkologische Abteilung leitete. Die Hebamme, eine Nachfahrin des bayerischen Dichters Fritz von Kobell, der den »Brandner Kaspar« geschrieben hat, begleitete Senta und mich ins Gebärzimmer. Dass der Ehemann bei der Geburt dabei war, galt damals noch als befremdlich, aber da ich Arzt war, wurde nicht lange diskutiert.

Carlo und die Hebamme »kämpften«. Auch Senta kämpfte. Nach 14 Stunden war das Kind geboren, Simon, für den wir noch gestern den Namen »Valentin« bereit hatten.

Kaum hatte unser Sohn seinen ersten Schrei gegen die Welt getan, klingelte im Gebärzimmer das Telefon. Carlo ging hin. Es war ein Journalist, und Carlo strahlte: »Die Bild-Zeitung!« Wir winkten ab. »Eine Unverschämtheit!«, sagte ich. »Die geben unserem Personal Geld. Das funktioniert wie geschmiert. Ich werde dem Telefonfräulein den Kopf waschen.« Jetzt werde ich die anrufen, die es wirklich etwas angeht, dachte ich. Ich rief meine Mutter an, die noch im Halbschlaf war, und Resi, die gleich sagte: »A Bua?« – »Ja«, sagte ich und war plötzlich müde und erschöpft, als hätte *ich* das Kind geboren und nicht Senta.

Der »Pappa« war gerührt. Tagelang. Er saß auf einem unbequemen Stühlchen und schaukelte das Baby unter der hohen schattigen Buche. Wenn es schrie, kam er aufgeregt ins Haus gelaufen und sagte: »Das Kind schreit!« Senta war schon an der Wiege, um das Baby anzulegen. Der »Pappa« wandte sich schamhaft ab, die Resi sagte: »Da darfst schon schauen! Is doch schön!« Simon stand tapfer die Besuche durch. Lis und Stella kannte er schon, lächelte sie schief an.

Monika kam mit ihrem Mann Sepp und beschwor, dass Simon wie Senta aussähe. Aber jeden Tag sah er einem anderen in der Familie ähnlich.

Monika hatte ihren Josef Ring ein Jahr nach uns geheiratet. Er war der Witwer der Kammersängerin Cäcilie Reich, kam aus Partenkirchen und hatte als junger Mann einige Bobrennen gewonnen. Ich hätte gewettet, so wie er aussah, war der Sepp ein Verehrer vom Strauß. Das stimmte. Aber nicht vom Franz Josef, sondern vom Richard Strauss, dessen schwierige Partien seine verstorbene Frau gesungen hatte. Paul konnte es nicht fassen, dass seine Monika, die er am liebsten selber geheiratet hätte, mit einem Mann, der höchstens zehn Jahre jünger war als er selbst, glücklich werden wollte, einem Mann, mit dem er über Theater nicht reden konnte.

Als Monika mehr als ein Jahr mit offener Tbc in der Lungenheilstätte St. Elisabeth in Garmisch verbringen musste, bewährte sich Sepp als geduldiger Pfleger, der die Zuversicht in Person war. Die Tbc-Kaverne schloss sich, Monika war nicht mehr ansteckend und wurde entlassen, aber eine Operation war nach Ansicht der Fachleute trotzdem unvermeidlich. Die traurige Nachricht für Monika war, dass sie auf keinen Fall schwanger werden dürfe. Die Kaverne würde sonst wieder aufbrechen. Schon nach einem Jahr war Monika schwanger, und jetzt bekam es auch Sepp mit der Angst zu tun, denn der Termin für die Lungenoperation stand bevor. Der Fall wurde in der Familie beraten. Schwanger oder nicht, die Operation musste gemacht werden. Als Monika schon die Beruhigungsspritze bekommen hatte, hörte sie im Nebenraum ihren Sepp mit Donnerstimme schimpfen. Dabei hätte er Grund zur Freude gehabt. Auf den Röntgenbildern war keine Kaverne mehr nachweisbar. Nur hätten die Chirurgen die Kontrollaufnahmen machen sollen, bevor sie Monika auf den OP-Tisch legten.

Monika brachte ein gesundes Kind zur Welt, Elisabeth, die aussah wie sie auf Kinderbildern.

Ein trauriges Kapitel

Auf unsere Familie kam eine schwere Prüfling zu. Die kleine Stella wurde krank. Sie war so geschwächt, dass es etwas Ernstes sein musste. Der erste Verdacht der Ärzte war Tuberkulose. Aber es war ein Tumor im Brustraum, an der Wirbelsäule angewachsen. Der Tumor war bösartig. Krebs.

Die Operation war zwar erfolgreich, aber durch die unvermeidliche Bestrahlung verkrümmte sich in den folgenden Wochen und Monaten Stellas Wirbelsäule. Natürlich waren wir dankbar, dass der Tumor beseitigt war.

Aber Stella hatte eine über Jahre gehende Tortur auszuhalten. An ihrem Kopf wurde ein Stahlring befestigt, an dem eine Konstruktion ihre Wirbelsäule Millimeter um Millimeter aufrichten sollte. Stella musste im Gipsbett liegen, hatte ständig Schmerzen. Nach Jahren, 1975, war es soweit, die Operation sollte stattfinden. In der orthopädischen Klinik wollten die Ärzte Stellas Wirbelsäule durch einen Metallstab versteifen, obwohl die Krümmung noch erheblich war.

Stellas Vater Mario nahm das Kind aus der Klinik und brachte es in Zürich in der berühmten Schulthessklinik unter. Dort zögerte man die Operation noch hinaus, und es gelang den Operateuren, Stellas Wirbelsäule in einer absolut aufrechten Haltung zu fixieren.

Als Stella in Zürich operiert wurde, war Simon drei Jahre alt und fuhr mit einem kleinen LKW, den Paul ihm geschenkt hatte, durch den Garten. Zwölf Jahre später ist er mit einer Vespa verunglückt. In der Nacht klingelte es. Ich öffnete und da lag mein Sohn vor der Tür, wie ihn die Freunde dort abgelegt hatten. Der Unterschenkel schien abgetrennt.

Der Chirurg in der Harlachinger Klinik erklärte uns, dass er Simon jetzt für mehrere Wochen in Gips legen würde. Mir war das nicht geheuer.

Senta und ich trugen unser großes Kind in unseren Citroën und brachten Simon persönlich in die Züricher Klinik. Schon eine Stunde nach der Operation musste er das Bein bewegen und belasten. Simon hat bei der ganzen Behandlung keinen Gips gesehen und fuhr schon im folgenden Winter mit Senta die Skiabhänge hinunter.

Wie konnte es möglich sein, dass nur ein paar Hundert Kilometer von München entfernt die orthopädische Chirurgie der deutschen um Lichtjahre voraus war.

Der Indianer

Als Luca 1979, sieben Jahre nach seinem Bruder, auf die Welt kam, wohnten wir schon in dem größeren Grünwalder Haus, das Paul noch kennen gelernt hatte.

Luca war oft mit seinem großen Bruder in Dammersbach beim Angeln gewesen und wie Simon litt er sehr unter dem Verlust seines Kinderparadieses. Ich hoffte, sie mit einem Fußballtor, das wir für sie aufgestellt hatten und das es in Dammersbach nicht gab, zu entschädigen. Luca hatte ein Baumhaus in einer hohen Buche, und er spielte in unserem Garten mit seinen Freunden, manchmal auch allein mit mir, Indianer. Ich hatte mir aus Haarbändern von Senta mit einer bunten Feder ein beeindruckendes Indianerkostüm gemacht. Als Luca mich am Fußballtor an den Marterpfahl band, sagte er enttäuscht und zugleich tröstend: »Du bist ein wunderbarer Indianer, Papa, aber ... du hast eine kleine Glatze!«

Immerhin konnte Luca in unserem großen Garten Fußball spielen und vor Glück jubeln und die Siegerposen der Profis imitieren, wenn er seine über achtzigjährige Oma »überdribbelt« und ein Tor geschossen hatte. Eine Zeit lang eiferte er seinem großen Bruder nach und wurde wie Simon Torschützenkönig beim TSV Grünwald. Fußball nahm einen wichtigen Platz in seiner Kindheit ein, er dachte noch im Gymnasium daran, Fußballprofi zu werden.

Zu Film und Theater zog es Luca nicht im gleichen Maße. Nach dem Abitur und dem Zivi-Dienst in einem Münchner Altenheim machte er Praktika beim Deutschen Sportfernsehen, bei verschiedenen Filmproduktionen und im Bavaria-Kopierwerk. Sein Interesse lag weniger im künstlerischen Bereich als im organisatorischen. Eines Tages möchte er Dokumentarfilme produzieren, sagt er, am liebsten zuerst über den FC Bayern, bei dem er ebenfalls ein Praktikum absolviert hat. Von seinem Arbeitsplatz aus konnte er das Training der Jugendmannschaften sehen. Das machte ihn etwas wehmütig. Die »Kids« da unten konnten noch davon träumen, Fußballstars wie Scholl oder Schweinsteiger zu werden, Luca wusste bereits, dass dieser Traum für ihn nicht realistisch war. Mit Simon spielt er heute in einer Freizeitmannschaft. Und wenn's gar nicht anders geht, ganz allein in unserem Garten, denn die Oma, die er mit großem Stolz umdribbelt hatte, ist wie seine andere Großmutter und die beiden Großväter schon in die ewigen Jagdgründe eingegangen, wie es in der Indianersprache heißt.

CANNES

Im Stuttgarter Schauspielhaus bei Peymann habe ich die Uraufführung des Stücks »Sonntagskinder« gesehen. Christoph Müller, unser nicht ganz einfacher Freund in Tübingen, der für sein *Schwäbisches Tagblatt* und andere Zeitungen, vor allem für *Theater heute* schrieb, hatte mir den Tipp gegeben und ein Exemplar des im *Verlag der Autoren* erschienenen Dramas zugeschickt. Gerlind Reinshagen, Theaterdichterin des Filigranen, beschreibt eine deutsche Bürgerfamilie, die in ihrer vom Nationalsozialismus ergriffenen Kleinstadt nicht isoliert sein will. Die 14-jährige Elsie, alter ego der Autorin, sieht die Freunde der Familie, die eigenen Spielkameraden, ja sogar die Mutter in den Sog des Faschismus geraten. Obwohl der Vater alles Militärische, und besonders dessen nationalsozialistische Ausprägung hasst, meldet er sich freiwillig an die Front und kommt ums Leben. Elsie sticht nach dem Krieg, der ihr den Vater genommen hat, auf den heil zurückgekehrten General, einen Freund der Familie, mit einer Schere ein.

Gerlind Reinshagen sagt, die sensible Elsie konnte auf Krieg und Tod gar nicht anders als durch Krankheit der Seele reagieren.

Ich fand für den Stoff in Hans Prescher und Dietmar Schings vom Hessischen Rundfunk tatkräftige Mitstreiter.

Es ist ein schöner, heller Film geworden, von Gero Erhardt in *schwarzweißer Farbe* gedreht.

Die Besetzung war einzigartig. Hauptrollen spielten Erika Pluhar, Ruth Maria Kubitschek, Elisabeth Schwarz, Maria Hartmann, Friedrich von Thun, Hartmut Becker, Rudolph Wessely und Pierre Franckh. Der Film wurde nach Cannes eingeladen und lief dort 1980 auf der »Quinzaine des Realisateurs«, die keine Preise vergibt, weil sie sich selbst als Preis versteht. Von meinem Hotelzimmer in Cannes blickte ich auf einen Zeitungskiosk. Am frühen Morgen sah ich Jean Luc Godard einen ganzen Stapel Zeitungen kaufen. Sein Film »Sauve qui peut sa vie« war im Festivalpalais gelaufen und er wollte wissen, was die Kritiker darüber schrieben. Ich musste schmunzeln, weil die ganz Großen des Films, die wir für unabhängig halten, den selben Abhängigkeiten ausgesetzt sind wie jeder von uns.

Durch seine Präsenz in Cannes zog mein Film einige französische Filmpreise auf sich. Er ist der einzige Film, für den ich keinen deutschen Verleih gefunden habe.

KINDERGLÜCK

Der langjährige Assistent von Harry Buckwitz und Herausgeber von Kortner-Anekdoten, Claus Landsittel, hatte eine Geschichte für Kinder entworfen. »Lies das mal!«, sagte er und legte mir das Exposé hin. Die Idee war hinreißend: Auf den öffentlichen Spielplätzen ist alles »Spielen« geregelt. Alle Fantasie der Kinder ist durch Vorschriften und Verbote eingeebnet. Da erobert eine Hand voll Kinder einen Schrottplatz zum Spielen. Weil dort so viel Krempel herumliegt, taufen sie ihren Abenteuerspielplatz »Krempoli« – »Willst du das machen?«, fragte mich der Claus. Zehn Folgen von je einer Stunde, das bedeutete ein halbes Jahr Drehzeit. Ich konnte meine Sympathie für das Projekt nicht verbergen und wünschte mir, eine der Folgen selbst zu schreiben. Handschlag. Claus schrieb neun Folgen, ich die letzte. Die Bavaria produzierte. Als Sender war der SDR eingestiegen.

Ich hatte Dienst im Krankenhaus Rechts der Isar, in der Chirurgie. Unser »Chef«, Professor Maurer, war seit dem Absturz der Maschine, die die Spieler von Manchester United an Bord hatte, und durch seine beherzten Rettungsaktionen sehr populär. Obwohl er mitbekommen hatte, dass Paul und ich für Willy Brandt die ES-PE-DE-Trommel gerührt hatten, lud Prof. Maurer mich ein, auf seiner Privatstation zu arbeiten, was ich aber nicht wollte.

Professor Theisinger, der Mann hinter dem Chef, schrieb mich oft an die OP-Tafel. Ich stand dann beim Nagelbürsten und Händeschrubben – Langhaarige mussten zum Friseur oder ein Haarnetz tragen – neben ihm und er wollte Episoden aus meiner Filmarbeit hören. Senta fragte mich dann abends nach OP-Episoden. Professor Theisinger verteilte Zündholzschachteln mit dem Foto von Willy Brandt mit der Aufschrift: »Oamoi neidappt glangt«, also »Einmal reingefallen ist genug«. Er gab mir lächelnd die Streichhölzer in die Hand. »Willy auf den Zündhölzern, heißt das, der Mann ist *zündend*?«, fragte ich ihn. Er antwortete: »Der Brandt *zündelt*, heißt das.« Die jungen Ärzte, mit denen ich zu tun hatte, verleugneten ihre politische Meinung. Sie befürchteten, Prof. Theisinger würde sie seltener auf die OP-Tafel schreiben, wenn sie sich als Sympathisanten von Brandt *alias Frahm* zu erkennen gäben. Wer seltener »angeschrieben« wurde, dem fehlten am Ende bestimmte Operationen, und er brauchte länger für den Facharzt.

Assistenzärzte mit Bart wurden nicht gern angeschrieben, das sprach sich schnell herum. Im Vorraum zum Chefzimmer hing die ganze Ahnengalerie der großen deutschen Ärzte, offenbar Prof. Maurers Vorbilder. Alle hatten Vollbärte. Ich sprach ihn einmal darauf an. Erst war der Professor verblüfft, dann sagte er: »Die haben ja *Chemisetten* und *Lavalie's* getragen, das macht ja heute auch keiner mehr.« Er streckte noch einmal kurz den Kopf aus seinem Zimmer: »Und die meisten sind früh gestorben. Alles wollen wir ihnen ja auch nicht nachmachen.« Und verschwand lächelnd in seinem Zimmer. »Frauen mit langen Haaren tragen auch ein Netz, das ist ganz normal«, sagte sein Sohn Peter Maurer, der sich auf Gefäßchirurgie spezialisiert hatte und als künftiger Chef angesehen wurde. Er war ein perfekter Chirurg und sah es mir nach, dass ich davon weit entfernt war. »Was schreibens denn da?«, fragte er mich, als ich in der Nachmittagspause über dem Krempoli-Drehbuch saß. »Eine Geschichte für wilde Kinder.« – »Was schreibst du denn da?«, fragte meine Mutter. »Na, die Kindergeschichte vom Claus Landsittel!« – »Kann ich da mitspielen?«, fragte mich meine Mutter. Das erinnerte mich an meine Schulzeit, wenn ganz fremde Buben Fußball spielten und ich fragte, ob ich mitspielen darf. Als wir so weit waren, spielte meine Mutter eine kleine hübsche Rolle. Warum sie mich nicht schon früher gefragt hatte, dachte ich mir. Und warum hatte ich ihr bisher nie angeboten, in meinen Filmen mitzuspielen? Ich legte mir die Entschuldigung zurecht, dass meine Mutter kaum mehr gehen konnte und dass sie das vor der Kamera nicht zeigen wollte.

Ich habe für die Rollen der Kinder nicht »casten« können, wie man das heute machen würde. Claus, meine Assistentin Biggi Liphardt und ich hatten ein paar Schulen abgeklappert, sind aber von der Direktion sehr schnell belehrt worden, dass ein halbes Jahr »Drehzeit« den Verlust eines Schuljahres bedeutete. In der Pullacher Tagesschule dann der Durchbruch. Der Schulleiter erlaubte es, aber wir konnten uns die Kinder nicht aussuchen. Wir sollten ihnen sagen, wie viele Jungens, wie viele Mädchen, er nannte uns dann die Kinder, die in Frage kamen. Also mal anders herum.

Die Kinder waren talentiert wie fast alle Kinder. Man musste sie nur »locken«. Natürlich gab es innerhalb der Gruppe, die sich aus der Schule kannte, eine Hackordnung. So etwas gab es auf dem Abenteuerspielplatz auch. Aber eine ganz andere. So kam es, dass der Junge, der im Leben ein eifriger Lerner war und mit Mädchen nichts im Sinn zu haben schien, im Film eine Freundin bekam und den »ersten Kuss« spielen sollte. Die Gruppe lachte sich tot. »Ausgerechnet der Albert!« Der Albert stotterte ein bisschen, er war halt ein Stiller. Aber im Film war er ein anderer, sogar Auto fahren sollte er. Am Ende der Drehzeit war die Hackordnung aus der Schule auf den Kopf gestellt, und der Albert stotterte nicht mehr. Ich hatte auch für die Erwachsenen eine interessante Besetzung. Den Schrotthändler spielte Hannes Grombal, kein kräftiger, zupackender Mann, eher ein ganz sensibler, der ständig nachdachte. Die Besetzung war nicht ganz auf dem Punkt, und das war schön.

Monika Madras, die bei Paul in »Gottes zweite Garnitur«, einem Film über Rassendiskriminierung, die weibliche Hauptrolle hatte, spielte eine Lehrerin, die »Krempoli« in Schutz nimmt, als der Argwohn gegen die wilden Kinder und gegen den Abenteuerspielplatz wächst.

Den Kameramann liebten die Kinder. Beim Sprechen und Lachen nahm er den Zigarillo nicht aus dem Mund. Es war Joseph Vilsmaier, damals nur der »Sepp«. Ein anderer Kameramann hätte die Nerven verloren, wenn plötzlich die Sonne weg war und wir trotzdem weiterdrehen mussten. Für uns gab es kein Wetter. Wenn's anfing zu schütten, rannten die Kinder in den VW-Bus oder in die Hütte. Der Sepp hatte die Kamera auf der Schulter und rannte mit.

Noch einen liebten die Kinder besonders, das war unser Aufnahmeleiter, der Heinz Badewitz. Einer, der immer gut aufgelegt war. Er sah aus wie Prinz Eisenherz. Nichts konnte ihn aus der Ruhe bringen.

Er leitet heute seit Jahr und Tag die Hofer Filmtage.

Und sie liebten Monika Madras und meine Assistentin Biggi, die ihnen Kasperletheater vorspielte. Und Claus Landsittel, der die zehn Geschichten später als Buch herausbrachte. Senta las Simon daraus vor. Im Kinderzimmer hing ein kleines Ölbild, das Claus gemalt hatte: der Schrottplatz »originalgetreu«, alles ist drauf: die Hütte, in die wir bei Regen schnell die Handlung verlegten, der VW-Bus, der künstliche See mit der Seilbahn drüber. Ich habe vor kurzem von der ARD die zehn Stunden auf DVD bekommen. zehn Stunden Kinderglück.

Ein unheimlich starker Abgang

Bei der Dreiecks-Koproduktion Sentana/Bavaria/WDR »Ein unheimlich starker Abgang« nach dem Stück von Harald Sommer konnte ich endlich wieder mit Igor Luther, dem Kameramann von »o. k.«, zusammenarbeiten. Für die jugendlichen Hauptrollen machte ich ein ausführliches Casting und entschied mich bei der Hauptrolle für die Falckenberg-Abgängerin Katja Rupé, die der Theatergruppe »Rote Ruhe« angehörte. Katja war ein ganz besonderes Mädchen, beobachtend, schüchtern, wach, gescheit, verletzlich. Sie sprach ein natürliches Bayerisch, bewegte sich anmutig und etwas träge und die war genau die Richtige für Harald Sommers »Sonja«, die von ihrem Freund, dem »Manfred« immer wieder in Schlamassel gezogen wird.

Der Clou des Stückes ist, dass Sonja, die ihren Manfred erschossen hat, dem irdischen Gericht durch einen *Deus ex machina* entzogen wird. Für das fulminante Ende schrieb Harald Sommer die musikalische Dichtung »Also sprach Zarathustra« von Richard Strauss vor. Ich musste auf »Les Preludes« von Liszt ausweichen, weil »Zarathustra« – im Fernsehen gratis – im Kino unbezahlbar war.

Elmar Wepper spielte diesen charmanten Schuft Manfred, der Sonja ins Unglück reißt. Seine Freunde waren Edwin Noël und Wolfi Fischer – der aus »o. k.« –, Ilona Grübel, Gundi Ellert – damals noch Gundi Schwöbel – und Traute Hoess waren die Mädchen in der Gruppe.

Der »*deus ex machina*«, der Sonja aus dem Gerichtssaal entführt, war *der Eisprinz* Hans-Jürgen Bäumler, auf dessen Armen Sonja gen Himmel flog.

Ich verlegte die Geschichte nach Passau, weil das irdische Gericht und der Dom der schönen Bischofsstadt nur durch ein schmales Gässchen getrennt sind. Der Leiter des Erzbischöflichen Ordinariats, Emil Janek, erteilte uns eine Absage. Und prompt kam die generelle Absage der Stadt Passau hinterher. Ich wich nach Regensburg aus, wo der Hinauswurf erst kam, als wir das meiste schon gedreht hatten.

Das eigentliche Problem ergab sich, als der Film fertig war. Weil unser Film, der in der Kinofassung »Ein unheimlich starker Abgang oder Sonja schafft die Wirklichkeit ab« hieß, unter erheblicher Beteiligung des WDR entstanden war, wurde ihm die Filmprämie verweigert, die der heutigen Nomination des deutschen Filmpreises entspricht. Das Filmförderungsgesetz kannte damals noch keine Kooperation Film/Fernsehen. Nicht lange darauf wurden Gemeinschaftsproduktionen zwischen Film und Fernsehen gesetzlich vorgeschrieben. Aber für meinen Film kam das Gesetz zu spät. Es war nicht das einzige Mal, dass ich mit einem Film zu früh dran war.

In Passau wollte Anja Rosmus, als sie Schülerin war, einen Aufsatzwettbewerb gewinnen und obendrein der Stadt und der katholischen Kirche einen Lorbeerkranz winden.

Doch sie stieß bei ihren Recherchen auf eine Mauer des Schweigens und fing an, in der Geschichte der Stadt zu bohren.

Sie kam auf den Emil Janek, den Leiter des Erzbischöflichen Ordinariats, der mich 1973 aus der Stadt Passau verscheucht hatte.

Anja wurde zum *schrecklichen Mädchen*, das nicht eher aufgab, bis sie herausgefunden hatte, dass Emil Janek zwei jüdische Händler denunziert hatte, die daraufhin angeblich ins Kz kamen.

Mein »schreckliches Mädchen« war 1989 Lena Stolze. Hier durfte sie komödiantisch sein und unserer Gesellschaft blitzend den Spiegel vors Gesicht halten.

Heinz Ungureit, Vater unserer Partnerschaft mit dem ZDF, sagte, als er das Drehbuch gelesen hatte: »Das kriegen wir niemals in den Gremien durch. Das müssen wir anders machen.« Er gab das Geld, das der Film als reine Fernsehproduktion gekostet hätte. Alles andere war Sache der Sentana. Schon vor dem »Berlinale-Bären« für die beste Regie erwarb Miramax den Film für die USA. Nach einer PR-Ochsentour, ohne die man mit einem Film in Amerika chancenlos ist, bekamen wir die Nomination für den *Golden Globe* und den *Oscar*. Als Gerard Depardieu nach seinem Golden Globe für »Cyrano de

Bergerac« sich in haltloser Euphorie damit brüstete, als junger Kerl an einer Vergewaltigung teilgenommen zu haben, ließ mir Harvey Weinstein von Miramax ausrichten, jetzt hätten wir die besten Chancen, für unseren Film, der jetzt »The Nasty Girl« hieß, den Oscar zu bekommen.

Es war während des 1. Irakkriegs von Mr. Bush senior. Bei einer Pressekonferenz, an der die Produzenten und Regisseure der fünf nominierten Filme vorgestellt wurden, sagte ich, vielleicht sollten wir uns den vielen Leuten anschließen, die draußen gegen den Golfkrieg demonstrierten. Daraufhin gab es Empörung und Buhgeschrei im Zuschauerraum.

Der berühmte Regisseur Barry Levinson (»Toys«) schrieb 300 Briefe an die Gruppe von Mitgliedern der *Academy of Motion Pictures,* die über den besten nichtamerikanischen Film zu entscheiden hatten. Er forderte sie auf, ihre Stimme dem Schweizer Film »The journey« zu geben. Das war ein kluger Rat, weil der Film eine Lanze bricht für eine islamische Familie. Politisch war es das richtige Signal, auch wenn mit Levinsons Briefaktion unsere Chancen zusammenbrachen.

Das haben wir aber erst in der Oscar-Nacht erfahren. Als Dustin Hoffman auf der Bühne sagte: »And the Oscar goes to THE ...«, hatten wir, Senta, Lena und ich, noch erwartungsvolles Herzklopfen. Lena hatte ihr Baby dabei. Während der Feier wurde es von einer Nurse gewiegt. Beim anschließenden Governors-Ball aßen die Gäste im Schnellgang. Der festliche Ball mit großem Orchester war der kürzeste Ball meines Lebens. Senta und ich konnten noch einen halben Walzer tanzen, dann war der Ball zu Ende. Die Leute gingen hinaus in den strömenden Regen und warteten, auch der Academy-Präsident Karl Malden, bei einem chaotischen Abrufsystem auf ihre VIP-Limos, länger als der glanzvolle Ball gedauert hatte.

Der Film erhielt den New Yorker Kritikerpreis, den mir die Pop-Ikone Madonna übergab, und ein Jahr darauf die höchste Filmauszeichnung Englands, den *British Academy Award* aus den Händen von Wim Wenders. Wir feierten bis in den frühen Morgen. Ich plauderte mit Prinzessin Anne angeregt über die Situation des europäischen Films, aber als Senta, die nicht nach London kommen konnte, mich fragte, was die Prinzessin bei der britischen Filmpreis-Verleihung getragen hatte, war ich in Verlegenheit. Ich hatte keine Ahnung.

Zu Hause kamen wir für »Das schreckliche Mädchen«, meinen sozusagen ausgezeichnetsten Film, über eine Nomination für den besten deutschen Film nicht hinaus. Aber Lena bekam den deutschen Filmpreis als beste Darstellerin. Und viele große internationale Preise. Der Film spielte auf dem Weltmarkt ein Vielfaches von dem ein, was die Sentana investiert hatte.

Jedesmal, wenn ich nach New York kam, ging ich zuerst zum Kino am Lincoln Center, wo »The Nasty Girl«, unser »schreckliches« Mädchen, lief. Nach einem Jahr lief mein Film dort noch immer.

Im gleichen Jahr wie »Das schreckliche Mädchen« drehte ich im gleichen Haus in der Nähe des Hauptbahnhofs, das dem Abriss gewidmet war, den Film in sechs Teilen »Die schnelle Gerdi« mit Senta in der Hauptrolle für das ZDF. Die kleine »Serie« wurde Kult. Die Figur der Münchner Taxifahrerin hatten wir uns gemeinsam ausgedacht, ich schrieb die Drehbücher und inszenierte, hatte Biggi Liphardt an meiner Seite und für jede Rolle die allerbesten Schauspieler: Gundi Ellert, die im »Unheimlich starken Abgang« ihr Filmdebüt hatte, Robert Giggenbach, Friedrich von Thun, Susi Nicoletti, Fred Stillkrauth und und und ... 2002 drehten wir eine zweite Staffel, diesmal vom Bayerischen Film- und Fernsehfonds FFF gefördert. Wieder die Schauspieler von damals, die mir die Arbeit zum Vergnügen machten, und ein paar neue dazu, Günther Maria Halmer, der legendäre »Charly« von Helmut Dietl, und Michael Gwisdek und Gisela Schneeberger, die schon in der Fernseh-Komödie »Zimmer mit Frühstück«, nach einer Idee von Ute Schneider, mit Senta gespielt hatten. Immerhin erreichte ich 2000 mit diesem Film nach der Erbsenzählung der Quoten die Jahresbestnote.

Alle diese nicht einfachen, aber einfach guten Schauspieler schmückten die »Berliner Gerdi« auf, und ein Neuzugang, Ingeborg Westphal, die am besten ist, wenn sie mindestens zwei gegenläufige Gedanken gleichzeitig spielen darf, und als Familienbeitrag Stella, Simon, Luca und Mario.

Alle guten Komödien sind auf den Kopf gestellte Dramen, bei denen wir über die bekannten kleinen Katastrophen lachen, die eigentlich zum Heulen sind.

Über die »Gerdi«, besser über die beiden »Gerdis« werde ich vielleicht ein andermal schreiben. Denn die Gerdi ist ein großes Kapitel im Leben von Senta und mir, zu groß, um es hier nur angetippt zu behandeln.

Arzt der Frauen

Jeder kennt den Begriff »Kindbettfieber«, aber kein Mensch kann sich heute mehr vorstellen, dass im 19. Jahrhundert Millionen Frauen in Europa an dieser ominösen Krankheit, über deren Ursache die großen Männer der Medizin die abstrusesten Vorstellungen verbreiteten, gestorben sind.

Ignaz Semmelweis, ein kleiner ungarischer Arzt, der an der Wiener Gebärklinik arbeitete, fand dann endlich heraus, dass es die Ärzte selbst waren, die den Frauen den Tod brachten. »Wir kommen von einer Leichensektion und danach greifen wir einer Schwangeren zur Untersuchung in den Unterleib!«, sagte Semmelweis. Da man von Bakterien noch nichts wusste, wollte man ihm nicht glauben. Semmelweis wurde von der Professorenschaft erst belächelt, dann, weil er nicht aufgab, als Nestbeschmutzer beschimpft.

nach einer Idee von Ute Schneider, mit Senta gespielt hatten. Immerhin erreichte ich 2000 mit diesem Film nach der Erbsenzählung der Quoten die Jahresbestnote.

Alle diese nicht einfachen, aber einfach guten Schauspieler schmückten die »Berliner Gerdi« auf, und ein Neuzugang, Ingeborg Westphal, die am besten ist, wenn sie mindestens zwei gegenläufige Gedanken gleichzeitig spielen darf, und als Familienbeitrag Stella, Simon, Luca und Mario.

Alle guten Komödien sind auf den Kopf gestellte Dramen, bei denen wir über die bekannten kleinen Katastrophen lachen, die eigentlich zum Heulen sind.

Über die »Gerdi«, besser über die beiden »Gerdis« werde ich vielleicht ein andermal schreiben. Denn die Gerdi ist ein großes Kapitel im Leben von Senta und mir, zu groß, um es hier nur angetippt zu behandeln.

Arzt der Frauen

Jeder kennt den Begriff »Kindbettfieber«, aber kein Mensch kann sich heute mehr vorstellen, dass im 19. Jahrhundert Millionen Frauen in Europa an dieser ominösen Krankheit, über deren Ursache die großen Männer der Medizin die abstrusesten Vorstellungen verbreiteten, gestorben sind.

Ignaz Semmelweis, ein kleiner ungarischer Arzt, der an der Wiener Gebärklinik arbeitete, fand dann endlich heraus, dass es die Ärzte selbst waren, die den Frauen den Tod brachten. »Wir kommen von einer Leichensektion und danach greifen wir einer Schwangeren zur Untersuchung in den Unterleib!«, sagte Semmelweis. Da man von Bakterien noch nichts wusste, wollte man ihm nicht glauben. Semmelweis wurde von der Professorenschaft erst belächelt, dann, weil er nicht aufgab, als Nestbeschmutzer beschimpft.

Tragischerweise starb Semmelweis selbst an diesem »Kindbettfieber«. Er hatte sich an einer Leiche infiziert.

Über diesen Mann wollte ich einen Film machen, er war für mich ein Vorbild, ein »Einzelkämpfer«, der nie aufgab. Ich plante das Projekt erst mit dem BR, dann mit ZDF und ORF, es sollte eine Koproduktion mit dem Ungarischen Fernsehen werden. Mein wissenschaftlicher Berater war Jozsef Antall, der Leiter des Semmelweis-Instituts in Budapest.

Doch das Ungarische Fernsehen durchkreuzte meine Pläne, es zog eine Koproduktion mit Frankreich vor. Ich hatte in der langen Zeit der Vorarbeiten acht Drehbuchfassungen geschrieben.

Alles schien vergeblich gewesen. Nach Jahren bekam ich einen Brief von Jozsef Antall, dem ehemaligen Leiter des Semmelweis-Instituts und jetzigen ungarischen Staatspräsidenten, er würde sich freuen, wenn ich mein Filmprojekt realisierte. Er persönlich hatte das französische Projekt verhindert, weil das Drehbuch im Gegensatz zu meinem nicht den historischen Tatsachen entsprach.

In meinem Film spielte dann Heiner Lauterbach diesen einfachen Arzt, diesen energischen Anwalt der Frauen, mit einfachen, ergreifenden Mitteln.

Bei der Nachbearbeitung wohnte ich im Hotel Beke an der Teréz krt 43. Gegenüber war ein Spielzeugladen, in dem ich für unseren kleinen Luca Faltspiele aus Papier einkaufte.

Eines Morgens, sagen wir um acht, auf dem Weg ins Studio, lief ich in der Hoteltür einem älteren Mann in die Arme, der müde und abgekämpft von draußen kam.

Er blieb vor mir stehen, lächelte mich mit rotgeäderten Augen an, wir umarmten uns. Es war Marcello Mastroianni.

Eigentlich hatte ich es wie immer eilig, aber wir setzten uns noch auf einen Kaffee zusammen.

Er war bleich, stürzte den Kaffee hinunter, bestellte gleich noch einen, nahm meine Hand: »How is Senta?« Während ich ein bisschen erzählte, Drehen, Theater, Familie, zündete er zittrig mit nikotingelben Fingern eine neue Zigarette an, zog den Rauch tief in sich hinein.

Ob sie Nachtaufnahmen hatten, fragte ich ihn. Nein, nein! Und schon kam ein italienischer Aufnahmeleiter an den Tisch. »Da bist du ja, wir haben dich gesucht!« Marcello lächelte. »Hier bin ich. Ich habe die ganze Nacht mit Michael an diesem Tisch gesessen!« Die Maskenbildnerin kam aufgeregt dazu: »Marcello! Wo bleibst du? Ich muss dich schminken, komm mit.« Marcello wollte nicht mitkommen, er hatte es nicht eilig. Sie sprach energisch und schnell auf ihn ein, mit vielen aufgeregten Handbewegungen. »Und was du wieder für rote Augen hast! Wie soll ich das wegkriegen!« Marcello lachte, zündete sich die nächste Zigarette an. Der italienische Aufnahmeleiter stürzte heran, hielt Marcello sein Ziffernblatt hin: »Dai, dai, Marcello.« Er nahm Marcellos Espressotasse an sich, um sie in die Maske zu bringen. Marcello stand auf, wir umarmten uns und gingen in entgegengesetzte Richtungen auseinander.

Nach »Mutters Courage« hatten wir ein gemeinsames Projekt, einen amerikanischen Film mit dem Titel »One of us«. Ich schrieb das Drehbuch. Es handelte von einem Mann, den ein Geheimnis umgibt. Ist er der Vater der jungen afroamerikanischen Frau, die ihn in einem jugoslawischen Kaff aufgespürt hat? Mit Halle Berry, die damals noch kein großer Star war, verhandelte ich über die Rolle der jungen Frau. Der Film spielte in der Gegenwart, in den neunziger Jahren. Whoopy Goldberg, die als ehemalige Geliebte des Mannes vorgesehen war, stimmte mir zu, dass der Balkankrieg in dem Film nicht ausgespart werden durfte. Aber die amerikanische Produzentin befürchtete, die Realität würde die Komödie beschädigen.

Als wir uns auf eine realistische Drehbuchfassung geeinigt hatten, war Marcello für mich telefonisch plötzlich nicht mehr erreichbar. Es hieß, er sei krank. Ich hielt das für eine Ausrede seiner Managerin. Doch es war die Wahrheit.

Mastroianni starb und wir zerbrachen uns den Kopf über einen Ersatz.

Aber für Marcello Mastroianni gibt es keinen Ersatz.

Ich zog mich aus dem Projekt zurück. Es kam nie zustande.

Die Buhlschaft

1973 hatte Ernst Haeussermann, der Intendant des Wiener Burgtheaters, mit Lis über die neue Besetzung der »Buhlschaft« gesprochen, wer die Partnerin von Curd Jürgens sein sollte. Lis hatte gesagt, für sie sei Senta die ideale Buhlschaft. Irgendwann rief Haeussermann bei uns an und wollte Senta sprechen. Danach suchte sie sich den Text von Hofmannsthal aus dem Bücherschrank hervor. Wie spricht man solche mittelalterlichen Reime? Curd Jürgens war Sentas »Jedermann«, er hielt in Salzburg Hof, auf noble Art. Wir waren ein paarmal seine Gäste, erfreuten uns an der unangestrengten, heiteren Atmosphäre, die er in seinem für die Jedermann-Zeit gemieteten Haus schuf. Ich stand mit Senta auf einer großen Sommerwiese hinter dem Schlosshotel St. Ruppert, wo wir wohnten. Wir waren weit voneinander entfernt. Senta sprach, nein, *rief* ihren Text, und ich winkte mit einem weißen Taschentuch, zum Zeichen, dass ich sie noch verstehe. Sie entfernte sich noch ein paar Meter von mir, »sprach« wieder den Text, ich winkte, sie ging noch ein bisschen weiter weg. Ich konnte schon längst ihr Gesicht nicht mehr sehen, aber hörte noch gut verständlich: »Wer alslang auf sich warten lässt und ist der wertest aller Gäst' ...«

Senta pendelte zwischen München und Salzburg hin und her. Die letzten Tage vor der Premiere ging es ihr nicht gut.

Nach der Generalprobe rief sie mich mit heiserer Stimme an, es ginge ihr schlecht, ich solle kommen. Ich dachte, sie hätte sich überanstrengt, aber sie sagte, es muss etwas anderes sein, sie sei vollkommen kraftlos, ein Gefühl, das sie nicht kannte.

Der Arzt, der sie untersucht hatte, war nicht irgendeiner, sondern der Medizinalrat Fink, eine *Koryphée*. Ich war beruhigt, rief aber den Doktor vorsichtshalber an. Der Medizinalrat sagte, na ja, die Hitze, die Nerven, er wisse ja, wie es den Schauspielern vor Premieren gehe, er selbst sei ja mit einer Schauspielerin verheiratet. Er habe Senta Valium gegeben, und jetzt solle sie sich ausruhen.

Am nächsten Tag wollte ich gegen Mittag mit Paul zu Sentas Premiere fahren. Aber in aller Frühe rief sie mich an, mit schwacher Stimme: »Komm bitte so schnell du kannst.« Eine gute Stunde später war ich bei ihr. Paul kam mit dem Zug nach. Das Zimmer war abgedunkelt. Aber Senta schlief nicht, sie schlang die Arme um mich. Ich blickte in ein fremdes Gesicht. Aber ich kannte das Gesicht. Es war das so genannte »Eierstock-Gesicht«, die *facies ovarica*. Ich kannte es nur von Abbildungen, aber wer es einmal gesehen hat, vergisst es nicht. Es konnte eine Bauchhöhlenschwangerschaft sein. Um einen Krankenwagen zu rufen, schien mir die Zeit zu knapp. Ich trug Senta ins Auto. Eine Dame vom Hotel begleitete mich, wies mir den Weg in die Universitätsklinik. Die Diagnose war schnell gestellt: Bauchhöhlenschwangerschaft. Der Chirurg war auf einem See beim Segeln. Er wurde mit dem Hubschrauber geholt. Als er die Operation endlich beginnen konnte, war Sentas Bauch schon mit Blut vollgelaufen. Hätte ich an die »Nerven« geglaubt, hätte Senta den Tag nicht überlebt. Jetzt, nach der glücklich verlaufenen Operation, war die vom Medizinalrat verordnete Ruhe ein guter Rat. Die Premiere fand statt. Christiane Hörbiger, die Buhlschaft vergangener Jahre, ist aus dem Stand eingesprungen. Die letzte Vorstellung in dieser ersten Buhlschaftsaison spielte Senta selbst. Sie sollte die Rolle dann acht Jahre spielen.

In Salzburg, wo die Geschichte vom Sterben des Jedermann gespielt wird, wäre um ein Haar seine Buhlschaft gestorben.

Es ist der Herbst 1973. Meine Eltern spielten wie im Vorjahr, als sie in Beauvais' Fernsehfilm »Finito l'amor« ein älteres Liebespaar waren, wieder zusammen. Diesmal gingen sie auf Tournee mit dem Bühnenstück »Tod im Apfelbaum« von Paul Osborn. Es war das erste Mal, dass sie seit den Dresdner Anfangsjahren gemeinsam auf einer Bühne standen. Meine Mutter hatte sich während dieser Tournee bei einem Sturz das Bein gebrochen. Das machte ihr nichts aus. Nun hatte sie einen sichtbaren Grund, den Gehstock zu Hilfe zu nehmen. Und die Schmerzen waren *spielend* überwunden, sie spielte ja Theater *mit Paul*. Das machte sie glücklich.

In einer Tourneepause gab es ein fröhliches Familientreffen in einem Restaurant nahe der Wohnung über der »Komödie am Max-II-Denkmal«. Meine Eltern berichteten unter Lachtränen komödiantische Begebenheiten von der Tournee.

In der Nacht des Familientreffens erlitt meine Mutter einen Schlaganfall. Fünf Wochen lag sie im Koma im Krankenhaus Rechts der Isar, in dem ich zuletzt vor einem Jahr gearbeitet hatte. Paul heftete mit Klebestreifen ein Foto meiner Mutter an meine Hände auf einem Pastellbild, das die bekannte Malerin Mücke Utescher 1948 von mir gemalt hatte. Aber was konnte ich schon helfen? Mir blieb nur die Unterstützung des Behandlungsteams, das vierundzwanzig Stunden am Tag die Patientin in der Intensivstation bewachte und betreute. Meine Familie war jeden Tag, abwechselnd und zusammen in dieser Station, meist hinter der Glaswand, voller Hochachtung für die Leistung der Ärzte und Schwestern.

Ich horchte meine Mutter ab, drückte ihre Hand, die nicht reagierte, überwachte ihren Kreislauf. Einmal, als ich auf die

Intensivstation kam, lag sie unbekleidet vor mir. Ich umarmte ihren warmen vertrauten Körper, der mich einst geboren hatte und deckte meine Mutter zu. Die Schwester entfernte die Decke wieder und rieb ihren Körper mit Alkohol ein. Ich setzte mich lange Zeit an ihr Bett und hielt ihre Hand.

Am 12. Dezember 1973, einen Tag nach ihrem 71. Geburtstag, starb meine Mutter im Krankenhaus Rechts der Isar.

Anfang und Ende

Vor mir liegt das Foto meiner Mutter als Kind zwischen ihrem kahlköpfigen Vater und ihrer zarten Mutter. Meine Mutter hat eine weiße Schleife im Haar. Ein anderes Foto liegt vor mir. Es zeigt ihre dunkelhäutige Großmutter, eine Hugenottin, die aus Südfrankreich stammte und eine geborene »Sauvage« war. In dieser Großmutter, die meine Urgroßmutter ist, erkenne ich uns alle wieder, besonders Lis, Stella, Luca und mich selbst. Zuallererst meine Mutter, das runde Gesicht, das spitze Kinn, die schrägen Augen. Als Kind hat sich meine Mutter in eine Nähnadel ihrer immer mit einem Nähzeug beschäftigten Mutter gekniet. Die Ärzte fanden die Nadel nicht, schnitten meiner Mutter das ganze Knie auf und noch weiter nach oben und unten. Diese Narbe am Knie hab ich besonders geliebt. Ich empfand sie als Schmuck ihres schönen Körpers. Sie tat ihr ja nicht mehr weh.

Auch Senta hat über dem linken Knie eine große Narbe, die von einem Autounfall vor meiner Zeit stammt. Auch Sentas Narbe liebe ich, sie ist schöner als jede makellose Haut.

Ich lege die beiden Fotos wieder ins Album zurück, in dem die Bilder seit langem ungeordnet und zusammenhanglos aufbewahrt sind.

Paul hat nach dem Tod meiner Mutter versucht, ein Album

Ich danke

für die Idee, dieses Buch zu schreiben der Berliner Literaturagentin Karin Graf und ihrer Überredungskunst.

Der Ullstein-Verlag, dem ich mich gern anvertraut habe, nahm ohne vernehmliches Murren die Verzögerungen in Kauf, die ich ihm zugemutet habe. Herzlichen Dank dafür. Und dafür, dass ich in der liebevoll kritischen Lektorin Krista Maria Schädlich eine behutsame Ratgeberin hatte, die mich beharrlich ermutigt hat.

M.V.

Thomas Quasthoff
Die Stimme

320 Seiten
ISBN-13: 978-3-550-07590-2
ISBN-10: 3-550-07590-1
€ 24,00 [D] / € 24,70 [A] / sFr 42,00

Thomas Quasthoff ist einer der erfolgreichsten und ungewöhnlichsten Sänger der Gegenwart. Obwohl die Musikhochschule Hannover dem contergangeschädigten Bariton mit der Begründung, er könne nicht Klavier spielen, ein Gesangsstudium verwehrte, stand sein Berufswunsch fest. Heute werden seine CD-Veröffentlichungen regelmäßig von der internationalen Fachpresse ausgezeichnet, er gewann mehrere Wettbewerbe und angesehene Preise. In seiner Autobiografie erzählt Thomas Quasthoff von seinen großen internationalen Erfolgen, von Konzertatmosphäre, Reisen und Plattenaufnahmen, aber auch von seinem Handicap und dem Kampf gegen die Ausgrenzung. Mit Offenheit und Humor ermöglicht er in seinem Buch einen Einblick in die Welt eines Ausnahmekünstlers.

ullstein

Eva-Maria Hagen

Eva jenseits vom Paradies

256 Seiten
ISBN-13: 978-3-550-07835-4
ISBN-10: 3-550-07835-8
€ 19,90 [D] / € 20,50 [A] / sFr 35,00

»Aus Liebe, Lust und Leidenschaft wurde ich gezeugt.
In einer heißdurchtanzten Nacht zur Zeit des Karnevals
muß es gewesen sein.«

So beginnt das neue Buch von Eva-Maria Hagen, das
den weiten Bogen spannt von ihrer frühen Kindheit in einem
Dorf im heutigen Polen, über den Krieg, der für sie mehr
Abenteuer als Schrecken war, bis hin zu ihren wilden
Jahren und ihrem Durchbruch als Schauspielerin.

Der genaue und sich selber nicht schonende Blick
zurück versetzt uns in Jahre, die voller Entbehrungen,
aber auch voller Hoffnung und Zuversicht in
die eigene Kraft waren.

ullstein